Stille Nacht, Heilige Nacht.

Der innere Weg nach Bethlehem.

Agnes Hidveghy

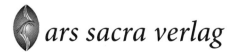

Stille Nacht, Heilige Nacht.
Der innere Weg nach Bethlehem.

Agnes Hidveghy

Unter Begleitung und Mitgestaltung von Jörg Rüdiger.

Illustrationen: Margit Aumüller, www.margitaumueller.de
Fotos: Alle Fotos zum Isenheimer Altar wurden mit freundlicher Genehmigung des Museums Unterlinden, Colmar (F) zur Verfügung gestellt.

Layout, Satz und Produktion: JRKM Jörg Rüdiger Kommunikation & Marketing, Baar (CH), www.jrkm.ch
Druck und Bindung: Finidr, s. r. o., Český Těšín (CZ)

Printed in Czech Republic

ISBN 978-3-9522810-2-4

© 2010, Ars Sacra Verlag, www.arssacra.org
Alle Rechte vorbehalten.

Inhaltsverzeichnis

Vorwort 10
Geleitwort 12
Einführung 14

1 Jesu Geburt in den Evangelien

Gedanken zum Neuen Testament 20

Geburtsgeschichte aus dem Evangelium nach Lukas 28

    Textauszug aus dem Lukas-Evangelium (Kap. 1,1–2,20) 30
    Die Widmung 35
    Die Vorbereitung 38
    Die Verkündigung 46
    Innere Kommunikation und Dankbarkeit 53
    Die Geburt 55

Geburtsgeschichte aus dem Evangelium nach Matthäus 64

    Textauszug aus dem Matthäus-Evangelium (Kap. 1,1–2,15) 66
    Jesu Stammbaum 68
    Jesu Geburt 74
    Die Weisen aus dem Morgenland 79
    Die Flucht nach Ägypten 86

2 Weihnachten in meinem Leben

Die Geburt Johannes des Täufers – 90
Weihnachten als schmerzliche Erfahrung
der Unvollkommenheit dieser Welt

Weihnachten 1956: Flucht aus Ungarn – 102
Wie ich das Muster des inneren Weges
in vier Tagen erlebt habe

Prolog	104
Die innere Geschichte	105
21. Dezember	107
22. Dezember	110
23. Dezember	112
24. Dezember – Heiligabend	118

3 Jesu Geburt in der Kunst

Die Geburtszene im Isenheimer Altar — 130

Einführung	132
Der Isenheimer Altar	133
Die Geburt Jesu	139
Der natürliche Mensch	141
Der Aufstieg	146
Wanderer auf dem Weg	152
Abschließende Betrachtung	156

4 Die vier Kerzen

Tägliche Praxis in der Adventszeit — 160
Gedankenimpulse zur Meditation als Vorbereitung auf Weihnachten

Einführung	163
Die erste Kerze	168
Die zweite Kerze	175
Die dritte Kerze	182
Die vierte Kerze	188

5 Anhang

Auf dem Weg	194
Begriffe zum Nachschlagen	195
Literatur zur Vertiefung	202
Zitierte Personen	204
Der Hymnus von der Seele	205
Nachwort	212

*Für diejenigen,
die unterwegs sind.*

Das Lied von der Perle

»Von deinem Vater, dem König der Könige,
Und deiner Mutter, der Herrscherin des Ostens,
Und deinem Bruder, dem Zweiten nach dir:
Dir unserem Sohn in Ägypten, Gruß!
Wache auf und erhebe dich aus dem Schlafe,
Höre auf die Worte unseres Briefes.
Bedenke, dass du ein Königssohn bist.

In wessen Sklaverei bist du geraten!
Gedenke der Perle, um deretwillen
Du nach Ägypten gesandt wurdest.
Gedenke deines Strahlen-Gewandes,
Und deines herrlichen Mantels,
Mit dem du wieder geschmückt wirst.
Ja, dein Name ist genannt im Buche des Lebens,
Auf dass du mit deinem Bruder, dem Stellvertreter,
In unserm Königreiche seist.«

Und mein Brief war ein Brief,
Den der König mit seiner Rechten versiegelt
Vor dem Bösen, den Babyloniern
Und den aufrührerischen Dämonen von Sarbug.
Er flog in Gestalt eines Adlers,
Allen Gefieders König.
Er flog und ließ sich neben mir nieder
Und ward ganz Rede.

Bei seiner Stimme aber
Und ihrem rauschenden Ton
Fuhr ich auf vom Schlafe.
Ich küsste den Brief und erbrach seine Siegel
Und las ihn.

Sein Inhalt aber stimmte mit dem überein,
Was in meinem Herzen geschrieben war.

Auszug aus »Der Hymnus von der Seele – das Lied von der Perle«.
Aus den apokryphen Thomas-Akten.
Der gesamte Liedtext findet sich im Anhang des Buches.

Vorwort

Wenn ich auf die 75 Jahre meines Lebens zurückschaue, stelle ich mit Erstaunen fest, wie vieles sich auf eine wundersame Weise gefügt hat. Dabei habe ich immer weniger das Gefühl, etwas Spezielles zu sein. Als ich mitten in den Ereignissen stand, schien mir alles recht unspektakulär zu sein. Oft sogar gewöhnlich. Das Erkennen öffnete sich jeweils sanft und wie selbstverständlich, ohne große Knalleffekte. Das Verstehen der Bildersprache wuchs unmerklich, und oft war ich selbst erstaunt, dass mir ein Sinn dafür zur Verfügung steht.

Die Weihnachten meiner Kindheit waren jedes Jahr voller Enttäuschungen. Ich hatte dabei Schuldgefühle und dachte, ich sei undankbar. Auch wenn der Christbaum vom Boden bis zur Zimmerdecke glänzte – es fehlte etwas. In meiner Seele war keine Weihnacht, und auch die Weihnachten später waren ohne inneren Glanz. Die Bereitschaft, diesen Glanz aus Seiner Gnade immer wieder empfangen zu können, unabhängig von der Jahreszeit, unabhängig davon, wie es mir geht, ist ein Geschenk des Alters. Die Geschichten, die dazu geführt haben, möchte ich gerne weitergeben.

Lange wollte ich mich nicht durch das Schreiben festlegen. »Vielleicht werde ich morgen entdecken, dass meine Formulierung der Wirklichkeit nicht entspricht«, dachte ich mir. Heute weiß ich, dass alles, was geschrieben wird, bereits ein gebrochener Widerschein der Wirklichkeit ist. Ich habe meine Unvollkommenheit angenommen. »Gebt weiter, was ihr über Gott verstanden habt«, war die Aufforderung von Reshad Feild zu uns allen, als wir aus der spirituellen Schulung entlassen wurden.

In diesem Sinne möchte ich unter anderem mit diesem Buch eine Botschafterin werden, die »des Vaters Brief« überbringen darf. Mein Wunsch dabei ist, dass aus uns allen Botschafter werden, damit sich auf unserem blauen Planeten das Verstehen weiter ausbreiten kann. Aber wie heißt es so schön? – »Verwechsle die Botschaft nicht mit dem Botschafter!«

Wenn die Tage kürzer werden und die Nächte länger, dann führt uns das kosmische Geschehen auf der Erde jedes Jahr in das Dunkelste, wo die Geburt des Lichtes immer wieder geschieht. Dieser Zeitpunkt wird aber nur dann zu Weihnachten, wenn wir den ganzen Weg mitgehen, immer wieder – *jetzt!* Damit das Licht immer wieder in der Gegenwart geboren werden kann.

   Damit sind nicht nur »die anderen« gemeint.
   Ja, ich bin gemeint!

Kann ich mitgehen?
Ich, der Mensch, der da sitzt und liest,
der durch die Adventszeit hindurchgeht.
Ich bin gemeint, existenziell.
Der ist gemeint, der ich bin.

An dieser Stelle möchte ich allen danken, die dieses Buch ermöglicht haben. Allen, die in mir neue Tore zum Verständnis geöffnet haben. Allen, die mich in meinem Leben begleiten. Allen, die mit ihrem klaren Geist für den sprachlichen Ausdruck gesorgt haben. Allen, die das Erscheinen des Buches finanziell ermöglicht haben.

Maria ist geboren

Stille.
Eine Seifenblase, lautlos verschwunden.
Geplatzt.

Stille.
Eine Wolke löste sich
In der Bläue des Himmels auf.
Sterben? Ah! Das ist gemeint!
Stille.

Du Tor!
Du willst den Tautropfen,
Der im ersten Sonnenschein
In tausend Farben schillert,
Noch am Nachmittag zeigen?!

Stille.
Die Spur des Schmetterlings
Nicht mehr mittragen.
Der Ewigkeit zurückgeben.
Stille.

Stille.
Maria ist geboren.

Agnes Hidveghy, Sommer 2010

Geleitwort

Es ist Juli, Hochsommer. Die Arbeiten am Buch neigen sich langsam dem Ende zu, das Layout und das Textlektorat liegen in den letzten Zügen. Das Thermometer übersteigt in diesen Wochen regelmäßig die 30-Grad-Grenze, das Getreide auf den Feldern wartet auf das Ernten, und die heißen Tage enden in abendlich abkühlenden Gewittergüssen. Da fällt es schwer, sich Weihnachten vorzustellen, erleben wir doch gerade den genau gegenüberliegenden Zeitpunkt des Jahresrhythmus. Doch ich irre mich. Weihnachten ist in mir, immer, in jedem Moment, jetzt.

Ich lehne mich in meinem Bürostuhl zurück und schließe die Augen. Es dauert nur wenige Sekunden, schon tauchen die Bilder in mir auf, die Weihnachten meiner Kindheit. Es riecht in der gesamten Wohnung nach frischer Tanne – mein Vater ließ immer eine frisch geschlagene Nordmanntanne aus dem Schwarzwald kommen. Er selbst übernahm das Schmücken des Baumes, liebevoll mit einer Unmenge an Lametta. Meine Großeltern, die über die Festtage meistens aus der damaligen DDR anreisten und mit uns gemeinsam Weihnachten und den Jahreswechsel feierten. Meine Mutter, die alles im Haus auf das Fest vorbereitet und fast wie nebenbei das Weihnachtsessen in der Küche zubereitet; das war in der Regel eine äußerst schmackhafte Gans, direkt vom Bauernhof meiner Großeltern importiert. Am frühen Abend dann der Gang in die Kirche, das Glockengeläut, das Singen der Weihnachtslieder und das Vorlesen der Weihnachtsgeschichte. Besonders im Ohr klingen mir die Posaunen, die nach dem Gottesdienst draußen vor der Kirche in der dunklen Nacht spielten. Dann das Heimkehren und das gespannte Warten auf die Bescherung. Endlich – das erlösende Eintreten ins Wohnzimmer, das bis zur Decke strahlte vom Glanz der brennenden Kerzen (obwohl es sonst eher einen leicht düsteren Eindruck machte). Und natürlich nicht zu vergessen: der schnelle, verstohlene Blick auf die Geschenke unter dem Christbaum.

Ich komme beim Schreiben ins fast naive Schwelgen. Doch je tiefer ich die Bilder wirken lasse, je mehr ich über die Weihnachten meiner Kindheit schreibe, desto unwirklicher erscheint mir das Beschriebene im gleichen Augenblick. Sind das nur von meinem Verstand hingezauberte Bilder? Der Christbaum stand geschmückt und frisch geschlagen im Wohnzimmer, ja – aber habe ich seinen Duft auch wirklich wahrgenommen? Schöne Weihnachten – nur eine Illusion? Entspringen meine geistigen Bilder nicht einer tief in mir schlummernden Sehnsucht, die meine Wahrnehmung verfälscht? Einer Sehnsucht nach dem vollkommenden Glück – miteinander, voll anhaltender Freude und friedvoll in der »trauten Familie« – und das alles projiziert auf den einen Tag, den Tag der Geburt Jesu, den Heiligen Abend? Sind diese Erinnerungen nicht Ausdruck einer Hoffnung auf Vollkommenheit – und das in jeder Hinsicht?

Als ich mit Agnes vor zwei Jahren zusammengekommen bin, um über die Realisierung dieses Buches zu sprechen, war ich anfangs etwas zurückhaltend – zugegeben! Als ich jedoch die ersten Manuskriptseiten gelesen hatte, spürte ich eine innere Anziehungskraft zu diesem Thema, das Thema der Geburt Jesu. Ich nahm tief in mir ein freudiges, aber auch unerklärbares Beben wahr, das eine gewisse Unsicherheit hinterließ. Durch die zurückliegende intensive gemeinsame Arbeit verwandelte sich dieses Beben nach und nach.

Langsam kam etwas Öffnendes, etwas Versöhnliches hinzu. Neue Bilder sind in mein »Weihnachten« eingeflossen und hinterlassen heute einen neuen Glanz. Einen Glanz, der irgendwie realer, wirklicher für mich wirkt; einen Glanz, der ein Fließen in mir erzeugt; einen Glanz, der sich noch nicht gänzlich in mir »bis zur Decke« ausgebreitet hat, der aber immer wieder aufleuchtet und aufblitzt – und der mich weiter arbeiten lässt, weiter wahrnehmen lässt.

Stille Nacht, Heilige Nacht. Der innere Weg nach Bethlehem hat eine neue, öffnende Dimension bekommen, auch wenn ich den Eindruck habe, dass ich gerade erst losgegangen bin und noch eine fast unendlich wirkende Wegstrecke vor mir liegt nach Beth-Lehem.

Jörg Rüdiger, Sommer 2010

Einführung

»Gott ist Mensch geworden.«
Das ist die Botschaft von Weihnachten.
Hier und jetzt, in der Gegenwart und
immer, überall im Universum.

Es ist Spätherbst geworden. Die Novemberstürme haben den letzten Rest von dem, was an die fruchtbaren Zeiten erinnert, weggefegt. Das Leben hat sich in die Tiefe der Erde zurückgezogen. Es überdauert die Kälte und Dunkelheit in Wurzeln, Zwiebeln und Samenkörnern und wird im Frühling mit neuem Leben wieder in die sichtbare Welt durchbrechen. Jedes Jahr erhalten wir die gleichen Botschaften, verkleidet im jährlichen kosmischen Rhythmus, damit wir an das erinnert werden, was wir gewusst, aber wieder vergessen haben – erinnert an das Wissen der Seele um ihren Ursprung und unseren menschlichen Weg mit dem Auftrag, der tief in uns im Keim schlummert.

Unsere Augen sind jedoch durch die Lichter der Welt geblendet. In vielen Formen werden uns »Briefe des Vaters« geschickt, damit wir erwachen, sehend werden, um zu erkennen, wozu wir hier auf dem Planeten Erde in einem menschlichen Körper inkarniert sind. Um den Inhalt dieser Botschaften zu verstehen, ist es notwendig, »die Siegel zu erbrechen«. Uns sind die zyklischen Veränderungen des Jahres zu erklärbaren Phänomenen geworden, so selbstverständlich zum Leben gehörend, dass die in ihnen verborgene Botschaft unser Herz nicht erreicht. Das Wunder, dass alles so ist, wie es ist, wird durch Schleier des vermeintlichen Verstehens verhüllt – eben versiegelt.

Was jenseits der Erklärbarkeit ist, bleibt in der Dunkelheit unserer Seele unerkannt. Dort wartet das vergessene Wissen unserer Bestimmung darauf, geweckt zu werden. Um zur Erinnerung zu finden, ist das Hineintauchen zu seinem Ursprung in die tiefe Stille notwendig. Das ist für unsere an das Tageslicht gewohnten Augen zuerst einmal nichts anderes als Dunkelheit. Von dieser »Heiligen Nacht« zeugt das Lied, das wir an Weihnachten singen. Wenn wir sie finden möchten, dann kommen wir nicht darum herum, uns auf diese Dunkelheit einzulassen. Das neue Leben unserer Seele wird in der Dunkelheit unseres Unbewussten aufbewahrt, so wie das Samenkorn in der dunklen Erde eine schützende Geborgenheit findet, um den Übergang zu neuem Leben behütet zu überstehen.

In der Jahreszeit der Dunkelheit gibt uns die kosmische Energie auf dem Planeten Unterstützung, um in diese Tiefe einzutauchen. Die Natur zieht uns nicht mehr nach außen, sie gibt uns keinen dringenden Anlass zur Beschäftigung. Sie schenkt uns Zeit, sie lässt uns ausruhen, um uns selbst zu finden. So wurde immer, in jeder spirituellen Tradition, am Tiefpunkt dieser Zurückgezogenheit die Wintersonnenwende, die Geburt des Lichtes gefeiert; nicht nur im Sinne des natürlichen, kosmischen Rhythmus des Jahres, sondern analog dazu auch als innerseelische Erfahrung.

Wie könnten wir diese Verknüpfung wahrnehmen in dem betäubenden Glitzern und der hektischen Geschäftigkeit gerade in der Adventszeit? Wir erschaffen eine Welt von künstlichen Lichtern um uns herum, die uns von dem Weg zur Wahrnehmung des inneren Lichtes ablenkt. Wir scheuen die Dunkelheit, wir meiden die Ruhe der »Stillen Nacht«, die – wie in der Natur – einzig in die Tiefe führt, wo Umkehr möglich ist. Diese Umkehr, in der originalen griechischen Fassung des Neuen Testaments Metanoia genannt, ist immer wieder die Voraussetzung, um den Weg »nach Hause« anzutreten. Wie könnte es eine andere Möglichkeit geben, nachdem wir aus der Einheit »in die Welt« hinausgeschickt worden sind?

»Briefe vom Vater«, von unserem Ursprung als Botschaften aus der Einheit werden nicht nur durch die Natur widergespiegelt. Die religiösen Feste wurden schon immer erschaffen, um uns an unsere Quelle zurückzubinden: »Religio« bedeutet im Lateinischen »Rückbindung«. So wurden Parabeln, Geschichten und Legenden großer Religionen in diesem Sinne Träger von Botschaften »vom Himmel«. Sie überlebten Jahrtausende, weil sie die Seelen an ihre Wirklichkeit erinnern. Künstler, die bereits zum Ursprung und zum Sinn menschlichen Daseins erwacht sind, drücken in ihren Werken und Bildern eingekleidet das innerste Wissen um diese erfahrene Wirklichkeit aus.

Die gemalten, geschnitzten oder erzählten Bilder sprechen das Wissen, das tief in uns den Kern der Seele ausmacht, direkt an. Die Seele kommuniziert in Bildern, darum werden die Mitteilungen von spirituellen und religiösen Traditionen in Bildern übermittelt. Wir haben in unserer Zeit mehr und mehr den Zugang zur Bildersprache verloren: Die Überbewertung des Denkens blockiert den Kontakt zu dieser direkten Möglichkeit des Verstehens. Die intellektuellen Interpretationen liegen wie Schleier über der Seele.

In diesem Buch habe ich vier Themenkreise ausgewählt, um aufzuzeigen, wie wir an die Bilder wieder sinnvoll herangehen können:

Der erste Teil handelt von den Geschichten aus dem Neuen Testament, die wertvolle Mitteilungen beinhalten. Es ist notwendig, die Bilder, ohne sie zu verändern, auf einem Umweg durch das intellektuelle Verstehen für unsere Seele zugänglich zu machen. Wenn man die Geschichten in »verständliche« Storys umgestaltet, verlieren sie ihren tieferen Sinn. Die Geburtsgeschichte Jesu bietet sich für das Verstehen der Grundstruktur des Weges, den jede Seele von ihrem natürlichen Wohnort bis zum Gebären des Göttlichen durchläuft, besonders gut an. Dieser Teil kann auch als Anregung dienen, auf welche Art die Bibel studiert werden kann, um zu ihrem tieferen Kern zu gelangen

Im zweiten Teil erzähle ich meine persönlichen Weihnachtsgeschichten. In jedem individuellen Lebensweg ist der Prozess zwischen Ursprung und Verwirklichung des universellen menschlichen Auftrages in einer in der Schöpfung einmaligen Geschichte verpackt. Die eigene Lebensgeschichte zu »knacken«, die »Siegel zu erbrechen«, kann niemand für uns tun – dabei geht es um unser innerstes Anliegen. Berichte und erfahrene Beispiele von anderen können uns aber auf die Idee bringen, wie wir überhaupt herangehen können.

Das Christentum hatte jenseits der Institution Kirche ein Wissen über den Weg der Verwirklichung, das von Generation zu Generation weitergegeben wurde. Der Faden der direkten Übermittlung auf dem individuellen Weg ist aber unterbrochen, nur das Skelett der Lehre ist geblieben – darunter leidet unsere Zeit. Heute fehlen uns diejenigen, die uns aus eigener innerer Erfahrung auf unserem individuellen Weg begleiten würden. Darum ist die Suche nach lebendiger Übermittlung aus anderen, für unsere Kultur fremden, aber noch lebendigen Traditionen notwendig geworden.

Die Absicht im dritten Teil des Buches ist, eine Kostprobe aus der Kunst zu bieten, um eine andere Dimension zu zeigen und zu einer anderen Betrachtungsweise von Kunstwerken anzuregen. Die Geburtszene des Isenheimer Altars fügt sich in den Themenkreis des Buches nahtlos ein, obwohl das Bild erst im Zusammenhang mit den anderen elf Szenen des Altars in seiner vollen Tiefe zu verstehen ist. Im engeren Sinne ist dieses Bild nicht einmal eine klassische Geburtszene, beinhaltet aber Details, die die innere Erfahrung der Gottesgeburt genau beschreiben.

Der vierte Teil soll zur Meditation in der Adventszeit, zum Still-Werden anregen und bietet Themen sowie einfache Übungen für jeden Tag.

Alle Teile des Buches gruppieren sich um das Thema Weihnachten, um die Geburt Jesu unseres Wesens. Die verschiedenen Erzählungen, sowohl überlieferte wie auch in unserer Zeit persönlich erlebte, werden aus der Schale von historischen Ereignissen herausgelöst, damit die reine innere Erfahrung sichtbar wird. Mein Wunsch dabei ist, dass jeder Leser sich in den Beschreibungen wiederfindet. Viele sind ohne eine persönliche spirituelle Begleitung – echte Lehrer sind sehr rar. Falsche Propheten gibt es dagegen viele. Für diejenigen, die nach einer klaren Orientierung auf dem Weg suchen, soll das Buch mit Beispielen dienen.

Das, was mir gegeben wurde, möge dem Leser eine Tür öffnen, die es ermöglicht, das eigene, lebendige Weihnachten zu finden. Damit jede Seele wie die Jungfrau Maria in Bethlehem ankommt und zur Gottesgebärerin wird.

Zum Lesen dieses Buches möchte ich noch einige Hinweise geben. Diese Schrift ist wie eine Schachtel Pralinen für die Seele zu verstehen. Das bedeutet, das

Buch sollte nicht auf einmal, in einem Zug einverleibt werden, weil es unter Umständen schwer zu verdauen sein kann. Aber ein kleiner Abschnitt davon – nach den Mahlzeiten von Alltagserfahrungen – kann als Abschluss die Seele versüßen.

Mit anderen Worten: Im Buch sind die Ideen zum Teil dicht verpackt, die Erklärungen kurz gehalten. Die Formulierungen sind sozusagen Konzentrate, die aufgeschlossen und verdünnt werden müssen, damit sie für die Seele als Nahrung dienen können. Die Texte fordern einen aktiven, individuellen Prozess, durch den die eigenen psychischen »Verdauungssäfte« aktiviert werden müssen. Jeder hat durch sein eigenes Leben genügend Erfahrung und Wissen gesammelt, um diese Verdauungshilfe selbst zu produzieren. Und wie jede Verdauung braucht auch dieser Prozess Zeit. Lassen wir uns beim Lesen Zeit, im Bewusstsein, dass »uns Zeit aus der Ewigkeit geschenkt ist«.

Im Text spreche ich »den Menschen« an und mache daher in der Schreibweise keine explizite Unterscheidung zwischen der männlichen und weiblichen Anrede.

❦ *Meine Absicht mit diesem Buch ist:*
Neue Impulse für die innere Orientierung anzubieten.

1

JESU GEBURT IN DEN EVANGELIEN

*Gedanken zum
Neuen Testament*

Wird Christus tausendmahl zu Bethlehem gebohrn
Und nicht in dir; du bleibst noch Ewiglich verlohrn.

Angelus Silesius
(aus »Cherubinischer Wandersmann«, 1675)

Wenn im Universum die Lebenszeit einer Sonne zu Ende geht, nimmt ihre Strahlenkraft ab, und sie dehnt sich gleichzeitig aus. Ihr Mantel wird immer dünner, substanzloser, bis er abgeworfen wird. Zurück bleibt ein heißer, energiereicher Kern: der weiße Zwerg.

Das Christentum befindet sich in einer vergleichbaren Phase. Die äußeren Formen sind leer geworden, nähren die inneren Bedürfnisse der Menschen kaum noch. Die Institutionen der Kirchen suchen nach einer funktionellen Identität und nicht nach der Quelle, die ihre Formen aus der inneren Erfahrung heraus aufgebaut hat. Eine wirkliche Erneuerung kann nur von denen ausgehen, die um diese Quelle aus eigener Erfahrung wissen. Es gibt nur wenige davon, und sie erhalten oft keine Unterstützung von der Kirche.

Unsere Seele hungert aber nach dieser Quelle, sie will keine leeren Formen und Geschichten, und sie interessiert sich nicht für geschichtliche Ereignisse und moralische Auslegungen, die sie nicht nähren. Jeder Mensch will für sich erfahren und sucht nach einem Wegweiser, um auf dem eigenen Weg die Rückverbindung zur Quelle zu finden – den individuellen Gegebenheiten und Möglichkeiten entsprechend.

Die verpsychologisierte Auslegung der Religion bietet jedoch keinen Ansatz dazu. Analysen und esoterische Selbsterfahrungen lassen uns mit einem schalen Gefühl zurück. Es ist ein innerer Drang nach Verstehen. Der Mensch von heute will zu seinem Auftrag finden, zu dem Auftrag, der von Anfang an den Kern seines Wesens ausmacht und den er als inneres Wissen wahrzunehmen fähig ist. Er will das Potenzial verwirklichen, das in der christlichen Tradition dadurch ausgedrückt ist, dass der Mensch »als das Ebenbild Gottes« erschaffen wurde. Im Lichte der gängigen psychologischen und esoterischen Strömungen wird oft darüber gesprochen, aber selten werden wir als »Ebenbild Gottes« erkannt; erkannt in unserer Wesenhaftigkeit und ihren Möglichkeiten.

Diesen heißen »weißen Zwerg«, den suchen wir; die Essenz, die erlebte und für alle erlebbare Quelle, die jenseits der sich ändernden Formen existiert. Wir suchen nach unserer Identität, die nach dem Verlassen der irdischen Hülle bleibt. Jede religiöse Tradition, die ihre Bilder aus der inneren Erfahrung der Quelle heraus erschafft, hat ihre eigene Ausdrucksweise. Diese Bilder werden erzählt, als Kunstwerke gestaltet, gebaut, gesungen, getanzt oder gespielt. Damit erreicht das Wissen um unsere Bestimmung und den Weg dahin spätere Generationen. All diese »Verkleidungen« umgehen den Verstand. Denken wir nur an die Wirkung der Märchen oder an die mythologischen Geschichten der alten Griechen. Sie sind mehr als Stoff für Unterhaltung und gehen tiefer als moralische oder psychologische Deutungen.

Was uns heute fehlt, ist eine Brücke zwischen unserem Alltagsbewusstsein und dem, was uns im Innersten berührt. Nur eine Übersetzung der Bilder in die Sprache unserer Zeit kann diese Brücke bilden, die wir auf unserem individuellen Weg brauchen. Dabei geht es nicht um eine übergestülpte, intellektuelle

Interpretation, sondern um eine aus der inneren Erfahrung hervorgegangene Erkenntnis, die uns Impulse zum eigenen Verstehen gibt. Erst das eigene Verständnis ermöglicht, den eigenen Weg zu gehen. Wir brauchen gewissermaßen eine Landkarte und jemanden, der uns zeigt, wie diese Landkarte benutzt werden kann – den Weg müssen wir selber gehen. Unseren individuellen, in der Schöpfung einmaligen Weg.

Die meisten von uns tragen die Bilder der christlichen Tradition als Samen in sich. Die Bilder schlummern ihren Dornröschenschlaf, bis sie im Lichte von Verständnis geweckt werden. Erst dann werden die erzählten Bilder uns auf dem inneren Weg zum – wie es in der christlichen Tradition genannt wird – Christus-Bewusstsein leiten. Informationen im Gedächtnis zu sammeln, genügt nicht. Erst wenn wir wesenhaft zu erkennen fähig werden, können die verinnerlichten Bilder die Seele heil werden lassen: »… bis dass Christus in euch Gestalt gewinnt«, wie es Paulus ausdrückt (Gal. 4, 19).

Mit den gängigen wörtlichen Übersetzungen alter heiliger Schriften aus dem Mittleren Osten werden wir dem Inhalt nicht gerecht. Sowohl Hebräisch, Aramäisch, Arabisch wie auch das Altgriechische haben von unseren europäischen Sprachen abweichende Strukturen. Sie fassen in ihren Ausdrucksmöglichkeiten Begriffe zusammen, die mit der gleichen Grunderfahrung zu tun haben. In der Übersetzung kann man diese Zusammenhänge nicht berücksichtigen, wodurch die Vielschichtigkeit in den Erzählungen verloren geht.

Wir können das Innenleben der alten Begriffe nur mit Umschreibungen in unserer heutigen Sprache erfassen. Das Verständnis des Übersetzers spielt dabei eine entscheidende Rolle: Er wird diejenige Entsprechung eines Begriffes aus der Komplexität herausgreifen, die seinem Verständnis entspricht. Alles andere geht bei der Übersetzung unter. Die Komplexität einer Sprache können wir unvorbereitet jedoch nicht verstehen. Dazu kommt der Umstand, dass jede Sprache etwas Lebendiges ist; der Inhalt der Begriffe verändert sich ständig. So wird diese Arbeit der Übersetzung von jeder Generation neu gefordert, damit das Wissen um die »Eine Wirklichkeit« nicht verlorengeht. Deshalb ist es nötig, alte Texte in die für uns vertraute, heutige Sprache zu übersetzen.

So betrachtet, können wir uns für die Möglichkeit öffnen, dass in den vier Evangelien bedeutend mehr enthalten ist als geschichtliche und psychologische Vorgänge oder moralische und soziale Belehrungen. Bereits die Struktur der Vierheit als »die vier Säulen, auf denen die Kirche gebaut ist«, wird nicht mehr in ihrer Bedeutung erkannt. Kaum jemand stellt sich zum Beispiel die Frage, ob es einen Sinn ergibt, dass nur vier Evangelien ausgewählt und andere Schriften ausgeklammert wurden. Dabei ist die »Vier-Elemente-Lehre« überall als Basis von spirituellen Traditionen anzutreffen. Solange unsere Augen für das Studium von Zusammenhängen noch nicht offen sind, bleibt nur fruchtlose Kritik an dem, was wir nicht verstanden haben. Schauen wir einmal kurz die vier Evangelien aus der Sicht der »Vier-Elemente-Lehre« an; erst alle vier zusammen ergeben eine ganzheitliche Sicht. Wenn wir so an die Evangelien herangehen, kann in uns ein neues Verständnis für ihre Botschaft wachsen.

1. Das Matthäus-Evangelium

Der Evangelist Matthäus spricht das Mentale in uns an. Obwohl es kaum möglich ist, die darin enthaltene objektive Sicht mit dem kleinen Licht des denkenden Verstandes zu interpretieren, wird es am meisten zitiert. Es ist das Evangelium des Elementes Luft, sein Symbol ist der Engel. Unter den vier Evangelisten vertritt Matthäus das fixe Zeichen des Wassermanns, das bereits bei den alten Griechen mit einem Engel dargestellt wurde (vgl. zum Beispiel die Fresken der Villa dei Mysteri in Pompeji).

Die übliche astrologische Benennung »Wassermann« kann irreführend sein. Früher hat man Schwingungen nur im Wasser direkt wahrnehmen können, daher der überlieferte Name des Tierkreiszeichens. Mit unserem heutigen Wissen über Wellen und Schwingungen als Grundlage universellen Geschehens können wir bessere Benennungen für diese Tierkreiskraft finden. Mit »Schwingungswesen« wäre zum Beispiel diese Energie besser umschrieben, weil dieser Begriff mehr über die Qualität dieser Energie aussagt.

Die Hintergrundschwingungen, das Bühenbild sozusagen für die kommenden 2000 Jahre, werden von den Qualitäten des Wassermanns bestimmt. So ist es auch verständlich, dass die Menschen seit Anfang dieser neuen Zeit mit mehr Verständnis gegenüber den Manifestationen des Zeitalters gesegnet sind. Damit kann man erklären, dass die Ausdrucksweise des Evangeliums nach Matthäus unserem heutigen Verständnis entspricht und auf allen Ebenen am meisten zitiert wird. Es ist zu hoffen, dass in den nächsten Jahrzehnten seine Tiefe noch mehr entdeckt wird.

Jeder Mensch trägt alle zwölf Energien in sich. Der Wassermann-Aspekt unserer Ganzheit ermöglicht dem Menschen, übergeordnete Zusammenhänge objektiv zu erfassen. Die Fähigkeit ist in jedem ansatzweise vorhanden. Übergeordnete Zusammenhänge sind zeitlos: Sie findet man immer, überall, sie sind jenseits der wechselnden Verkleidung der Erscheinungsformen wirksam. Da wir aber mit den Formen unserer Gegenwart identifiziert sind, erkennen wir die hinter ihnen stehenden, formenden Ideen im besten Fall in der fernen Vergangenheit – die uns persönlich nichts mehr angeht –, oder wir projizieren sie als Möglichkeiten in die Zukunft. Das ist der Grund, warum Menschen, die von der Wassermann-Energie persönlich stark geprägt sind, entweder Utopisten sind oder sich in irgendeiner Form mit der fernen Vergangenheit befassen. Die beiden Bereiche treffen sich dort, wo sie uns zum Verständnis einer anderen Dimension öffnen.

2. Das Markus-Evangelium

Das Markus-Evangelium ist das kürzeste. Löwe, sein Emblem, steht für das Element Feuer, das immer den kürzesten, direktesten Weg sucht. Konsequenterweise sind die Texte von Markus kompakt; er bietet nicht viel Erklärung, damit der Verstand kurzgeschlossen wird. Er springt nach ein Paar Sätzen bereits in die eigentliche Geschichte, ohne lange Vorgeschichten.

3. Das Lukas-Evangelium

»Der Maler der Jungfrau Maria, der Mutter Gottes«, wie Lukas auch genannt wird, ist der einfachste und bildhafteste Darsteller der vier Evangelien. Ihm ist der Stier, das Emblem des fixen Zeichens des Elementes Erde aus dem Tierkreis zugeordnet. Sein Evangelium beschreibt den inneren Weg als Verwirklichung bis in den Körper hinein, die Wandlung bis in jede Zelle. Er ist ein innerer Zeuge des Vorgangs, der mit dem »Wort, das Fleisch wird«, ausgedrückt wird. Er ist der einzige, der die Geschichte von Elisabeth und Zacharias im Zusammenhang mit der Geburt Johannes des Täufers erzählt. Er zeigt die Ereignisse der Vorbereitung auf, die notwendig sind, bevor Jesus auf die Welt kommen kann. Er beschreibt damit den inneren Weg, der dazu führt, dass der Heiland – der Erretter, wie es wörtlich heißt – unseres Wesens in uns inkarniert werden kann. So gesehen, ist es unwichtig, was von dieser Geschichte, rein geschichtlich betrachtet, der Wirklichkeit entspricht.

4. Das Johannes-Evangelium

Hinter dem Adler des Johannes steckt die Skorpion-Energie, die Energie der Transformation. Der Skorpion ist das einzige Zeichen, dessen transformierte Form anders – eben als Adler – bezeichnet wird. Johannes geht von der Einheit aus und führt wieder zur Einheit hin. Sein Text ist direkt, auf eine gewisse Art abstrakt. Er beschreibt den nackten inneren Weg. So ist es nicht verwunderlich, dass seine Texte am wenigsten verstanden werden. In seinem Evangelium kommt zum Beispiel der Name Marias als Mutter Jesu kein einziges Mal vor.

Die Geburtsgeschichte wird in zweien der vier Evangelien so unterschiedlich beschrieben, dass man meinen könnte, es handelte sich um zwei verschiedene Ereignisse. Im Lukas-Evangelium – der dem irdischen, konkret materiell erfassbaren, körperlichen Erd-Bereich angehört – sind die »persönlichen« Voraussetzungen in der Geschichte über Johannes den Täufer beschrieben, die Voraussetzungen, die während des Prozesses innerhalb eines Lebens entstehen.

Anders ist das Evangelium von Matthäus aufgebaut: Es beginnt sozusagen »bei Adam und Eva«, nämlich mit der Genealogie von Abraham bis Jesus. Aus einer anderen Sicht – als der des Wassermannes – würde die Aufzählung keinen Sinn ergeben. Sie wäre zu theoretisch. In dieser Aufzählung von Generationen steckt aber eine Aussage, die für alle und zu jeder Zeit – also auch heute für uns persönlich – Gültigkeit hat. Es ist eine Aussage, die das Wissen der Seele weckt und ermöglicht, dass sie sich in den Bildern erkennt. Die Seele kümmert sich nicht um logische oder theologische, philosophische oder psychologische Interpretationen: Sie resoniert nur mit dem, was sie in ihrer existenziellen Wirklichkeit anspricht.

Die Weihnachtsgeschichte konnte zwei Jahrtausende überleben. Wenn man die eigentliche Geburtsgeschichte nimmt, ist es eine einfache, kurze Beschreibung. Sie wird in Bildern geschildert, die vom Wesen, das wir sind, direkt verstanden wird. Durch dieses Verstehen wird das Wissen geweckt, das durch unser Tagesbewusstsein nicht erreichbar ist. Die Sehnsucht nach Verwirklichung wird geweckt. Darum ist diese Geburtsgeschichte so kostbar, obwohl unser Verstand damit nicht viel anfangen kann. Es geht um mehr als das, was wir vernünftig »auf die Reihe kriegen« können. Es geht um die Geburt des Heilands unseres Wesens. Um die Gottesgeburt im Menschen.

Wir wollen alles sofort haben, ohne uns darum groß bemühen und schon gar nichts opfern zu müssen. Alles, was Anstrengungen erfordert, keinen sofortigen Erfolg verspricht oder uns nicht durch Lust motiviert, ist mit »nichts für mich« schnell abgetan. Erleuchtung – ja, aber sofort. Wissen – gerne, gib es mir! Himmel – wäre wunderbar, aber so, dass ich all meine Habseligkeiten mitnehmen kann. Und genau das ist es, was nicht funktioniert. Der Weg ist lang, bevor es soweit ist.

Diesen Weg zu gehen, ist für alle möglich, wenn die Sehnsucht nur groß genug ist. Dann wird uns alles gegeben, was wir dazu brauchen. Wir erhalten die nötigen Informationen durch die unterschiedlichsten Kanäle: durch Bücher, Träume, im Wald oder über den Fernseher. Wir treffen Menschen, die uns an schwierigen Stellen begleiten, und vor allem wird uns aus Gnade Vertrauen und Ausdauer geschenkt. Diese beiden Eigenschaften brauchen wir dringend, bis genügend Unterscheidungsfähigkeit, Stärke und Liebe in uns gewachsen ist. Es braucht eine ständige Anstrengung, um das unbekannte, nur erahnte, aber ersehnte Ziel nicht aus den Augen zu verlieren. Es gilt, viel Unerträgliches zu ertragen, denn der Weg ist steinig. Es führt keine asphaltierte Straße mit Wurstständen, künstlich gesüßten Getränken und lustvoller Musik nach Bethlehem.

> *An dieser Stelle schlage ich vor, dir selbst die folgenden Fragen zu stellen:*
> *Was ist meine Motivation, weiterzulesen?*
> *Möchte ich eine interessante Auslegung als intellektuelle Sensation?*

Wenn ja, dann kann das, was folgt, eine interessante Variante der Auslegung sein. Es regt vielleicht zum Nachdenken, zum Diskutieren und Argumentieren an oder auch dazu, das Gelesene einfach wieder auf die Seite zu legen. Es kann aber auch eine ganz andere Frage gestellt werden:

- *Ist es die Sehnsucht nach Verstehen als innere Notwendigkeit, die zum Weiterlesen anregt?*

Wenn das der Fall ist, dann kann die Geschichte der Geburt Jesu und der Weg dahin existenziell zu deiner eigenen Geschichte werden.

Inhaltliche Hinweise zu den Bibeltexten

In den folgenden Texten werde ich auf das Hebräische Bezug nehmen, obwohl das Original der Evangelien in griechischer Sprache verfasst ist. Die Namen der Personen und Ortschaften stammen jedoch alle ursprünglich aus dem Hebräischen bzw. aus dem ihm eng verwandten Aramäischen. Die Bilder wiederum haben ihre Wurzeln im Alten Testament und öffnen nur in diesem Zusammenhang ihren tieferen Sinn.

Als textliche Grundlage dient die revidierte Ausgabe der Bibelübersetzung nach Martin Luther, und bei der Interpretation der hebräischen Namen beziehe ich mich mehrheitlich auf das umfassende Werk von Friedrich Weinreb.

Geburtsgeschichte aus dem Evangelium nach Lukas

An den Gelehrten.
Du grübelst in der Schrifft, und meinst mit Klügeley
Zu finden GOttes Sohn: Ach mache dich doch frey
Von diser Sucht, und komm inn Stall jhn selbst zu küssen.
So wirstu bald der Krafft deß wehrten Kinds geniessen.

Angelus Silesius
(aus »Cherubinischer Wandersmann«, 1675)

Textauszug aus dem Lukas-Evangelium (Kapitel 1,1–2,20)

Viele haben es schon unternommen, Bericht zu geben von den Geschichten, die unter uns geschehen sind, wie uns die überliefert haben, die es von Anfang an selbst gesehen haben und Diener des Worts gewesen sind.

So habe auch ich's für gut gehalten, nachdem ich alles von Anfang an sorgfältig erkundet habe, es für dich, hochgeehrter Theophilus, in guter Ordnung aufzuschreiben, damit du den sicheren Grund der Lehre erfahrest, in der du unterrichtet bist.

Die Ankündigung der Geburt Johannes des Täufers

Zu der Zeit des Herodes, des Königs von Judäa, lebte ein Priester von der Ordnung Abija, mit dem Namen Zacharias, und seine Frau war aus dem Geschlecht Aaron und hieß Elisabeth. Sie waren aber beide fromm vor Gott und lebten in allen Geboten und Satzungen des Herrn untadelig. Und sie hatten kein Kind; denn Elisabeth war unfruchtbar, und beide waren hochbetagt.

Und es begab sich, als Zacharias den Priesterdienst vor Gott versah, da seine Ordnung an der Reihe war, dass ihn nach dem Brauch der Priesterschaft das Los traf, das Räucheropfer darzubringen; und er ging in den Tempel des Herrn. Und die ganze Menge des Volkes stand draußen und betete zur Stunde des Räucheropfers.

Da erschien ihm der Engel des Herrn und stand an der rechten Seite des Räucheraltars. Und als Zacharias ihn sah, erschrak er, und es kam Furcht über ihn.

Aber der Engel sprach zu ihm: Fürchte dich nicht, Zacharias, denn dein Gebet ist erhört, und deine Frau Elisabeth wird dir einen Sohn gebären, und du sollst ihm den Namen Johannes geben. Und du wirst Freude und Wonne haben, und viele werden sich über seine Geburt freuen. Denn er wird groß sein vor dem Herrn; Wein und starkes Getränk wird er nicht trinken und wird schon von Mutterleib an erfüllt werden mit dem Heiligen Geist. Und er wird vom Volk Israel viele zu dem Herrn, ihrem Gott, bekehren.

Und er wird vor ihm hergehen im Geist und in der Kraft Elias, zu bekehren die Herzen der Väter zu den Kindern und die Ungehorsamen zu der Klugheit der Gerechten, zuzurichten dem Herrn ein Volk, das wohl vorbereitet ist. Und Zacharias sprach zu dem Engel: Woran soll ich das erkennen? Denn ich bin alt und meine Frau ist betagt. Der Engel antwortete und sprach zu ihm: Ich bin Gabriel, der vor Gott steht, und ich bin gesandt, mit dir zu reden und dir dies zu verkündigen. Und siehe, du wirst stumm werden und nicht reden können bis zu dem Tag, an dem dies geschehen wird, weil du meinen Worten nicht geglaubt hast, die erfüllt werden sollen zu ihrer Zeit.

Und das Volk wartete auf Zacharias und wunderte sich, dass er so lange im Tempel blieb. Als er aber herauskam, konnte er nicht mit ihnen reden, und sie merkten, dass er eine Erscheinung gehabt hatte im Tempel. Und er winkte ihnen und blieb stumm. Und es begab sich, als die Zeit seines Dienstes um war, da ging er heim in sein Haus.

Nach diesen Tagen wurde seine Frau Elisabeth schwanger und hielt sich fünf Monate verborgen und sprach: So hat der Herr an mir getan in den Tagen, als er mich angesehen hat, um meine Schmach unter den Menschen von mir zu nehmen.

Die Ankündigung der Geburt Jesu

Und im sechsten Monat wurde der Engel Gabriel von Gott gesandt in eine Stadt in Galiläa, die heißt Nazareth, zu einer Jungfrau, die vertraut war einem Mann mit Namen Josef vom Hause David; und die Jungfrau hieß Maria. Und der Engel kam zu ihr hinein und sprach: Sei gegrüßt, du Begnadete! Der Herr ist mit dir!

Sie aber erschrak über die Rede und dachte: Welch ein Gruß ist das? Und der Engel sprach zu ihr: Fürchte dich nicht, Maria, du hast Gnade bei Gott gefunden. Siehe, du wirst schwanger werden und einen Sohn gebären, und du sollst ihm den Namen Jesus geben. Der wird groß sein und Sohn des Höchsten genannt werden; und Gott der Herr wird ihm den Thron seines Vaters David geben, und er wird König sein über das Haus Jakob in Ewigkeit, und sein Reich wird kein Ende haben. Da sprach Maria zu dem Engel: Wie soll das zugehen, da ich doch von keinem Mann weiß?

Der Engel antwortete und sprach zu ihr: Der heilige Geist wird über dich kommen, und die Kraft des Höchsten wird dich überschatten; darum wird auch das Heilige, das geboren wird, Gottes Sohn genannt werden. Und siehe, Elisabeth, deine Verwandte, ist auch schwanger mit einem Sohn, in ihrem Alter, und ist jetzt im sechsten Monat, von der man sagt, dass sie unfruchtbar sei. Denn bei Gott ist kein Ding unmöglich. Maria aber sprach: Siehe, ich bin des Herrn Magd; mir geschehe, wie du gesagt hast. Und der Engel schied von ihr.

Marias Besuch bei Elisabeth

Maria aber machte sich auf in diesen Tagen und ging eilends in in das Gebirge zu einer Stadt in Juda und kam in das Haus des Zacharias und begrüßte Elisabeth. Und es begab sich, als Elisabeth den Gruß Marias hörte, hüpfte das Kind in ihrem Leibe. Und Elisabeth wurde vom heiligen Geist erfüllt und rief laut und sprach: Gepriesen bist du unter den Frauen, und gepriesen ist die Frucht deines Leibes!

Und wie geschieht mir das, dass die Mutter meines Herrn zu mir kommt? Denn siehe, als ich die Stimme deines Grußes hörte, hüpfte das Kind vor Freude in meinem Leibe! Und selig bist du, die du geglaubt hast! Denn es wird vollendet werden, was dir gesagt ist von dem Herrn.

Marias Lobgesang

Und Maria sprach: Meine Seele erhebt den Herrn, und mein Geist freut sich Gottes, meines Heilandes; denn er hat die Niedrigkeit seiner Magd angesehen. Siehe, von nun an werden mich selig preisen alle Kindeskinder. Denn er hat große Dinge an mir getan, der da mächtig ist und dessen Name heilig ist. Und seine Barmherzigkeit währt von Geschlecht zu Geschlecht bei denen, die ihn fürchten. Er übt Gewalt mit seinem Arm und zerstreut, die hoffärtig sind in ihres Herzens Sinn.

Er stößt die Gewaltigen vom Thron und erhebt die Niedrigen. Die Hungrigen füllt er mit Gütern und lässt die Reichen leer ausgehen. Er gedenkt der Barmherzigkeit und hilft seinem Diener Israel auf, wie er geredet hat zu unsern Vätern, Abraham und seinen Kindern in Ewigkeit. Und Maria blieb bei ihr etwa drei Monate, danach kehrte sie wieder heim.

Die Geburt Johannes des Täufers

Und für Elisabeth kam die Zeit, dass sie gebären sollte, und sie gebar einen Sohn. Und ihre Nachbarn und Verwandten hörten, dass der Herr große Barmherzigkeit an ihr getan hatte, und freuten sich mit ihr. Und es begab sich am achten Tag, da kamen sie, das Kindlein zu beschneiden, und wollten es nach seinem Vater Zacharias nennen. Aber seine Mutter antwortete und sprach: Nein, sondern er soll Johannes heißen. Und sie sprachen zu ihr: Ist doch niemand in deiner Verwandtschaft, der so heißt. Und sie winkten seinem Vater, wie er ihn nennen lassen wollte. Und er forderte eine kleine Tafel und schrieb: Er heißt Johannes. Und sie wunderten sich alle. Und sogleich wurde sein Mund aufgetan und seine Zunge gelöst, und er redete und lobte Gott. Und es kam Furcht über alle Nachbarn; und diese ganze Geschichte wurde bekannt auf dem ganzen Gebirge Judäas. Und alle, die es hörten, nahmen's zu Herzen und sprachen: Was meinst du, will aus diesem Kindlein werden? Denn die Hand des Herrn war mit ihm.

Der Lobgesang des Zacharias

Und sein Vater Zacharias wurde vom Heiligen Geist erfüllt, weissagte und sprach: Gelobt sei der Herr, der Gott Israels! Denn er hat besucht und erlöst sein Volk und hat uns aufgerichtet eine Macht des Heils im Hause seines Dieners David – wie er vorzeiten geredet hat durch den Mund seiner heiligen Propheten –: dass er uns errettete von unsern Feinden und aus der Hand aller, die uns hassen, und Barmherzigkeit erzeigte unsern Vätern und gedachte an seinen heiligen Bund und an den Eid, den er geschworen hat unserm Vater Abraham, uns zu geben, dass wir, erlöst aus der Hand unserer Feinde, ihm dienen ohne Furcht unser Leben lang in Heiligkeit und Gerechtigkeit vor seinen Augen.

Und du, Kindlein, wirst ein Prophet des Höchsten heißen. Denn du wirst dem Herrn vorangehen, dass du seinen Weg bereitest und Erkenntnis des Heils gebest seinem Volk in der Vergebung ihrer Sünden, durch die herzliche Barmherzigkeit unseres Gottes, durch die uns besuchen wird das aufgehende Licht aus der Höhe, damit es erscheine denen, die sitzen in Finsternis und Schatten des Todes, und richte unsere Füße auf den Weg des Friedens. Und das Kindlein wuchs und wurde stark im Geist. Und er war in der Wüste bis zu dem Tag, an dem er vor das Volk Israel treten sollte.

Geburt Jesu

Es begab sich aber zu der Zeit, dass ein Gebot von dem Kaiser Augustus ausging, dass alle Welt geschätzt würde. Und diese Schätzung war die allererste und geschah zur Zeit, da Quirinius Statthalter von Syrien war. Und jedermann ging, dass er sich schätzen ließe, ein jeder in seine Stadt. Da machte sich auf auch Josef aus Galiläa, aus der Stadt Nazareth, in das jüdische Land zur Stadt Davids, die da heißt Bethlehem, weil er aus dem Hause und Geschlechte Davids war, damit er sich schätzen ließe mit Maria, seinem vertrauten Weibe; die war schwanger.

Und als sie dort waren, kam die Zeit, dass sie gebären sollte. Und sie gebar ihren ersten Sohn und wickelte ihn in Windeln und legte ihn in eine Krippe, denn sie hatten sonst keinen Raum in der Herberge. Und es waren Hirten in derselben Gegend auf dem Felde bei den Hürden, die hüteten des Nachts ihre Herde. Und der Engel des Herrn trat zu ihnen, und die Klarheit des Herrn leuchtete um sie, und sie fürchteten sich sehr. Und der Engel sprach zu ihnen: Fürchtet euch nicht! Siehe, ich verkünde euch große Freude, die allem Volk widerfahren wird; denn euch ist heute der Heiland geboren, welcher ist Christus, der Herr, in der Stadt Davids. Und das habt zum Zeichen: Ihr werdet finden das Kind in Windeln gewickelt und in einer Krippe liegen.

Und alsbald war da bei dem Engel die Menge der himmlischen Heerscharen, die lobten Gott und sprachen: Ehre sei Gott in der Höhe und Friede auf Erden bei den Menschen seines Wohlgefallens. Und als die Engel von ihnen gen Himmel fuhren, sprachen die Hirten untereinander: Lasst uns nun gehen nach Bethlehem und die Geschichte sehen, die da geschehen ist, die uns der Herr kundgetan hat. Und sie kamen eilend und fanden beide, Maria und Josef, dazu das Kind in der Krippe liegen. Als sie es aber gesehen hatten, breiteten sie das Wort aus, das zu ihnen von diesem Kinde gesagt war. Und alle, vor die es kam, wunderten sich über das, was ihnen die Hirten gesagt hatten. Maria aber behielt alle diese Worte und bewegte sie in ihrem Herzen. Und die Hirten kehrten wieder um, priesen und lobten Gott für alles, was sie gehört und gesehen hatten, wie denn zu ihnen gesagt war.

Die Widmung

»Viele haben es schon unternommen, Bericht zu geben von den Geschichten, die unter uns geschehen sind, wie uns die überliefert haben, die es von Anfang an selbst gesehen haben und Diener des Worts gewesen sind.

So habe auch ich's für gut gehalten, nachdem ich alles von Anfang an sorgfältig erkundet habe, es für dich, hochgeehrter Theophilus, in guter Ordnung aufzuschreiben, damit du den sicheren Grund der Lehre erfahrest, in der du unterrichtet bist.« (Lukas 1,1–4)

Es klingt wie eine einfache, persönliche Widmung. Bei näherem Anschauen aber sagt diese kleine Einführung mehr aus. Die Griechen haben sich nicht als Europäer betrachtet; ihre Tradition wurzelt im Bereich des Mittleren Ostens. In der Antike und in den spirituellen Traditionen des Mittleren Ostens wird bis heute noch in der unscheinbaren Formulierung einer Widmung bereits der Inhalt eines Werkes angekündigt. Es ist wie eine Ouvertüre: Die musikalischen Themen des Stückes klingen bereits an. In dieser Widmung gibt es keinen Hinweis darauf, dass die angekündigten Geschichten über Jesus als Person handeln. Was von Luther mit »unter uns« übersetzt wurde, könnte genauso gut »in uns« bedeuten. Auch »Diener des Worts« deutet nicht darauf hin, dass es sich um eine äußere Geschichte handelt. Besonders nicht, wenn wir wissen, dass im griechischen Originaltext von Logos und nicht vom gesprochenen Wort die Rede ist. Logos ist »das Wort, das bei Gott (war), und Gott war das Wort« (Joh. 1,1).

Mit unseren Begriffen bleiben wir in den menschlichen Dimensionen, in dem in der Zeit ausgesprochenen, in seiner Bedeutung sich dauernd ändernden Wort. Was Gottes Wort, Logos, ist, können wir nicht erfassen. Darin ist die Idee der ganzen Schöpfung enthalten, die durch den Klang des Schöpfungsaktes den kosmischen Prozess in Gang gesetzt hat und ihn in jedem Augenblick neu erschafft. Es beinhaltet all die kosmischen Ideen, Gesetze und Zusammenhänge, all die Möglichkeiten und Grenzen, die allen Manifestationen und Prozessen, die sie erfahren, zu Grunde liegen.

Logos ist nicht etwas, was vor 2000 Jahren gültig war, heute aber nicht mehr gilt. Logos ist das Wort, das in jedem Augenblick der Schöpfung seinen Ausdruck findet. Logos bestimmt jeden Moment die Schöpfung in der Zeit, hatte Gültigkeit, bevor unser Sonnensystem entstand und wird Gültigkeit haben, wenn unser Planet nicht mehr existiert. Logos erschafft in jeden Augenblick das Neue, was überhaupt Existenz hat, auf allen Ebenen und in jeder Größenordnung. Es handelt sich also um eine Überlieferung, die von denen erzählt wurde, die »von Anfang an« selbst gesehen, das heißt erfahren haben. Nur diejenigen, die aus Erfahrung um den Logos wissen, können in seinem Dienste stehen.

Jede spirituelle Tradition arbeitet mit anderen Möglichkeiten des Ausdrucks. Jede Art von Ausdruck hat ihre Vorteile und Begrenzungen. Das Christentum drückt sich durch die Personifizierung innerer Instanzen und Vorgänge aus. Das ist auch die Sprache unseres Unbewussten, das sich in den Träumen durch Bilder mitteilt. Der Nachteil dieser Form ist, dass die Geschichten, das heißt die erzählten Bilder, nach außen leicht als geschichtliche Ereignisse projiziert werden. Wir sind so stark auf die Erzählungen als von uns unabhängige Ereignisse in der Vergangenheit fixiert, dass unsere Aufmerksamkeit immer wieder zurückgeholt werden muss: Es geschieht in uns, es ist unser eigener Prozess, der in den Bildern beschrieben wird. Es ist die Maria in uns oder der Josef unseres Wesens, von denen die Geschichte handelt. Und es geht um unseren Weg, der dazu führt, dass der Jesus unseres Wesens in uns geboren werden kann.

> Lassen wir mal die Frage, wie es vor 2000 Jahren war!
> Entscheidend ist, was jetzt in uns geschieht.

Für innere Vorgänge ist es nicht von Bedeutung, ob es in der Erzählung um historisch nachweisbare Gestalten oder Ereignisse geht. Wenn von »Diener des Logos« die Rede ist, dann kann es sich auch um kosmische Ereignisse und nicht um die Geschichte einer Person zu einer bestimmten Zeit handeln. Da der Mensch nach dem Ebenbild Gottes erschaffen ist, kann er die Schöpfung in sich erfahren und nachvollziehen. Und genau darum geht es. Eine Beschreibung innerer Ereignisse ist nur dann authentisch, wenn eigene Erfahrungen dahinterstehen. So geht Lukas sorgfältig »von Anfang an« der Überlieferung nach, er macht den Weg der Erfahrung selbst, damit er ihn genau beschreiben kann.

Wenn wir sowohl im Alten wie im Neuen Testament der Bedeutung der Namen von Personen und Ortschaften nachgehen, kann sich eine neue Dimension des Verstehens öffnen. Um uns jedoch dem damaligen Sprachgebrauch anzunähern, ist es notwendig, einige Eigenarten dieser Sprachen zu kennen. Eine übliche Art war es, Worte durch gleichlautende Begriffe, aber mit einer anderen Bedeutung, zu ersetzen. Nur wer unterrichtet war, konnte die Texte so lesen, dass sie für das Verstehen des inneren Weges eine sinnvolle Aussage hatten.

Als Beispiel möchte ich aus jener Zeit die Geschichte von Orpheus und Euridike erwähnen: Euridike stirbt an dem Biss der Natterschlange. Der griechische Name für die betreffende Schlange hat aber den gleichen Klang wie das Wort für Liebe. Damit öffnet sich eine neue Dimension in dieser Geschichte. Zum Verständnis auf einer inneren Ebene haben auch die Zusammenhänge, die in den Zahlenwerten der Buchstaben liegen, eine essenzielle Bedeutung. Sowohl im Hebräischen wie auch im Altgriechischen ist diese Zahlenzuordnung ein wesenhafter Bestandteil der Texte. Ohne diese Verknüpfungen wird jede

Übersetzung in eine moderne, europäische Sprache sehr mager. Sie verliert die Vielschichtigkeit und die verborgene Bedeutung.

Der Name Lukas bedeutet »Licht« oder »der Leuchtende«. Er ist derjenige, der zur Lichtquelle geworden ist, das Licht ausstrahlt und an andere weitergibt. Von Paulus, den er auf einigen seiner Reisen begleitet hat, wird er als geliebter Freund, der Arzt ist, erwähnt. Nach der Überlieferung starb er in hohem Alter eines natürlichen Todes. Sein Evangelium erzählt von den Ereignissen, die der Geburt Jesu vorangehen, so detailliert wie keiner der anderen Evangelisten. Er beschreibt, was sich ereignet hat, tatsächlich »von Anfang an«. Lukas widmet diese Beschreibung des inneren Wandlungsweges Theophilus, das heißt dem »Gottesfreund«. In den spirituellen Traditionen des Mittleren Ostens war und ist es üblich, denjenigen, der unterwegs zu Gott ist, als Gottesfreund zu bezeichnen. Ob dieser Theophilus eine historische Gestalt war, ist für den inneren Erfahrungsweg abermals nicht von Bedeutung.

Mit Theophilus ist jeder Gottesfreund gemeint. Damit wendet sich Lukas an jeden Suchenden. Er wendet sich an diejenigen, die schon »unterrichtet« sind, die schon begriffen haben, worum es geht. An diejenigen, die den Erfahrungsweg auch gehen wollen, die erkannt haben, dass das bloße Unterrichtetsein nicht genügt. Sie brauchen eine klar gezeichnete Landkarte für ihren Weg, damit sie sich im Lichte des Wissens auf ihrem individuellen Weg der Erfahrung orientieren können, damit sie zur Verwirklichung gelangen. Er spricht die an, die bereits Gottesfreunde sind, die schon darüber unterrichtet sind, dass in jedem Menschen ein Samen der Gottessohnschaft eingepflanzt ist, als Möglichkeit, die auch verwirklicht werden kann.

Spricht er nicht direkt zu uns?!

Die Vorbereitung

»Zu der Zeit des Herodes, des Königs von Judäa, lebte ein Priester von der Ordnung Abija, mit dem Namen Zacharias, und seine Frau war aus dem Geschlecht Aaron und hieß Elisabeth. Sie waren aber beide fromm vor Gott und lebten in allen Geboten und Satzungen des Herrn untadelig. Und sie hatten kein Kind; denn Elisabeth war unfruchtbar, und beide waren hochbetagt.« (Lukas 1,5-7)

Die Geschichte fängt mit einem Märchen-Motiv an: das alte, unfruchtbare Ehepaar, das kein Kind bekommen kann. Aber im Gegensatz zum Märchen werden hier Namen und genaue Angaben zu den Umständen gegeben. Das innere Geschehen setzt zu einer Zeit ein, als Herodes König ist. Der Name Herodes hat mit Zittern zu tun. Wann muss aber ein Herrscher zittern? Wenn er auf einem Thron sitzt, der ihm nicht zusteht. Die Abstammung von Herodes berechtigt ihn nicht für das Amt, das er einnimmt. Er könnte jeden Moment entlarvt und vom Thron gestürzt werden.

Wenn wir die Rolle des Herodes durch die Evangelien verfolgen, können wir erkennen, dass in ihm der Verstand personifiziert ist. Der Verstand, der in uns auf dem Thron sitzt, auf den er nicht gehört. Der Verstand ist es, der versucht, alles »auf die Reihe zu kriegen«, und alle Möglichkeiten tötet, die sich außerhalb seines linearen Denkschemas befinden. Alles, was durch Kausalität nicht verständlich ist, kann der Verstand nicht greifen – begreifen. So bringt er alle Ansätze um, die seine Allmachtsansprüche streitig machen würden, wie es die Erzählung von der Tötung der Erstgeborenen in Bethlehem nach der Geburt Jesu beschreibt. Der Mensch macht seine Entwicklung, bis er mit Hilfe seines Verstandes sein Leben beherrschen kann. Er muss sich bis zu diesem Punkt hinaufarbeiten, bevor der Weg, der nach Bethlehem führt, überhaupt beginnen kann. Herodes kann man nicht umgehen, wie es auch die Geschichte der drei Weisen aus dem Osten zeigt. (Matthäus 2,1-8)

Wenn aber der Verstand die Herrschaft über unser Leben übernimmt, wird das Leben unfruchtbar. Das geschieht allmählich, kaum spürbar im Alltag, ähnlich, wie wenn ein Mensch langsam alt wird. Neues können wir nicht mehr empfangen, und wir sind unfähig, Neues zu erzeugen. Wir können alle Regeln einhalten, brav unsere Pflichten erfüllen, aber etwas, das unser Leben erneuern würde, fehlt. Es fehlt uns als inneres Geschehen. Das schale Lebensgefühl bleibt. Wieviele unter uns leiden daran!

&. *Uns allen ist dieser Zustand vertraut.*

Das Ausscheren Jugendlicher aus dieser inneren Einöde hat dann meistens schwerwiegende Folgen, weil ihnen keine Vorbilder mitgegeben wurden, die Anstrengungen zu einem lebendigen, menschenwürdigen Lebensweg ermöglichen können. Es fehlen die Muster, die in der Kindheit durch Bilder eingeprägt, verinnerlicht werden und später, aus dem Unbewussten wirkend, Orientierung geben.

Der Zustand, in dem uns das Leben nichts Neues schenkt, nichts, was unsere Lebensfreude nähren würde, ist von der Zahl der Jahre unabhängig. Wir können uns bereits in einem jungen Körper alt und ausgebrannt fühlen: Uns kann nichts mehr motivieren oder begeistern. Das wäre dann der Zustand, in dem das alte Ehepaar sich befindet. Der innere Weg könnte genau hier, an diesem Punkt ansetzen. Elisabeth und Zacharias bleiben auch in diesem, für sie ausgetrockneten Leben in allen ihren Verpflichtungen Gott und der Welt gegenüber treu. Sie wenden sich nicht von ihrem Glauben ab, obwohl ihr Leben durch die körperliche Unfruchtbarkeit ziel- und sinnlos geworden ist. Sie können nicht mehr damit rechnen, dass ihr Leben noch etwas Unerwartetes, Belebendes bieten kann. Sie sind für das diesseitige Leben verbraucht, ausgebrannt. Ihr Leben ist zur Pflicht geworden.

Kennen wir diesen Zustand in uns? Wenn wir an diese Erfahrung in unserem eigenen Leben herangeführt werden, wird es kritisch. Wir spüren dann, dass uns nur ein Wunder helfen kann. Wer kann aber unter der Herrschaft von Herodes an ein Wunder glauben? In diesem Zustand können wir mit einer falschen Diagnose leicht in die Irre geführt werden: Burnout, Depression. In uns allen lebt irgendwo in der Tiefe Zacharias, der aus der Ordnung der Abija stammt, wobei diese Abstammung zeigt, dass in ihm das Wissen verankert ist: »Der Herr ist mein Vater« – das ist die Bedeutung von Abija. Die Frage ist, ob dieser innere Zacharias zur gegebenen Zeit zum Dienst berufen werden kann. Ob wir in uns seinen Namen kennen und uns seines Namens erinnern: »Gedenken des Herrn«.

Das Weibliche in uns – unabhängig davon, ob wir in einem männlichen oder weiblichen Körper leben – das hier, an diesem Punkt unseres Lebens zum inneren Zacharias gehört, heißt Elisabeth: »Mein Eid ist Gott«. Es ist die bedingungslose Verankerung im Höchsten, im Unbekannten, obwohl ER sich nicht so zeigt, wie wir es durch unsere Konzepte erwarten und verlangen würden. Nicht nur unser Verstand, sondern »der Verstand« überhaupt ist es, der die Bedingungslosigkeit nicht kennt. Man kann nicht aus Vernunft »vernünftig« bedingungslos sein.

> »Und es begab sich, als Zacharias den Priesterdienst vor Gott versah, da seine Ordnung an der Reihe war, dass ihn nach dem Brauch der Priesterschaft das Los traf, das Räucheropfer darzubringen; und er ging in den Tempel des Herrn. Und die ganze Menge des Volkes stand draußen und betete zur Stunde des Räucheropfers. Da

erschien ihm der Engel des Herrn und stand an der rechten Seite des Räucheraltars. Und als Zacharias ihn sah, erschrak er, und es kam Furcht über ihn. Aber der Engel sprach zu ihm: Fürchte dich nicht, Zacharias, denn dein Gebet ist erhört, und deine Frau Elisabeth wird dir einen Sohn gebären, und du sollst ihm den Namen Johannes geben.« (Lukas 1,8–12)

Die ganze Tiefe des Textes auszuloten, würde den vorgegebenen Rahmen sprengen. Hier möchte ich jedoch den Zugang zu einigen der Bilder ermöglichen. Im Heiligtum unserer Seele kann nur Zacharias sich aufhalten und Dienst tun. Die Menge, die Mehrheit unseres psychischen Gefüges (englisch: »mind«) bleibt draußen. Das Volk in uns hat keinen Zugang zum Heiligen, weiß nichts davon. Der größere Teil unserer Psyche kennt das Heilige nicht.

Wenn der Engel – das Wort kommt von Angelus, wörtlich: »der Bote« – denen erscheinen würde, die in uns nur »das Äußere« kennen, könnte die Botschaft nicht aufgenommen werden. Wenn uns durch Eingebung eine Botschaft von oben gegeben wird, die nicht vom inneren Zacharias empfangen ist, wird sie durch Konzepte, Argumentationen und allerlei Zweifel zerrissen. Unter der Herrschaft von Herodes hat keine Botschaft eine Chance, angehört zu werden. Einzig und allein im innersten Heiligtum unseres Herzens kann sie aufgenommen und in ihrer Bedeutung erkannt werden. Der Engel erscheint auf der rechten Seite des Altars. Das, was von oben kommt, kann nur die rechte Seite empfangen. »Der Mensch kann nur mit der rechten Hand vom Himmel empfangen, und die Erde gehorcht nur der linken Hand«, sagt einer der größten spirituellen Lehrer des Christentums: Johannes vom Kreuz.

> *Es kann eine sinnvolle Frage sein:*
> *Mit welcher Hand empfangen wir?*

Das, was im Text mit Angst, mit »sich fürchten« übersetzt wird – auch in den später zitierten Texten – ist nicht korrekt. Es ist eher die Rede von Verwirrung, verständnislosem Staunen. Es ist der Zustand, in den wir geraten, wenn uns etwas existenziell Neues zustößt, das in unsere Konzepte nicht hineinpasst. Es ist die Begegnung, die sich in das bis jetzt Erfahrene nicht einordnen lässt. Es ist die Verwirrung, die durch das Aufbrechen der Muster der Vergangenheit in uns entsteht. Natürlicherweise reagieren wir mit Panik darauf, denn wir können diese Verwirrung nicht ertragen. In einem solchen Moment wird der Thron von Herodes erschüttert.

> *Wie vertragen wir einen solchen Moment?*

Der Engel beruhigt Zacharias: Es ist alles in Ordnung, was dir geschieht. Es ist die Erfüllung deines Gebetes. Das heißt, Zacharias hat immer noch um ein Kind gebeten, obwohl dies eine aussichtslose Sache war. Oft bitten wir hartnäckig um etwas im äußeren Leben. Es kann geschehen, dass diese Bitte erfüllt wird, oft aber bleiben wir enttäuscht zurück, weil kein Wunder geschieht. Diese Art von Wünschen stammt von dem Volk, das außerhalb des Heiligtums versammelt ist.

Zacharias hat eine andere Art von Wunsch. Dabei geht es um die tiefe Sehnsucht unserer Seele. Den Unterschied zu begreifen, ist wesentlich. Das Volk in uns ist draußen. Es kann nur um etwas Äußerliches bitten. Die innere Sehnsucht kennt es nicht. Der Name des Engels wird nicht genannt. Er ist einfach der Bote, der den Sohn verkündet. Der wird Johannes heißen, Johannes, was »der Herr ist Gnade« oder »Gnade Gottes« bedeutet. Er wird aus den Verkettungen des Gesetzes hinausführen. Nach dem Gesetz können wir uns nur linear weiterbewegen. Ohne Gnade bleiben wir im Gesetz von Ursache und Wirkung gefangen, und wir werden von der Vergangenheit bestimmt. Diese lineare Verkettung wird heute auch »Karma« genannt.

Johannes wird den Weg, der aus der Kausalität führt, kennen. Es ist der Weg auch durch die innere Wüste, die in uns Ägypten vom Gelobten Land trennt. Gnade kann uns durch ihn, den Zeugen, der er ist, erreichen. Er kann damit den Weg für den Erretter – was »Heiland« wörtlich übersetzt heißt – vorbereiten. Er ist die Personifizierung der Instanz in uns, die aufzubauen nötig ist, damit die Geburt von Existenz, die das Leben und Sterben überlebt, ermöglicht wird. Er ist der Vorbereiter des Weges für die Gottesgeburt in uns. Um die Funktion des Johannes des Täufers in uns zu verstehen, werden wir immer wieder zu dieser inneren Instanz zurückkommen.

> »Und du wirst Freude und Wonne haben, und viele werden sich über seine Geburt freuen. Denn er wird groß sein vor dem Herrn; Wein und starkes Getränk wird er nicht trinken und wird schon von Mutterleib an erfüllt werden mit dem Heiligen Geist.« (Lukas 1,14–15)

Genau das, was in dem ausgedörrten Leben von Zacharias fehlt: Freude und Wonne, wird von dem Boten versprochen. Das, was er sich nicht mehr vorstellen konnte, wird ihm durch Gnade geschenkt werden – aus einer anderen Dimension, die er in seinem linear verlaufenden Leben nicht kennt. An diese Freude werden viele angeschlossen: viele von dem »Volk«, das außen wartet. Vieles, was in uns irgendwo, irgendwie automatisch nach außen hin sinnlos funktioniert, wird mit dem Sinn verbunden werden. Vieles wird durch den Zeugen, Johannes, der uns in unserer inneren Welt als Möglichkeit versprochen ist, Lebendigkeit erhalten. Gibt es einen größeren Anlass zu Freude und Wonne?

Johannes wird »keinen Wein und kein starkes Getränk« trinken. Er wird nüchtern und klar seinen Auftrag erfüllen. Gerade diese Nüchternheit ist es, die ihn »vor dem Herrn groß« macht. Rausch entspricht nicht seiner Natur. Er wird sich nicht in den Alkohol flüchten, was die unerträglichen Spannungen des Weges abschwächen würde. Er wird »das Unerträgliche ertragen«, wie es von Karlfried Dürckheim formuliert wurde. Johannes wird genügend Stärke besitzen, und seine Stärke wird durch das Ertragen der Wirklichkeit, was immer sie sei, noch wachsen. Seine Spannkraft wird wie ein aufgespannter Bogen werden, indem er keine Wahrnehmung mit betäubenden Konzepten verwischt. Der Zeuge ist schon im Mutterleib vom Heiligen Geist erfüllt. Damit wird bereits eine tiefe Verbindung mit Jesus angedeutet, der direkt vom Heiligen Geist gezeugt ist. Was damit gemeint ist, kann man durch eine Formulierung der Ostkirche besser verstehen. Darin wird die heilige Dreifaltigkeit mit anderen Begriffen benannt, als wir sie hier im Westen kennen: Ursprung der Welt (Vater), Seele aller Leben (Sohn) und Ewige Gegenwart (Heiliger Geist). Die Natur des Heiligen Geistes ist: Ewige Gegenwart.

Johannes wird die menschliche Verkörperung dieser »dritten Kraft« werden. Der Zeuge, der »wahr-nimmt«, der von allen Vorgängen, die sich in der Zeit in uns abspielen, zeugt und damit Erzeuger des neuen Lebens wird. Er kann auch »das Licht der Welt«, das in dieser Welt erscheint, erkennen.

> *Er wird der innere Zeuge unseres Wesens sein,*
> *der in uns von der Wirklichkeit zeugt.*

Wenn »das Licht, das von sich zeugt«, schon als »Ewige Gegenwart« aktiv ist, wird Johannes nicht mehr benötigt: Er wird geköpft. Er wird aber in der Durchgangsphase zwischen Ägypten und dem Gelobten Land, in der Wüste, dringend gebraucht.

> »Und er wird vom Volk Israel viele zu dem Herrn, ihrem Gott, bekehren. Und er wird vor ihm hergehen im Geist und in der Kraft Elias, zu bekehren die Herzen der Väter zu den Kindern und die Ungehorsamen zu der Klugheit der Gerechten, zuzurichten dem Herrn ein Volk, das wohl vorbereitet ist.« (Lukas 1,16–17)

Im Alten Testament steht das »Volk Israel« für das Wesen des Menschen. Für all das, was uns wesenhaft ausmacht, im Gegensatz zu dem, was uns anerzogen ist. Das Wesenhafte in uns besteht aber auch aus unterschiedlichen Komponenten, die alle eigenständig ihre eigenen Rechte fordern und meistens nicht sehr reif agieren. Diese Teile in uns sind oft wie trotzige Kinder oder bockige Halbwüchsige. Sie lassen sich nicht integrieren, sie verbinden sich nicht mit anderen Teilen. Der Begriff »bekehren« ergibt im heutigen Sprachverständnis wenig Sinn. Noch weniger wird die eigentliche Bedeutung durch die Lutherische Übersetzung »tut Buße« wiedergegeben. Der ursprüngliche Begriff ist Metanoia, das heißt: »Kehret um«. Diese Aufforderung zu begreifen, macht uns Mühe. Mit dem Alltagsbewusstsein verstehen wir das als Ermahnung zur Umdrehung in die Richtung, aus der wir gekommen sind, uns im Raum in eine andere Richtung zu bewegen. Mit Metanoia ist aber etwas anderes gemeint: unsere Aufmerksamkeit, die nach außen gerichtet ist, nach innen, zur Mitte hinzuwenden. Auch dann, wenn wir das anschauen, was in uns abläuft, schauen wir immer noch von der Mitte unserer Existenz in die Außenbereiche unseres psychischen Gefüges.

Der Wahrnehmende kann nur dann wahrgenommen werden, wenn wir unsere Aufmerksamkeit nach innen, zur Mitte hin, zu dem, was wir »ich bin« nennen, wenden. Umkehren heißt nicht, unsere Innenwelt zu analysieren, sondern den wahrzunehmen, der ich bin. Den wahrzunehmen, der durch die Erfahrungen geht, der denkt und fühlt, der den Reaktionen ausgeliefert ist und der will. Dort, an dem Ort, wo das »Ich bin« beheimatet ist, wird alles »gesammelt«, angebunden, und dort wird »Israel zu dem Herrn bekehrt«.

Wo wir sagen können: Ich bin hier und jetzt.

Elias »Geist und Kraft«, die in Johannes angelegt sind, erhalten erst Sinn durch die Bedeutung seines Namens: »Mein Gott ist der Herr«. Die vereinende, dadurch heilende Kraft ist die Rückbesinnung zum Göttlichen, zur Einheit. Diese Rückbindung ist die ursprüngliche Bedeutung von Religion. Das ist Herstellung der Einheit, das ist wiederum die vereinende Kraft – sie ist Liebe. Die Vorbereitung dazu ist die Arbeit an dem Zeugen, an Johannes dem Täufer in uns. Als Zeuge ist die Rückbindung an die Liebe seine Funktion. Das hat nichts mit Emotionen zu tun, das ist eine »nüchterne« Angelegenheit der Erinnerung. Deshalb ist diese Arbeit für uns nicht sehr attraktiv. Nur wenn wir nichts mehr zu verlieren haben, wenn unser Leben dürr und leer geworden ist, wird uns der Weg des Johannes einen Versuch wert sein.

Hier und jetzt: Ich bin Zeuge meiner Gedanken und Gefühle.
Ich nehme meinen Körper wahr.

> »Und Zacharias sprach zu dem Engel: Woran soll ich das erkennen? Denn ich bin alt, und meine Frau ist betagt. Der Engel antwortete und sprach zu ihm: Ich bin Gabriel, der vor Gott steht, und ich bin gesandt, mit dir zu reden und dir dies zu verkündigen. Und siehe, du wirst stumm werden und nicht reden können bis zu dem Tag, an dem dies geschehen wird, weil du meinen Worten nicht geglaubt hast, die erfüllt werden sollen zu ihrer Zeit.« (Lukas 1,18–20)

Auch der Zacharias in uns will Beweise und Bestätigung. Und er will sich der Verantwortung des Auftrages entziehen. Wir fühlen uns immer zu klein, zu schwach, zu unfähig. Die innere Unmündigkeit macht uns unsicher, wir trauen unseren tiefsten Impulsen nicht. Wir wollen es »schriftlich«, mit »Garantie«.

Wir brauchen etwas, worauf unser Verstand sich beziehen kann. Wir wollen Bestätigung von anderen, das es schon richtig ist, was uns geschieht. Wie könnte aber die diesseitige Welt, die von dem Heiligtum unseres Herzens nichts weiß, die Bestätigung liefern?

»Kraft Gottes«, Gabriel, wie der Engel sich zu erkennen gibt, nimmt aber jegliche Möglichkeit der Kommunikation von Zacharias fort. Er wird durch Gabriel in die Stille gebracht. Er kann sich keine Bestätigung holen von denen, die sowieso nicht verstehen können, weder von anderen Menschen, noch von den Teilen in sich, die an Emotionen und Gedanken gebunden sind. Das Berührtsein aus einer anderen Dimension entzieht sich jeder Möglichkeit der Mitteilung. Um das innere Wunder – das jenseits des Verständlichen geschieht – zu beschreiben, reicht unsere verbale Kommunikation nicht aus. Wir können mit unseren Gedanken und Eigengefühlen nicht danach greifen. Wenn wir es versuchen, verliert es die Kraft, es entzieht sich unserem Bewusstsein. Wir bleiben zurück mit dem Eindruck: Es war ein Engel, der vorbeihuschte, eigenartig, aber nicht von Bedeutung, ohne weitere Konsequenzen.

Dieses Stummwerden, auch in uns selbst, ist von elementarer Bedeutung: das Heilige behüten, im Heiligtum unseres Herzens bewahren. Wir dürfen das Unverständliche, das Numinose nicht dem Analysieren, Argumentieren und den sich ständig ändernden Selbstgefühlen aussetzen. Weil wir aber dazu noch nicht fähig sind, werden wir innerlich dazu gezwungen, indem das Neue verschwindet wie ein Samenkorn in der Erde, damit es in der Verborgenheit keimen kann.

Wie könnte auch Zacharias genügend Glauben haben, Glauben, den wir heute Vertrauen nennen? Vertrauen können wir nur in das setzen, was wir wissen. Ein Vertrauen – oder Glauben – an etwas, das wir nicht erkannt haben, ist Naivität. Nur aus der Erfahrung entstandenes Wissen kann uns tragen. Wir können nur dem vertrauen, das uns einmal als Erfahrung geschenkt worden ist. Diese Erfahrung aber fehlt Zacharias.

Können wir darauf vertrauen, dass die Sehnsucht unseres Herzens »zu ihrer Zeit« sich erfüllen wird? Wie oft wollen wir etwas an uns reißen wie eine unreife Frucht, noch bevor es Zeit zur Ernte ist?

Kennen wir das nicht alle zur Genüge?

Zu erkennen, wann die richtige Zeit für etwas gegeben ist, erfordert ein entsprechendes inneres »Instrument«, ein inneres Organ. Erst dadurch werden wir »spüren«, jenseits unseres Instrumentariums des Alltags. Die meisten von uns sind so aufgewachsen, dass dieses Organ nicht entwickelt wurde. Allerdings ist es als eine entwicklungsfähige Möglichkeit geblieben – in allen von uns. Das ist eine der Gründe, warum wir ungeduldig sind und oft von unreif gepflückten Früchten des Lebens unter Bauchweh leiden ...

> »Und das Volk wartete auf Zacharias und wunderte sich, dass er so lange im Tempel blieb. Als er aber herauskam, konnte er nicht mit ihnen reden, und sie merkten, dass er eine Erscheinung gehabt hatte im Tempel. Und er winkte ihnen und blieb stumm. Und es begab sich, als die Zeit seines Dienstes um war, da ging er heim in sein Haus.« (Lukas 1,21–23)

Es gibt keine Möglichkeit der Verständigung zwischen dem Heiligtum und dem Bereich außerhalb des Tempels. Die Botschaft des Heiligtums kann nicht außerhalb der Mauern mitgeteilt werden. Wenn Herodes auf dem Thron sitzt, verbreitet er die Vorstellung, dass alles in uns und jeder um uns herum es verstehen sollte. »Wenn ich es nur richtig erkläre …«, denken wir. Wir scheitern oft an dieser Vorstellung der Machbarkeit der Mitteilung, die der Wirklichkeit nicht entspricht. So bleibt Zacharias stumm. Das gibt ihm die Authentizität, die Kraft der Ausstrahlung, die für die »außen Wartenden« genügt. Die Kraft des Heiligen bewahren, nicht mitteilen, bevor es »Zeit ist«, bevor es in der Zeit erscheint. Das kommt auch in der nächsten Passage zum Ausdruck:

> »Nach diesen Tagen wurde seine Frau Elisabeth schwanger und hielt sich fünf Monate verborgen und sprach: So hat der Herr an mir getan in den Tagen, als er mich angesehen hat, um meine Schmach unter den Menschen von mir zu nehmen.« (Lukas 1,24–25)

Vor den Menschen bedeutet die Unfruchtbarkeit ein Versagen, wie so vieles uns zur Schmach wird, was uns nicht erlaubt, Erfolg in diesem Leben zu haben. Wenn sich aber das neue Leben, »Gnade Gottes«, in uns regt, zählen die allgemein gültigen Werte dieser Welt nicht mehr. Wir bleiben unberührt von dem, was die anderen sagen oder meinen. Wir werden von den eingepflanzten, fremdbestimmten Idealen, die wir nicht erfüllen können, befreit. Sie quälen uns nicht mehr. Das Korsett kollektiver Maßstäbe bricht auf, und von innen her entsteht eine neue Orientierung. Wir erfahren eine bis dahin nicht gekannte Freiheit.

1 Geburt Jesu in den Evangelien

Die Verkündigung

»Und im sechsten Monat wurde der Engel Gabriel von Gott gesandt in eine Stadt in Galiläa, die heißt Nazareth, zu einer Jungfrau, die vertraut war einem Mann mit Namen Josef vom Hause David; und die Jungfrau hieß Maria.« (Lukas 1,26–27)

Der »sechste Monat«, das sechste Zeichen des Tierkreises, ist das Zeichen der Jungfrau. Die Vorbereitung, die mit Johannes dem Täufer, mit dem Zeugen, beginnt, ist so weit fortgeschritten, dass die Jungfrau vom Heiligen Geist empfangen kann. Wie wir wissen, ist Johannes der Täufer der innere Zeuge. Sein Name ist schon Verheißung: »Der Herr (Gott) ist Gnade«. Durch diese Gnade allein kann die Gefangenschaft im Gesetz überwunden werden. Jeder spirituelle Weg beginnt mit dem Etablieren dieser inneren Instanz. Im Buddhismus wird sie Achtsamkeit genannt, sie wird auch als Beobachter bezeichnet, oder sie ist die Nicht-Identifikation. In der deutschen Sprache beinhaltet der Begriff »Zeuge« an sich das Mysterium: Der Zeuge ist in einem Vorgang auf keine Art und Weise involviert, gleichzeitig aber ist er der Er-Zeuger neuen Lebens.

Diese innere Instanz, die im Zeichen des Widders einen neuen Zyklus öffnet, muss den Boden so weit in uns vorbereiten, dass die Seele gereinigt, jungfräulich wird. Erst dann kann sie vom Heiligen Geist aus dem Augenblick empfangen, ohne mit Erinnerungsmustern aus der Vergangenheit besetzt zu sein.

Jesus, der Messias, ist der Erlöser am Anfang des Fische-Weltenmonats. Seit den Urchristen wird das Zeichen der Fische im Tierkreis als Christus-Symbol verwendet: die zwei miteinander verbundenen Fische. Jungfrau und Fische sind einander gegenüber auf derselben Achse. Ihre Energien bedingen einander, und der Planet Erde stand die vergangenen 2000 Jahre lang in der Schwingung dieses Energiepaares. Dadurch wird es verständlich, dass nicht nur Jesus, sondern auch Krishna, der Inder, von einer Jungfrau geboren ist. Wie unsinnig, über die jungfräuliche Geburt im Konkreten, in der Welt des Körpers als äußeres Ereignis, zu streiten!

Die Stadt Nazareth in Galiläa ist nicht zufällig gewählt. »Gal«, der Stamm des Namens Galil, wie es hebräisch heißt, hat mit Formwerdung zu tun, mit dem Erscheinen in der Form. In der hebräischen Schrift werden nur die Konsonanten ausgeschrieben, dabei hat jeder Buchstabe einen Zahlenwert. Derjenige von Gal ist $3 + 30 = 33$. Das, was in der Form erscheint, kann die Zahl 33 nicht »überleben«, deshalb stirbt der Körper Jesu mit 33 Jahren. Das, was aufersteht, ist jenseits davon und gehört damit zu 34. Das ist der Erlöser, der »Go

El« heißt, geschrieben mit dem Zahlenwert 34. Dies wiederum ist auch die Zahl für das Wort Kind, das aber aus anderen Buchstaben zusammengesetzt ist. Die Begriffe Golem (toter Körper), Gola, Galuth (Exil), Giluj (Offenbarung) sollen die Komplexität der hebräischen Sprache veranschaulichen. »Zar« bedeutet die »starre Form« und ist der Stamm für die Begriffe Druck, Leid, Schmerz. Mit der Stadt Nazareth verdichtet sich die Formwerdung zu einer kristallisierten, unausweichlichen Verpflichtung. Innerhalb der lebendigen Form gibt es etwas, das sich nicht weiter formen lässt. Könnte das die erbbedingte Struktur unseres Körpers sein? Oder unser Schicksal, in dem unsere Bestimmung als Möglichkeit zum »Werden des Seins« enthalten ist?

> *Wie erfahren wir dieses Starre, Unausweichliche im eigenen Leben?*
> *Wie fühlt sich das an?*

Maria (hebräisch Mirjam), die Jungfrau, lebt in dieser Stadt. Ihr Name hat mit »bitter«, »Meer«, »Materie« zu tun. Wie könnte sie in einer anderen Stadt als in Nazareth leben? Und wie könnte der Erlöser in einem anderen Mutterschoß ausgetragen werden, als im Schoße der reinen Jungfrau? Die Wurzeln der Begriffe für Gnade und Erbarmen Gottes ist die gleiche, es ist das Wort für »Mutterschoß«. Die reine Seele kann die dauernde Auseinandersetzung im bittern, salzigen, uferlos scheinenden Meer nur dadurch ertragen, dass sie weiß, »Gottes Gnade«, Johannes, ist bereits unterwegs. So kann Gabriel, dessen Name, wie wir bereits wissen, »Kraft Gottes« bedeutet, die Botschaft übermitteln. Botschaft und Fleisch sind wiederum gleiche Begriffe: Durch die Inkarnation, die Fleischwerdung, wird die Botschaft übermittelt. Ohne den physischen Körper, ohne in die starre Form hineingebunden zu sein, kann uns keine Botschaft erreichen. Und ohne Botschaft kann keine Gottesgeburt im Menschen geschehen. In diesem Zusammenhang ist die »Botschaft« so wichtig.

> *Sind wir uns dessen bewusst, dass wir in unserem Körper inkarniert sind?*
> *Kann ich die Botschaft, die damit zusammenhängt, wahrnehmen?*

Der Mann, mit dem Maria verlobt ist, heißt Josef. Er hat denselben Namen wie der Lieblingssohn von Jakob im Alten Testament, der von seinen eifersüchtigen Brüdern nach Ägypten verkauft wurde. Der Lieblingssohn des Vaters, der in ein fremdes Land gerät – in ein Land, das für all die Beschränkungen und Leiden in der Dualität dieser Welt steht – und dort zum Retter seiner Brüder wird. Josef, dessen Name »mehren« bedeutet, wird auch als »es soll noch ein anderer Sohn kommen« verstanden. Josef, der Verlobte Marias, ist aus dem Hause David der direkte Nachfolger des »Geliebten Gottes«, was der Name David bedeutet. Josef ist der Fremde in dieser Welt, mit der Erinnerung an jene Welt, wo er – jenseits der Zeit – der Lieblingssohn des Vaters ist. Er weiß, wie man in dieser Welt eine

Behausung baut; er ist ein Zimmermann. Er wird auch fähig sein, Maria und das Kind nach Ägypten zu führen, solange sie in Gefahr sind. Er kennt das Land ja bereits.

Die entsprechenden Teile in uns, die in der Geburtsgeschichte personifiziert sind, bereiten den Weg vor. Schauen wir sie nochmals zusammenfassend an:
Maria: die reine Seele, die »keinen Mann kennt«. Mann und Erinnerung sind im Hebräischen wiederum der gleiche Begriff. Die Seele ist rein, wenn sie nicht mit Erinnerungsmustern »verheiratet«, das heißt besetzt ist.
Johannes der Täufer: der Zeuge, der jenseits des inneren Geschehens wahrnimmt.
Josef: der in dieser Welt funktionierende Handwerker, der im Bewusstsein seiner Abstammung die Verantwortung dafür tragen kann, was Gott ihm in dieser Welt anvertraut, auch dann, wenn es nicht »sein Kind« ist.

> »Und der Engel sprach zu ihr: Fürchte dich nicht, Maria, du hast Gnade bei Gott gefunden. Siehe, du wirst einen Sohn gebären, und du sollst ihm den Namen Jesus geben.« (Lukas 1,30–31)

Gnade zu finden bedeutet das Herausgehobenwerden aus dem Gesetz der Kausalität. Es bedeutet, dass in der »im gegenwärtigen Moment geschehenden Schöpfung« eine unerwartete, mit Logik nicht erfassbare Komponente erscheint. Die Linearität, die logische Verkettung zwischen Vergangenheit und Zukunft, Ursache und Wirkung, wird unterbrochen. Kausalität würde die Reihenfolge von normaler Zeugung – Schwangerschaft – Geburt bedeuten. Das wäre Gesetz, auch als inneres Geschehen.

Die Folgen der Unvollkommenheiten unserer Muster würden eine lineare Fortsetzung in der Zukunft zur Folge haben, so wie die psychischen Erfahrungen durch die Wissenschaft als Folge von biochemischen Prozessen im Körper erforscht und erklärt werden. Die Öffnung einer neuen Dimension können wir aber nicht erwirken und nicht erklären. Das ist nicht machbar und für den Verstand nicht verständlich. Nur Gnade kann das »Wunder« bewirken, wenn die Voraussetzungen gegeben sind und die Zeit gekommen ist.

Wir alle fürchten uns vor jeglichem Unbekannten. Wir wollen in dem bleiben, was wir kennen, was uns vertraut ist. Was kann alles geschehen, wenn etwas, das größer ist als das, was wir erfassen können, in unser Leben einbricht? Etwas, das wir nicht mehr fassen können, weder mit den Händen noch im Kopf. So ist das erste, das sich in uns ausbreiten muss, um die Botschaft des Himmels zu empfangen, Vertrauen. »Fürchte dich nicht« oder, richtiger, »Lass dich nicht verwirren«, spricht der Engel zu Maria.

Die Maria in uns erleidet so viel Bitterkeit, das salzige Meer ist ihr Element, sie erwartet kein Wunder. Das Entscheidende ist, dass ihr Vertrauen auf das

Höchste baut. Dem Erscheinenden gegenüber bleibt sie zuerst abwartend. Bis der Engel »sich ausweist«.

Der Engel spricht ausdrücklich von einem Sohn, nicht von einem Kind. Im Hebräischen ist der Begriff »Sohn« eng mit dem Begriff »bauen« verwandt. In dieser Welt wird alles Seiende durch den Sohn gebaut. Wie schon erwähnt, wird in der christlich-orthodoxen Formulierung der Sohn als Teil der Dreifaltigkeit »Seele aller Leben« genannt. Gott, der Vater, der Schöpfer, lässt einen Teil von sich durch die erschaffene Welt in Erscheinung treten. Das ist gemeint, wenn wir von Gott als Immanenz sprechen, als innewohnend in allen Erscheinungen der Schöpfung. Die Schöpfung geschieht in jedem Augenblick neu. So kann in uns in der neuen Schöpfung der Gegenwart der Sohn empfangen werden – wenn die Seele rein ist.

> *Wir können immer wieder die Frage stellen:*
> *Wie empfange ich?*

Wir sehen, wie die Verknüpfungen allmählich zum Ganzen führen. Wenn wir von einem einzigen Teil der Heiligen Schrift ausgehen, führt sie uns zum Ganzen. Es ist, wie wenn wir ein Tuch anfassen, gleich an welchem Punkt. Beim Aufheben kommt das ganze Tuch, das ganze Gewebe mit. Weil es eine Einheit bildet. Der Name Jesus ist aus dem hebräischen »Jehoschua« entstanden. Seine Bedeutung ist: »Der Herr rettet, hilft«. Die Rettung aus der Abhängigkeit der Gezeiten der Zeit. Die innere Instanz, die uns eine neue Dimension der Identität schenkt und uns damit über den Tod hinausführt, ist der angekündigte Heiland. Die Hilfe kann nur direkt aus dem Herzen des Menschen kommen, wenn es aus einer anderen Dimension befruchtet wird.

> »Der wird groß sein und Sohn des Höchsten genannt werden; und Gott der Herr wird ihm den Thron seines Vaters David geben, und er wird König sein über das Haus Jakob in Ewigkeit, und sein Reich wird kein Ende haben.« (Lukas 1,32–33)

Die Sohnschaft, von welcher der Engel Gabriel spricht, ist vom »Höchsten« empfangen und nicht von irgendeiner Welt dazwischen. Gabriel ist der Vermittler und nicht der Verursacher. Das ist entscheidend. Solange wir uns an Zwischenwelten wenden, von denen wir Hilfe für unsere innerste Sehnsucht holen und von denen wir uns mit Konzepten füllen lassen, kann unsere Seele den »Sohn des Höchsten« nicht empfangen. Es gibt keinen Platz für ihn. Er braucht den ganzen inneren Raum, der zuerst von der Vergangenheit entrümpelt werden muss. Diese Dimension, in welcher der Sohn herrscht, ist das, was wir Ewigkeit nennen. Unser Tagesbewusstsein kennt aber nur diese Welt und die Unendlichkeit. So wollen wir Ewigkeit mit Zeit messen; wir wollen das Reich, das »nicht von dieser Welt« ist, mit den Maßstäben dieser Welt erfassen. Ewigkeit war nicht vor der Zeit und wird nicht nachher sein. Ewigkeit ist. Zeit ist ein Attribut der Ewigkeit und nicht umgekehrt. Das Reich, das nicht von dieser Welt ist, hat kein Ende, weil es keinen Anfang hat.

> *Halten wir für eine kurze Zeit inne,
> um diese Aussage für uns genau verifizieren zu können.*

> »Da sprach Maria zu dem Engel: Wie soll das zugehen, da ich doch von keinem Mann weiß? Der Engel antwortete und sprach zu ihr: Der heilige Geist wird über dich kommen, und die Kraft des Höchsten wird dich überschatten; darum wird auch das Heilige, das geboren wird, Gottes Sohn genannt werden.« (Lukas 1,34–35)

Die jungfräuliche Seele kennt keinen Mann, das heißt, sie ist nicht in Erinnerungsmustern gefangen. Sie hat kein Vorbild oder eine gespeicherte Vorlage dafür, wie das »gemacht« wird, was der Engel verkündet hat. Wir kommen in Panik, wenn etwas nicht machbar ist. Wenn etwas mit uns geschieht, worüber wir keine Macht haben. Wie sinnvoll, dass in der deutschen Sprache Machen und Macht den gleichen Wortstamm haben! Unsere Logik sagt: »Wie kann Gottes Sohn in uns geboren werden, wenn wir nicht wissen, wie das gemacht wird?« In dieser Welt müssen wir alles lernen, bevor wir es können. Etwas anderes kennen wir nicht. In diesem Zusammenhang nützt uns diese Art von Erfahrung aber nichts.

»Der heilige Geist wird über dich kommen …«, verkündet der Engel, nicht der Vater. Was ist überhaupt die Idee der Dreifaltigkeit? Weil wir sie nicht verstehen und uns niemand ihre Bedeutung übermitteln kann, schaffen wir sie beiseite. In einer anderen Formulierung der Dreifaltigkeit können wir uns vielleicht etwas mehr darunter vorstellen: Heilige Bejahung, Heilige Verneinung und Heilige Verbindung. Oder, wie schon erwähnt: Ursprung der Welt, Seele aller Leben, Ewige Gegenwart. So könnte sich der Zugang zur Idee der Dreifaltigkeit öffnen. Vielleicht entsteht dadurch ein Interesse, ihre Bedeutung tiefer zu erforschen. Der Engel wiederholt, dass »… das Heilige, das geboren wird, Gottes Sohn genannt werden« wird. In der knappen Formulierung des Textes sind Wiederholungen nicht bloße literarische Spielereien. Was so betont wird, ist zentral.

> »Und siehe, Elisabeth, deine Verwandte, ist auch schwanger mit einem Sohn, in ihrem Alter, und ist jetzt im sechsten Monat, von der man sagt, dass sie unfruchtbar sei.« (Lukas 1,36)

Maria, die reine Seele, die in uns empfängt, soll mit einem anderen, ebenfalls weiblichen Teil in uns Kontakt aufnehmen. Die zwei Mütter sollen einander begegnen und einander unterstützen. Sie wissen beide um den Auftrag der Anderen, sie gehören aber zu unterschiedlichen Schichten in uns. Elisabeth gehört zur menschlichen, vergänglichen Schicht, sie ist gleichzeitig dieser Anteil, der mit dem göttlichen Auftrag des Menschen einverstanden ist und ihn unterstützt. Maria braucht diese Mitarbeit, sie braucht das Weibliche in uns, das ihr Wissen aus dieser diesseitigen Welt schöpft. Sie braucht die weise Verwandte, die als »alte Frau« diese Welt kennt.

Der Engel betont erneut, dass Elisabeth im sechsten Monat sei. Es ist die Erntezeit in der Energie der Jungfrau, wenn die Erfahrungen und das daraus gewonnene Wissen geerntet und verwertet werden. Alles, was in uns durch den menschlichen Weg geschah, ist im Schoße der Elisabeth, im weiblichen Reservoir unserer Seele, zum Ernten bereit. Die Seele wurde immer, zu allen Zeiten, in allen spirituellen Traditionen als das Weibliche in Bezug zum göttlichen Kern gesehen. In Elisabeth ist die natürliche Seele mit allen Erfahrungen als Rohmaterial für die Bildung der unsterblichen Seele personifiziert. Johannes wird es ermöglichen, dass das aus den Prozessen der Seele entstandene Rohmaterial aus Prägungen und »halbverarbeiteten« Erinnerungen zur Substanz von Existenz umgewandelt werden kann.

> »Und Maria sprach: Siehe, ich bin des Herrn Magd; mir geschehe, wie du gesagt hast. Und der Engel schied von ihr.« (Lukas 1,38)

Die Einwilligung ist der Ausdruck für den freien Willen des Menschen. Sie ist die einzige Möglichkeit für einen Akt, der nicht aus vergangenheitsbedingten Erinnerungsmustern oder aus einem gegenwärtigen Bedürfnis entsteht. In der bedingungslosen Einwilligung sind wir nicht von Konditionierungen bestimmt. Aus der Gegenwart empfangend, sind wir frei. Uns bindet keine Identität, die stets ein Produkt der Vergangenheit ist. Durch Manipulation oder durch Zwang können wir zu allem gebracht werden. Wenn wir meinen, es sei nicht so, sind wir von Erfahrungen, die manche durchmachen müssen, verschont geblieben.

Das Einzige, das uns nicht aufgezwungen werden kann, nicht vom Schicksal und nicht durch andere, nicht von Gott, ist das bedingungslose »Ja« zu dem, was geschieht. Das ist freier Wille. Maria spricht dieses bedingungslose »Ja« aus. Ohne diese Einwilligung kann der Prozess, der zur Gottesgeburt im Menschen führt, nicht an uns vollzogen werden. Erst wenn wir zu diesem »Ja« bereit sind, erhalten wir all die Hilfe, die wir brauchen; wir erhalten sie als Gnade, die uns erst in diesem Zustand überhaupt erreichen kann. Diese Bedingungslosigkeit bedeutet nicht, uns hilflos den Umständen auszuliefern. Alles, was uns zur Verfügung steht, was in uns an Unterscheidungsfähigkeit entwickelt ist, gehört zur Ganzheit. Dort, wo uns die Freiheit zur Entscheidung gegeben ist, ist es unsere Verantwortung, davon intelligent Gebrauch zu machen.

> *Sind wir zu dieser Bedingungslosigkeit bereit?*
> *Oder finden wir immer noch ein »Ja, aber ...« in uns?*

Der Engel verschwindet. Maria kann sich nicht nochmals vergewissern, ob sie es richtig verstanden hat. Wie oft erfahren wir, dass uns ein Impuls des Himmels gesandt wird, uns eine Botschaft wie ein Blitz getroffen hat! Aber wir wollen Sicherheit, unser Verstand verlangt nach Wiederholbarkeit. Wir trauen uns nicht zu, dass wir es schon richtig verstanden haben. So zerstören wir mit Zweifeln und Argumenten die »Information«, das, was uns durch den Heiligen Geist, durch das, was Himmel und Erde miteinander verbindet, aus der Gegenwart geschenkt wurde. Nur weil wir es nicht schriftlich erhalten, weil wir es nicht immer wieder nachlesen können. Gabriel kommt nur einmal. Maria braucht ihn nicht in der Wiederholung.

Innere Kommunikation und Dankbarkeit

Die Geburt Johannes des Täufers ist einzig bei Lukas beschrieben. Auch der Besuch Marias bei Elisabeth, ihr Lobgesang und derjenige von Zacharias werden in den anderen drei Evangelien nicht erwähnt. Die Quintessenz dieser Ereignisse fasse ich im Folgenden zusammen.

In der Gehirnforschung der letzten dreißig Jahre ist ein Phänomen in der Funktion des Gehirns europäischer Menschen aufgefallen: Wir nehmen immer mehr Informationen auf, gleichzeitig entstehen aber immer weniger Querverbindungen zwischen den einzelnen Informationen. Wir sind gierig nach »noch mehr Wissen«, und gleichzeitig schreitet die Aufsplittung von Bewusstseinsinhalten dabei in einem erschreckenden Ausmaß voran. Der Weg zu innerer Integration verlangt jedoch genau das Gegenteil, nämlich die Verbindung der einzelnen Inhalte unseres psychischen Gefüges. Es geht dabei nicht nur um die neuen Informationen, die wir im Leben durch Gespräche, Lesen, Bilder und Erfahrungen erhalten, sondern auch um Inhalte, die in uns bereits gespeichert sind – bewusste und unbewusste.

In der Geschichte von Marias Besuch bei Elisabeth ist wesentlich, dass die »jungfräuliche Seele«, der Seelenanteil, der rein ist, weil er nicht in die Welt verstrickt ist, den Kontakt mit dem »alten«, natürlich gewachsenen Teil aufnimmt, und nicht umgekehrt. »Es geht nicht darum, das Neue mit alten Augen zu sehen, sondern das Alte mit neuen Augen zu erkennen.« Es würde keinen Sinn ergeben, wenn Maria Herodes besuchen würde. Genauso wenig, wie wenn wir dem Verstand erlauben würden, darüber zu urteilen, ob das innere Geschehen »richtig« ist oder nicht. Der Verstand kann nur Zwiespalt stiften, sowohl im Inneren wie im Äußeren, wenn das Mysterium durch ihn kommuniziert wird,

Jeder spirituelle Lehrer warnt vor einer falschen inneren Kommunikation und fördert gleichzeitig das Verbinden von Teilen, die zum Weg in Richtung Ganzheit, Verwirklichung und Vorbereitung zur Gottesgeburt beitragen können. Erst aus einer Verbindung dieser Art kann in uns das Lob Gottes entstehen. Ein Lobgesang, der Ausdruck der Dankbarkeit ist. Wir haben das Loben verlernt. »Wozu? An wen sollen wir uns damit wenden?« Für Herodes in uns ergibt kein Lobgesang Sinn. »Wir haben so viele Probleme, Leiden, unerfüllte Bedürfnisse, wofür sollten wir Lobgesang anstimmen?« Unsere gängige Einstellung in Bezug zur Dankbarkeit klingt etwa so: Dankbarkeit? Ja, wenn wir etwas Gutes erhalten, sollten wir dafür dankbar sein. Das gehört zur Anständigkeit. Wenn uns etwas geschenkt wird, das wir brauchen können, was in unser Leben

Freude bringt, sagen wir Dankeschön. Aber alles andere erarbeiten wir mühsam aus eigener Kraft ...

Doch was bedeutet aus eigener Kraft? Kann die »eigene Kraft« uns nicht jeden Moment genommen werden? Woher kommt diese Kraft? Und wohin schwindet die Fähigkeit, etwas zu tun, wenn sie uns genommen wird? Woher kommt eine Idee? Woher kommen die sinnvollen Einfälle, die intelligenten Verknüpfungen des assoziativen Denkens? Woher kommt die Erfahrung der Lebendigkeit des Körpers?

Ehrlich: Haben wir uns das alles etwa »erarbeitet«?

»Sei dankbar für den Tag, wenn er beginnt.« Dankbarkeit ist eine nicht an Bedingungen geknüpfte Emotion. Dankbarkeit ist ein Zustand, in dem wir all das zu sehen fähig sind, was uns geschenkt ist. Erst in dem Zustand der Dankbarkeit erreicht uns all das, wodurch das Leben lebenswert wird. Sonst bleibt unser Blick an dem haften, was noch sein könnte, was andere haben, was uns vielleicht wirklich fehlt. Wir ziehen im Leben das an, was unserem Zustand entspricht. Aus den Möglichkeiten, die uns entgegenkommen, sehen wir nur diejenigen, die unserem Befinden entsprechen.

Die Geburt

> »Es begab sich aber zu der Zeit, dass ein Gebot von dem Kaiser Augustus ausging, dass alle Welt geschätzt würde. Und diese Schätzung war die allererste und geschah zur Zeit, da Quirinius Statthalter von Syrien war. Und jedermann ging, dass er sich schätzen ließe, ein jeder in seine Stadt.« (Lukas 2,1–3)

Diese »alle Welt« ist wiederum in uns. Es ist die ganze Fülle, die seit unserer Zeugung durch die Erfahrungen in dieser Welt entstand, es ist, was unsere Identität ausmacht. Wir können all das, was in uns ist, nicht auf einmal überblicken. Wir können unsere Ganzheit nicht erfassen. Nur Teile können wir ins Bewusstsein heben, etwa durch eine Psychoanalyse. Es ist nötig, dass diese »Schätzung« in uns stattfindet – das erste Mal. Für jedes Individuum ist es »das allererste« Mal. Den Aufwand dazu kann nur eine Instanz in uns »anordnen«, die über unsere Situation erhaben ist, den Überblick hat und die Notwendigkeit erkennt. Augustus bedeutet »der Erhabene«. Er ist in uns der wohlwollende Entscheidungsträger, der über genügend Macht verfügt, um den Prozess durchzuführen. Alles in uns muss dorthin, wo es hingehört. Was im Bewusstsein auftaucht, soll angeschaut und erkannt werden: Jede Bereitschaft, jeder Schmerz, jeder Wunsch und jede Erwartung, Gewohnheiten und Konzepte, Behauptungen und Wissen, unsere Beziehungen und Probleme, unsere Reaktionen; alles wird erkannt, überprüft und an den Ort seines Ursprungs hingeführt. Diese Volkszählung in uns ist ein groß angelegtes Projekt. Es braucht Zeit und die Fähigkeit, zu erkennen, um alles richtig zuordnen zu können. Die so entstehende innere Ordnung dient als Basis für das weitere Geschehen.

> »Da machte sich auf auch Josef aus Galiläa, aus der Stadt Nazareth, in das jüdische Land zur Stadt Davids, die da heißt Bethlehem, weil er aus dem Hause und Geschlechte Davids war, damit er sich schätzen ließe mit Maria, seinem vertrauten Weibe, die war schwanger.« (Lukas 2,4–5)

Unser Wohnort in dieser Welt ist nicht unser Ursprung. Wir leben in der Welt, in der die Möglichkeit der Formwerdung gegeben ist und diese geschehen kann. Josef und Maria in uns jedoch stammen aus einem anderen Ort. Sie werden als »Nachkommen Davids« wiederum in uns erkannt. Der Ursprung von dem, was unsere Wesenhaftigkeit ausmacht, stammt aus dem Hause des »Geliebten«. Dieses Haus ist das »Haus des Brotes«: Beth-Lehem. Nur an diesem Ort, in Bethlehem, kann das Göttliche Kind in uns geboren werden. Um diesen Ort in uns zu finden, müssen wir uns auf den Weg machen. Die Last, die eine hochschwangere Frau trägt, macht diesen Weg nicht einfach. Das aus dem Leben genommene Bild zeigt, in welchem Zustand sich die Seele befindet. Die Seele des Menschen, gleich, ob sie in einem männlichen oder weiblichen Körper ihren Weg geht. Auf Josef aber muss Verlass sein. Der in dieser Welt funktionierende Teil gibt Sicherheit. Wir dürfen den Josef in uns nicht mit einem »nur« herabwürdigen, wie es so oft in sogenannten spirituellen Kreisen geschieht. Josef, der sich in der diesseitigen Welt auskennt, der die Fähigkeit, mit dem Holz ein Haus bauen zu können, erlernt und beherrscht, ist Voraussetzung: Aus dem Haus, das Josef erbaut, kann dann das »Haus vom Brot« werden. Das Haus vom Brot, Beth-Lehem, beinhaltet eine Fülle von Aussagen. Bis zum Letzten Abendmahl wird das Brot in den Geschichten über Jesus eine zentrale Bedeutung haben.

Die Energie der Jungfrau wird manchmal – in Bezug auf das Brot – mit fünf Weizenkörnern dargestellt. Der Weg, der mit der Energie des Widders in die sichtbare Welt aufbricht, führt nach außen bis zum sechsten Zeichen. Er führt bis zur Ernte, bis die Frucht reif ist, abgeschnitten und zur Weiterverarbeitung eingebracht wird. Von da an ist der Weg frei für die Heimkehr, was die Erlösung aus der »Gefangenschaft«, aus dem Getrenntsein in dieser Welt bedeutet. Für die Verkörperung des Erlösers, der diese Heimkehr ermöglicht, dessen Zeichen die zwei Fische sind, bietet das Haus der Jungfrau die äußere Hülle, das Körperliche, den Ort, an dem die Inkarnation stattfinden kann. Wo »das Wort Fleisch werden« kann.

Im Haus des Brotes werden die zu Mehl gewordenen Weizenkörner für die letzte Wandlung verarbeitet. Das Korn stirbt als Individuum, wenn es zu Mehl gemahlen wird. Erst durch dieses Opfer kann es zur Nahrung des Menschen, zur Nahrung einer höheren Lebensform werden. Das Brotbacken ist ein alchemistischer Prozess, dem inneren Prozess der Wandlung analog. Durch Wasser wird das Mehl, das trocken ist und keine eigene Form bildet, knetbar. Diese formbare Masse bildet bereits eine Einheit, jedoch ohne fest zu sein. Zur Umwandlung des Teiges ist das Feuer notwendig. Durch das »Aufschließen« des Kornes wird er zu dem, was der menschliche Körper assimilieren kann. Durch die Hitze wird das Wasser im Teig gebunden, und das Brot erhält eine eigene, beständige Form. Für uns, die wir das Brot einfach im Supermarkt kaufen, ist dieser Vorgang nicht vertraut. Umso eindrucksvoller kann es werden, einmal selbst zu Hause Brot zu backen. Eine körperliche Erfahrung könnte uns einen Schritt näher zum Erkennen bringen, damit unser Heim auch zum Haus des Brotes wird.

> »Und als sie dort waren, kam die Zeit, dass sie gebären sollte. Und sie gebar ihren ersten Sohn und wickelte ihn in Windeln und legte ihn in eine Krippe, denn sie hatten sonst keinen Raum in der Herberge.« (Lukas 2,6–7)

Wenn das Göttliche Kind, das Existenz ist, das »Ich bin«, auf die Welt kommt, sind wir in Beth-Lehem angekommen, und nicht umgekehrt. Wie oft verwechseln wir Ursache und Wirkung! Wir bleiben mit unseren Sinneswahrnehmungen an der Oberfläche, die Ursache bleibt meistens verborgen. Wir versuchen äußerlich nach Bethlehem zu gelangen, durch Kopfwissen, durch irgendwelche Übungen, durch sinnloses Opfern. Wir irren auf den verschiedenen Wegen, die nicht nach Beth-Lehem führen, und wir wundern uns, dass wir nicht ankommen. Als Beispiel für so viele Erfahrungen dieser Art soll eine Meldung aus der medizinischen Forschung über das »normale« Funktionieren des Menschen stehen. Auf Grund von wissenschaftlichen Erkenntnissen sind wir verliebt, weil unser Körper bestimmte Hormone ausschüttet, wie das »wissenschaftlich nachgewiesen« ist. Dabei bringt der Körper entsprechende Stoffe in den Kreislauf, damit er an der Erfahrung der Liebe teilnehmen kann. Wie aber könnten wir verliebt sein, wenn wir nicht durch eine Begegnung entzündet worden wären? Es wird also schon in den Zusammenhängen des diesseitigen Lebens Ursache und Wirkung verwechselt. Wie viel mehr sind wir blind, wenn es um das »Jenseitige«, um das Existenzielle geht, jenseits körperlicher, emotionaler und mentaler Erfahrungen? Wir werden heute für ähnliche Fragen allmählich wach und können auch der Frage für uns selbst nachgehen:

In welchem Zusammenhang habe ich das bereits erkannt?

Die Geburt kann nicht in der Herberge geschehen. Es ist nicht möglich, am Stammtisch oder beim Kaffeekränzchen, in der Familie oder im Freundeskreis über das innere Geschehen zu plaudern oder zu diskutieren. Auch dort, wo es in uns lärmt, wo ein ständiges Kommen und Gehen in uns Unruhe ausbreitet, ist kein Platz für das Heilige. In der Herberge ist keine Bleibe, weder in der Welt draußen, noch in uns. Besser gesagt: Immer, wenn in uns die Unruhe der Welt den Raum einnimmt, befinden wir uns in der Herberge. Und dort gibt es keinen Platz für Maria und Josef. Auch in der Welt um uns herum macht niemand Platz für sie; wir werden kein Verständnis für unsere Wahrnehmungen und ihre Folgen finden. Wie auch? In der Welt draußen kennt kaum jemand den Weg nach Beth-Lehem, den Weg zum Hause des Brotes, wo das Wunder der Wandlung geschieht.

Die Bilder der Krippe und der Windeln halten wir für lebensnahe, rührende Bilder. Ihre Bedeutung geht jedoch wesentlich tiefer und ist keine sentimentale Verniedlichung der Geschichte. Die »Windeln« haben im Hebräischen den Zahlenwert 444. Die Vier, nicht als Quantität, sondern als kosmische Qualität, beschreibt diese diesseitige Wirklichkeit, die Welt der Formen. Existenz, die neugeboren in dieser Welt erscheint, wird mit dem Irdischen in all seinen Gestalten und Bedingungen eingehüllt, sie wird durch den Körper in all die Gesetze dieser Welt eingebunden. Das Göttliche Kind ist nicht etwas Schwebendes, etwas außerhalb der Körperlichkeit Seiendes. Das Jenseitige ist in den Formen des Diesseitigen verborgen. Das Göttliche ist in das Menschliche eingehüllt.

Die Krippe, aus der sonst die Tiere fressen, wird in uns frei gemacht. Das »Natürliche« in uns wird auf seine »Nahrung« verzichten müssen. Ochse und Esel stehen aus alttestamentarischer Überlieferung dabei. Sie werden nicht ausgeschlossen, aber sie erhalten kein Futter auf gewohnte Art. Der Platz für ihre Nahrung wird freigegeben, damit etwas Höheres darin wachsen kann. Das Natürliche in uns verlangt, ständig mit Nervenreizen gefüttert zu werden. Es fühlt sich erst lebendig an, wenn Sensationelles geschieht. In wortwörtlichem Sinne. Das Natürliche braucht »Action«, es braucht Adrenalin im Blut. Wenn es gut genährt ist, wird es seinen Raum aggressiv erobern und verteidigen. Koste es, was es wolle. Es will sich in uns »verwirklichen«.

Der Esel und der Ochse in uns brauchen andauernde »Unterhaltung«. Wenn sie diese Nahrung nicht erhalten, werden sie lahm, depressiv. Sie geben ihren Futtertrog nicht freiwillig her. Wenn es uns nicht gelingt, unsere Identität von ihnen abzukoppeln, sind wir an sie gebunden und durch sie bestimmt. Solange wir nach großartigen Selbsterfahrungen suchen, der Erleuchtung nachjagen, sensationelle Erfahrungen machen, uns in Selbstgefühlen suhlen oder uns als Retter oder Opfer dieser Welt wähnen, sind wir noch nicht auf dem Weg nach Beth-Lehem. Es gibt viele mögliche Wege, die man gehen kann. Es gibt aber nur einen, der nach Beth-Lehem führt: Der Weg, den Johannes der Täufer vorbereitet hat und den Maria, die jungfräulich gewordene Seele, geht. Die grundsätzlichen Fragen, die entscheiden, auf welchem Weg wir uns bewegen, sind:

- *Wohin möchte ich gelangen?*
Was ist mein Ziel?
Was suche ich?

Wir sind durch unsere Erziehung darauf konditioniert, möglichst sofort eine direkte Antwort auf eine auftauchende Frage finden zu müssen. Doch suchen wir auf diese Fragen nicht sofort nach direkten Antworten! Mit offenen Fragen leben zu können, führt uns zu Antworten, die nicht aus bereits bekannten Konzepten entstanden sind. Einzig die Sehnsucht einer reinen, jungfräulichen Seele findet den Weg nach Beth-Lehem. Niemand, der diesen Weg gegangen ist, hat je behauptet, dass der Weg einfach, leicht und genussvoll wäre. Es ist der Weg der Maria, die durch den Dornwald ging. Es ist der Weg, auf dem viel bitteres Meerwasser zu schlucken ist. Der Horizont scheint unendlich weit zu sein, ohne einen Leuchtturm, der das Ziel markieren würde. Aber keiner, der in Beth-Lehem angekommen ist, hat je den mühsamen Weg beklagt.

»Und es waren Hirten in derselben Gegend auf dem Felde bei den Hürden, die hüteten des Nachts ihre Herde.« (Lukas 2,8)

Das ist der erste Hinweis im Text darauf, dass die Geburt in der Nacht geschieht. Die Geburt des Lichtes wird in jeder religiösen Tradition zur Wintersonnenwende gefeiert. In der dunkelsten Zeit des Jahres, in der Nacht, wenn die Sonne am tiefsten steht: um Mitternacht. Vor dieser Dunkelheit, »der dunklen Nacht der Seele«, wie Johannes vom Kreuz sie nennt, fliehen wir. Wir wollen nur den Tag mit seinem Licht, wir wünschen uns die Aktivität, das Nach-Außen-Gehen. Wir wollen nicht die innere Stille, die Ruhe der Nacht, das Sein, das bewusste Sein. Wir können mit der Umkehr, mit Metanoia, nichts anfangen. Wir können es nicht ertragen, wenn es keine »Action« gibt. Wir nennen diesen Zustand der natürlichen Antriebslosigkeit, in der wir uns im Sein ausruhen könnten, Depression. Heute ist der Begriff »Burnout« noch dazugekommen, wiederum als ein krankhafter Zustand. Eine Bezeichnung für die Nacht, die notwendigerweise ein wichtiger Abschnitt des Weges ist, kennt die Psychologie der Welt nicht. Es ist schon eine große Frage:

🙢 *Kann ich mich auf das Wagnis der Dunkelheit einlassen?*

Im griechischen Originaltext geschieht das Hüten der Herde »in den Wachen der Nacht«. In der Nacht der Seele geschieht Entscheidendes, das wir mit unseren im Leben bewährten Wahrnehmungsorganen nicht erfassen können. Hier können wir auch von der Psychologie keine Hilfe erwarten. Das Einfache – die Hirten – in uns wird erst rückblickend erkennen, wenn die Engel verkünden, was bereits geschehen ist. Wir können in der Nacht nicht wach bleiben. Und »alle« sagen, dass so eine Nachtwache unnütz ist, wenn die Herde schläft, ja, sie ist sogar krankhaft. Niemand lehrt uns, wach zu bleiben, auch dann, wenn es in uns dunkel ist und unsere innere Herde schläft. Wir selber schlafen auch ein, wie all das in uns, was am Tag Aktivität entfaltet. Aus östlichen Traditionen haben wir uns die Techniken der Meditation geholt, damit wir lernen, Schritt für Schritt die Stille des Seins zu ertragen. In der Meditation üben wir uns im Leerwerden. Meditation kann uns in die tiefe Nacht führen, zur dunkelsten Nacht, in der das »Licht der Welt« geboren werden kann.

Es gibt krankhafte Depression. Sicher. Wer aber kann uns begleiten, der den Unterschied erkennt, wann die innere Dunkelheit krankhaft oder die nötige Ruhe ist, die Ruhe des Kokons, in dem die Wandlung stattfindet? Wir sehnen uns nach Ruhe, aber wenn sie zur Wirklichkeit wird, erschrecken wir und flüchten in die Hektik dieser Welt zurück. Hirten sind in der Gegend, in der Nähe von Beth-Lehem. Das Wesenhafte in uns, das Einfache, das Unverdorbene, soll wach und bereit in der »Nähe« sein. Es kann doch in jedem Augenblick geschehen. Die Botschaft der Engel kann nur »in den Wachen der Nacht« übermittelt werden. Eine Herde, die durch ein Leittier geführt wird, kann gut überleben, und ihre Bedürfnisse sind gesichert. Was ist der Unterschied? Im Hebräischen ist der »Hirte« im Wortlaut eng mit »sehen« verwandt. Er hat den Überblick nicht nur darüber, was die Herde gerade braucht, sondern er sieht auch, wozu sie es braucht. Das einzelne Tier ist in die Herde eingebunden, genauso wie ein Mensch, der im Schutze des Kollektiven einfach »mitmacht«. Das Volk in uns, mit den unterschiedlichsten Bedürfnissen seiner Teile, »arrangiert« sich mit der jeweiligen Lebenssituation. Der Hirte kennt die Richtung, er gehört einer höheren Rangordnung an. Der Hirte, der sich um seine Herde kümmert, ist auch eine durchgehende Analogie in den Evangelien. Es ist nötig, die Herde, die aus eigenständigen Tieren besteht und doch eine Einheit bildet, zusammenzuhalten. Ohne dass ein Schäflein verloren geht. »Hirte« und »sehen« werden zwar hebräisch unterschiedlich geschrieben, aber gleich ausgesprochen. Findet man die Seher nicht immer wieder unter den Hirten? Wie werden wir Seher, der wahr-nimmt, was in unserer inneren Herde vorgeht?

Der Verstand, das Wissen, die Gefühle sind dazu nicht fähig. Einzig »der gute Hirte« in uns kann diese Aufgabe allein erfüllen. In uns können es noch so gut dressierte Hunde versuchen, sie werden es nicht schaffen. Können wir unsere Herde hüten, zusammenhalten und über sie wachen? Die Schwachen nicht mit Verurteilung prügeln? Das verlorene Schäflein nicht durch die Hunde noch weiter verscheuchen, sondern es suchen und in den Armen zur Herde zurückbringen? Erkennen wir überhaupt, wenn etwas in unserer Herde fehlt?

Johannes der Täufer, mit seinem Kleid aus Fell, hat den Bezug zum Hirten. Der Zeuge, der sieht, wahrnimmt und dadurch gleichzeitig verbindet. Wie wir bereits wissen: Dadurch entsteht neues Leben. Durch das Wachen in der Nacht kann auch die Botschaft empfangen werden. Zu dieser Zeit ist Johannes bereits geboren und am Wachsen. Der Zeuge bereitet den Weg für den »Erretter«, für den »Heiland« unseres Wesens vor.

> »Und der Engel des Herrn trat zu ihnen, und die Klarheit des Herrn leuchtete um sie, und sie fürchteten sich sehr. Und der Engel sprach zu ihnen: Fürchtet euch nicht! Siehe, ich verkünde euch große Freude, die allem Volk widerfahren wird; Denn euch ist heute der Heiland geboren, welcher ist Christus, der Herr, in der Stadt Davids. Und das habt zum Zeichen: Ihr werdet finden das Kind in Windeln gewickelt und in einer Krippe liegen. Und alsbald war da bei dem Engel die Menge der himmlischen Heerscharen, die lobten Gott und sprachen: Ehre sei Gott in der Höhe und Friede auf Erden bei den Menschen seines Wohlgefallen.« (Lukas 2,9–14)

Wenn das eintritt, wonach sich unser Herz seit langem sehnt, sind wir überrascht, verwirrt. Bis dahin konnten wir nur eine Vorstellung haben, wie das sein wird, was wir sehnlichst herbeiwünschen. Wenn das Neue mit der »Klarheit des Herrn« unmissverständlich erkannt wird, ist es immer anders als unser Bild davon. Das Bild, das wir selbst erschaffen haben. Jede Vorstellung ist vom Menschen erschaffen; das Erschaffene ist aber immer kleiner als sein Schöpfer. Die Wirklichkeit ist überwältigend größer als der Mensch, sie entsteht doch jeden

Augenblick neu vom Schöpfer des Universums. Und an diesem Neuen kann der Mensch in jedem Augenblick teilnehmen, seinen »Teil nehmen«, wenn er für den gegenwärtigen Moment offen ist und aus der Gegenwart empfängt.

Das Wort wird durch die Botschaft erkannt und verwirklicht: Botschaft und Fleisch haben doch den gleichen Stamm im Hebräischen. Darum steht der Engel, der Bote, zwischen dem »Wort«, Logos, und der Fleischwerdung. »Zuerst hören wir die Botschaft, dann sehen wir sie, und dann verwirklichen wir sie«, heißt es in einer spirituellen Tradition aus dem Mittleren Osten. Durch den Engel wird das Hören eingeleitet, durch ihn wird das Sehen ermöglicht, indem er genau beschreibt, wo und wie der Messias, das »Fleisch gewordene Wort« zu finden ist. Den Weg müssen die Hirten selber gehen, hier, auf Erden, auf diesem Planeten, in dieser Zeit, jeder auf seinen eigenen Füßen, Schritt für Schritt. Den eigenen Weg, der in der ganzen Schöpfung einmalig ist. Das ist der Grund des Gefühls der Einsamkeit auf dem spirituellen Weg.

Die Zeichen des Kindes werden wiederholt: Die Windeln und die Krippe. Suchet nicht nach Gold und Glanz, nicht nach einem Palast oder einer beeindruckenden Umgebung. Keine Erleuchtung und kein großartiger Adrenalinschub, keine überwältigende Selbsterfahrung wird das Zeichen sein, sondern ein Kind, in Windeln gewickelt und in die Krippe gelegt. Der Glanz des Himmels und der Verkündigung ist das eine. Die Verwirklichung hier auf Erden das andere. Sucht den Glanz des Himmels nicht auf Erden, sonst geht ihr am Mysterium vorbei, ohne es zu erkennen. Wie es so vielen geschieht, weil sie das Sensationelle suchen. Weil sie das, was in das Gewöhnliche der diesseitigen Welt gewickelt ist, nicht erkennen. Es ist sinnvoll, immer wieder anzuhalten, um nachzuprüfen:

> *Entsprechen diese Aussagen meinen Vorstellungen?*
> *Woher kommen Wünsche, die etwas anderes wollen?*

Die »Menge der himmlischen Heerscharen« kann sich erst im Lobgesang versammeln, wenn ihre Botschaft auf Erden empfangen wurde. Wenn »unten« die ganze Herde durch das Wachen zusammengehalten wird, dann kommen oben die himmlischen Kräfte zusammen. Hier wieder: Die Reihenfolge ist entscheidend. Wenn wir darauf warten, dass im Himmel alles »zusammenkommt«, bevor sich in uns etwas verändert, warten wir vergebens. Und im Himmel kann kein Lobgesang angestimmt werden, weil wir hier unten nicht fähig sind, die Botschaft aufzunehmen. Im Lobgesang der Engel wird die Verbindung zwischen Himmel und Erde betont. Der Mensch ist aufgestiegen, soweit er überhaupt aufsteigen kann. Er hat das, was ihm hier, in dieser Welt, anvertraut ist, zur Einheit gebracht. So wird er von den »Engeln« erreicht, die in ihrem Herabsteigen nicht weiter nach unten können. Die noch verbleibende Lücke wird durch den Klang des Lobgesanges überbrückt. Die Lobgesänge von oben und von uns unten treffen sich und bilden zusammen die »Jakobsleiter«.

»Und als die Engel von ihnen gen Himmel fuhren, sprachen die Hirten untereinander: Lasst uns nun gehen nach Bethlehem und die Geschichte sehen, die da geschehen ist, die uns der Herr kundgetan hat. Und sie kamen eilend und fanden beide, Maria und Josef, dazu das Kind in der Krippe liegen. Als sie es aber gesehen hatten, breiteten sie das Wort aus, das zu ihnen von diesem Kinde gesagt war. Und alle, vor die es kam, wunderten sich über das, was ihnen die Hirten gesagt hatten. Maria aber behielt alle diese Worte und bewegte sie in ihrem Herzen.« (Lukas 2,15–19)

Sich mit dem Gehörten nicht zufrieden zu geben, sondern es auch zu sehen, braucht schon einige Anstrengung. Es ist notwendig, das Gehörte in unserem Herzen zu bewegen und uns dann auf den Weg zu machen. Erst dadurch ist Erkennen möglich; das zu erkennen, was wir an Informationen anfangs von außen bereits erhalten haben. »Worüber wir schon unterrichtet sind«, wie Lukas in der Widmung übersetzt. Erst nach dem Erkennen darf die Botschaft verbreitet werden. Wieviele Botschaften in Form von Lehren und Bücher, Religionen und Philosophien werden aber bereits nach dem »Hören« in die Welt hinausposaunt – alles »Second-Hand«-Qualität ohne Kraft.

Solange wir nach Beth-Lehem unterwegs sind, können wir uns nur Vorstellungen erschaffen, wie es ist, wenn der Erretter unseres Wesens in uns geboren wird. Alle Berichte darüber können uns in Erstaunen versetzen. Können wir das Staunen überhaupt zulassen? Oder fangen wir alles Gehörte im Netz des Verstandes ab? Das Ergriffenwerden durch all das, was wir wahrnehmen, haben wir verlernt. Verstehen werden wir aber erst, wenn es uns geschieht. »Keine Bilder machen«, wird gesagt. Ist es aber möglich, sich kein Bild über das zu machen, was wir noch nicht erfahren und mit eigenen Augen erkannt haben? Ist es möglich, ohne Vorstellungen und Erwartungen das Gesagte in unserem Herzen zu bewegen?

> Wie weit sind wir fähig, aus der »Guten Nachricht«, die Hoffnung geben soll, keine Konzepte im Kopf zusammenzubrauen?

Es geschieht in uns, was hier mit Bildern des Lebens als Geschichte beschrieben wird. Nur unser Herz, unser reines Herz versteht. Nicht der Kopf. Nur von dort aus können die Bilder uns auf dem Weg tragen, ohne Kommentare und darübergesetzte Interpretationen des Verstandes. Die Bilder werden im Herzen erkannt, direkt. Der Kopf, unser »Computer«, der nur in Ja-Nein-Dimensionen funktioniert, wird dabei kurzgeschlossen. Wir brauchen einen gut funktionierenden Computer, aber nicht in diesem Zusammenhang. Herodes darf sich in diese Geschichte in uns nicht einmischen.

»Und die Hirten kehrten wieder um, priesen und lobten Gott für alles, was sie gehört und gesehen hatten, wie denn zu ihnen gesagt war.« (Lukas 2,20)

Wir sehnen uns nach Momenten der Erhöhung. Nach jedem Höhepunkt fällt es uns schwer, in das Alltägliche zurückzukehren. Wir möchten uns auf der Bergspitze, die wir erklommen haben, niederlassen. Das Leben geht aber weiter, die Frage ist nur: Wie? Können wir das Erlebte integrieren und damit unseren Alltag befruchten? Können wir das Lob der Engel hier auf Erden verwirklichen? Oder jammern wir darüber, dass der Moment des Erkennens vorbei ist? Wer soll das, was uns vom Himmel geschenkt worden ist, verwirklichen, wenn nicht wir?

Kehren wir bewusst zurück, nehmen wir das Erlebte mit. Wenn wir uns aber weigern, unseren Alltag weiterzuleben, fallen wir zurück. Auch dann besitzen wir eine einmalige Erfahrung, doch die bleibt »konserviert«. Sie wird nicht zum »Fleisch« in uns. Wir können dann diese Erfahrung vorweisen, uns nach der gleichen Erfahrung sehnen, uns mit Freude an sie erinnern, aber sie wird nicht die Zellen unseres Blutes verändern.

Wenn wir den langen Weg, der ein immer weiter wachsendes Vertrauen braucht, nicht gehen, bleibt die Geburtsgeschichte Jesu ein äußeres Ereignis, das vor 2000 Jahren geschah. Eine eigenartige, hübsche Geschichte, die mit uns nichts zu tun hat. Dann werden wir all das, was für unser Verständnis darin keinen Sinn mehr macht, verändern, mit »Verständlichem« ergänzen, damit unsere Kinder es »verstehen« können. Wir verändern nach unserer Logik, nach dem Verständnis von Herodes. Er bringt aber das keimende Leben, die Zukunft um. Damit wird die Seele unserer Kinder hungrig und orientierungslos bleiben. Nur ihr Verstand wird Nahrung erhalten. Das Wesentliche im Menschen braucht jedoch eine Nahrung, die vom Verstand nicht als solche erkannt wird.

Wenn wir der Absicht unserer Sehnsucht folgen, können wir die Richtung nach Beth-Lehem nicht verfehlen. Vertrauen in die Führung unseres Herzens und Ausdauer sind die beiden Füße, die uns dorthin tragen. Wir werden dadurch unser Leben in der Zeit in voller Lebendigkeit erfahren. So wird der Sinn unseres Lebens das Werden des Seins sein. Damit der Jesus unseres Wesens als Retter aus der Vergänglichkeit des diesseitigen Lebens geboren werden kann. Damit wir aus dem Gesetz der Vergänglichkeit herausgehoben und über den Tod hinaus in die Ewigkeit geführt werden können.

Geburtsgeschichte aus dem Evangelium nach Matthäus

Merk, in der stillen Nacht wird GOtt ein Kind gebohrn,
Und widerumb ersetzt was Adam hat verlohrn:
Jst deine Seele still und dem Geschöpffe Nacht,
So wird GOtt in dir Mensch, und alles wiederbracht.

Angelus Silesius
(aus »Cherubinischer Wandersmann«, 1675)

Textauszug aus dem Matthäus-Evangelium (Kap. 1,1–2,15)

Jesu Stammbaum

Dies ist das Buch von der Geschichte Jesu Christi, des Sohnes Davids, des Sohnes Abrahams. Abraham zeugte Isaak; Isaak zeugte Jakob. Jakob zeugte Juda und seine Brüder.

Juda zeugte Perez und Serach mit der Tamar. Perez zeugte Hezron. Hezron zeugte Ram. Ram zeugte Amminadab. Amminadab zeugte Nachschon. Nachschon zeugte Salmon. Salmon zeugte Boas mit der Rahab. Boas zeugte Obed mit Rut. Obed zeugte Isai. Isai zeugte den König David. David zeugte Salomo mit der Frau des Uria.

Salomo zeugte Rehabeam. Rehabeam zeugte Abija. Abija zeugte Asa. Asa zeugte Joschafat. Joschafat zeugte Joram. Joram zeugte Usija. Usija zeugte Jotam. Jotam zeugte Ahas. Ahas zeugte Hiskia. Hiskia zeugte Manesse. Manesse zeugte Amon. Amon zeugte Josia.

Josia zeugte Jojachin und seine Brüder um die Zeit der babylonischen Gefangenschaft. Nach der babylonischen Gefangenschaft zeugte Jojachin Schealtiel. Schealtiel zeugte Serubbabel. Serubbabel zeugte Abihud. Abihud zeugte Eljakim. Eljakim zeugte Asor. Asor zeugte Zadok. Zadok zeugte Achim. Achim zeugte Eliud.

Eliud zeugte Eleasar. Eleasar zeugte Mattan. Mattan zeugte Jakob. Jakob zeugte Josef, den Mann der Maria, von der geboren ist Jesus, der da heißt Christus.

Alle Glieder von Abraham bis zu David sind vierzehn Glieder. Von David bis zur babylonischen Gefangenschaft sind vierzehn Glieder. Von der babylonischen Gefangenschaft bis zu Christus sind vierzehn Glieder.

Jesu Geburt

Die Geburt Jesu Christi geschah aber so: Als Maria, seine Mutter, dem Josef vertraut war, fand es sich, ehe er sie heimholte, dass sie schwanger war von dem heiligen Geist. Josef aber, ihr Mann, war fromm und wollte sie nicht in Schande bringen, gedachte aber, sie heimlich zu verlassen. Als er das noch bedachte, siehe, da erschien ihm der Engel des Herrn im Traum und sprach: Josef, Sohn Davids, fürchte dich nicht, Maria, deine Frau, zu dir zu nehmen; denn was sie empfangen hat, das ist von dem heiligen Geist. Und sie wird einen Sohn gebären, dem sollst du den Namen Jesus geben, denn er wird sein Volk retten von ihren Sünden.

Das ist aber alles geschehen, damit erfüllt würde, was der Herr durch den Propheten gesagt hat, der da spricht (Jesaja 7,14): »Siehe, eine Jungfrau wird schwanger sein und einen Sohn gebären, und sie werden ihm den Namen Immanuel geben«, das heißt übersetzt: Gott mit uns. Als nun Josef vom Schlaf erwachte, tat er, wie ihm der Engel des Herrn befohlen hatte, und nahm seine Frau zu sich. Und er berührte sie nicht, bis sie einen Sohn gebar; und er gab ihm den Namen Jesus.

Die Weisen aus dem Morgenland

Als Jesus geboren war in Bethlehem in Judäa zur Zeit des Königs Herodes, siehe, da kamen Weise aus dem Morgenland nach Jerusalem und sprachen: Wo ist der neugeborene König der Juden? Wir haben seinen Stern gesehen im Morgenland und sind gekommen, ihn anzubeten. Als das der König Herodes hörte, erschrak er und mit ihm ganz Jerusalem, und er ließ zusammenkommen alle Hohepriester und Schriftgelehrten des Volkes und erforschte von ihnen, wo der Christus geboren werden sollte.

Und sie sagten ihm: In Bethlehem in Judäa; denn so steht geschrieben durch den Propheten (Micha 5,1): »Und du, Bethlehem im jüdischen Lande, bist keineswegs die kleinste unter den Städten in Judäa; denn aus dir wird kommen der Fürst, der mein Volk Israel weiden soll.«

Da rief Herodes die Weisen heimlich zu sich und erkundete genau von ihnen, wann der Stern erschienen wäre, und schickte sie nach Bethlehem und sprach: Zieht hin und forscht fleißig nach dem Kindlein; und wenn ihr's findet, so sagt mir's wieder, dass auch ich komme und es anbete.

Als sie nun den König gehört hatten, zogen sie hin. Und siehe, der Stern, den sie im Morgenland gesehen hatten, ging vor ihnen her, bis er über dem Ort stand, wo das Kindlein war. Als sie den Stern sahen, wurden sie hoch erfreut und gingen in das Haus und fanden das Kindlein mit Maria, seiner Mutter, und fielen nieder und beteten es an und taten ihre Schätze auf und schenkten ihm Gold, Weihrauch und Myrrhe. Und Gott befahl ihnen im Traum, nicht wieder zu Herodes zurückzukehren, und sie zogen auf einem anderen Weg wieder in ihr Land.

Die Flucht nach Ägypten

Als sie aber hinweggezogen waren, siehe, das erschien der Engel des Herrn dem Josef im Traum und sprach: Steh auf, nimm das Kindlein und seine Mutter mit dir und flieh nach Ägypten und bleib dort, bis ich dir's sage; denn Herodes hat vor, das Kindlein zu suchen, um es umzubringen. Da stand er auf und nahm das Kindlein und seine Mutter mit sich bei Nacht und entwich nach Ägypten.

Jesu Stammbaum

»Dies ist das Buch von der Geschichte Jesu Christi, des Sohnes Davids, des Sohnes Abrahams.« (Matthäus 1,1)

Wir überlesen es immer wieder, wenn geschrieben ist: »Jesus, der Sohn Davids«, weil es uns vorkommt wie ein veralteter, nichtssagender, ja, überflüssiger Zusatz zum Namen Jesu. Erinnern wir uns daran, dass in jedem Begriff, der in den Heiligen Schriften – nicht nur in der Bibel! – wiederholt gebraucht wird, ein Schlüssel zum Verstehen verborgen ist. Erst wenn wir Fragen stellen, öffnet sich die vertraute, aber für uns leere Form, um ihren tieferen Sinn preiszugeben. Was können wir bei dieser einfachen Aussage »Sohn Davids« überhaupt fragen? Das, was uns selbstverständlich ist, was wir zu wissen meinen, bleibt wie eine versiegelte Schatztruhe unzugänglich. Dabei können wir jeden Begriff hinterfragen, wenn wir erkennen, dass wir ihn gebrauchen, ohne uns je überlegt zu haben, was damit wohl gemeint ist.

Was in der Bibel geschrieben ist, betrifft uns existenziell. Daher es muss etwas mehr in der Aussage enthalten sein als eine oberflächliche, nachgeplapperte Form. Es geht ja um Vorgänge, die sich in uns abspielen. Die Heilige Schrift ist eine hinterlassene Wegleitung, damit wir auf dem inneren Weg das vom Schöpfer erhaltene Potenzial erkennen und verwirklichen können; damit wir unterwegs eine Orientierung haben. Darum ist das »Innere« des Wortes das, was unsere existenzielle Wirklichkeit betrifft. Auch beim Matthäus-Evangeliun beziehe ich mich wiederum auf das Hebräische, da das Neue Testament aus ihm entstanden ist und ständig darauf Bezug nimmt. Solange wir das Alte und das Neue Testament voneinander getrennt betrachten, werden wir an der Oberfläche bleiben und vieles nicht nur nicht verstehen, sondern anders interpretieren, als es gemeint ist. Die Folge davon ist katastrophal: Jeder kritisiert Unverstandenes, verändert nach Belieben, bis die ursprüngliche Botschaft in Stücke gerissen, entwertet, durch Unwissen bis zur Unkenntlichkeit interpretiert und geschändet ist. Im ersten, unscheinbaren Satz ist die konzentrierte Aussage des ganzen Matthäus-Evangeliums enthalten. Damit wir ihn aufschlüsseln können, ist es notwendig, die Namen und Begriffe einzeln anzuschauen: Jesus, Christus, Sohn, David, Abraham.

Der uns geläufige Name Jesus entstammt aus der griechischen Abwandlung von Jehoschua oder auch Josua. Seine ursprüngliche Bedeutung ist: »der Herr hilft«, »der Herr rettet«. Jehoschua erscheint im Alten Testament am Ende der Wüstenwanderung: Er übernimmt die Führung Israels ins Gelobte

Land (4. Mose 27,12–23). Obwohl er noch in Ägypten geboren wurde und den ganzen Weg unter der Führung Moses mitgegangen ist, tritt er vorher nicht in Erscheinung. Wir können auf dieser inneren Wegstrecke durch die Wüste nicht erkennen, dass der Retter bereits in uns mit auf dem Weg ist. Mose, der wie Johannes der Täufer den Weg durch die Wüste kennt, übergibt Jehoschua die Macht an der Grenze zum Gelobten Land – so wie Johannes der Täufer, »der Wegvorbereiter«, Jesus erkennt und in seiner eigenen Funktion zurücktritt. Die Struktur des Weges zur Geburt des Göttlichen im Menschen ist immer die Gleiche, aber immer wieder in andere Bilder gekleidet. Und wir wissen: In jedem von uns wird »der Weg« auf einmalige Art und Weise erfahren. Aber den beschwerlichen Weg, bevor der Erretter in unserer Seele geboren wird, kann sich keiner ersparen.

Christus bedeutet »der Gesalbte«. Der Gesalbte, der mit Öl umhüllt wird, der vom Himmel begnadet ist. Öl hat mit Ewigkeit zu tun, mit der Ewigkeit, die wir in den Himmel projizieren. Der Mensch, der seinen Weg gegangen ist, wird in die Einheit allen Seins aufgenommen – er kommt »in den Himmel«.

Vertiefen wir an dieser Stelle den Begriff »Sohn«. Er kann nicht von all den Zusammenhängen, in denen der Begriff immer wieder vorkommt, isoliert betrachtet werden. Sohn ist ein Begriff, der sowohl durch das Alte als auch das Neue Testament einen roten Faden bildet. Wir haben ihn schon in Zusammenhang mit der Heiligen Dreifaltigkeit betrachtet. Ich erfahre oft eine von vornherein ablehnende Haltung gegenüber der Trinität, die jedes weitere Verständnis verhindert. Erst wenn wir bereit sind, unsere allergische Reaktion auf diese leer überlieferten, unverstandenen Begriffe auf die Seite zu tun, können wir erahnen, dass sich dahinter viel mehr verbirgt, als wir je vermutet haben. Der Begriff Sohn wird nicht zufällig aus den gleichen Buchstaben (Konsonanten) gebildet wie das Wort »bauen«. Der Vater, der jenseits dieser Welt der Schöpfer ist, sendet den Sohn, einen Aspekt von sich, in die Schöpfung hinaus, damit der Prozess des Werdens aufgebaut und getragen werde. Die Zahl der beiden Begriffe zusammen, als Einheit von Vater und Sohn, bildet das Wort »Stein«. Auf den Stein ist Verlass, in ihm ist die Einheit des Seins und des Werdens unzertrennbar. In der ganzen Schöpfung, auf allen Ebenen hat dieser Zusammenhang Gültigkeit. Es ist ein kosmisches Muster, das seinen Ursprung in der Einheit Gottes hat. Wenn also vom »Sohn« die Rede ist, dann handelt es sich um eine Verwirklichung des jeweiligen »Vater«-Prinzips.

David, dessen Name »Geliebter« bedeutet, hat den Zahlenwert 14. Es ist genau die Zahl der Generationen, die in jeder der drei Gruppen von Ahnen aufgezählt wird. Darin drückt sich die Liebe aus, durch die der Weg des Geliebten durch Generationen vorbereitet wird. Alles geschieht aus Liebe, innerhalb der Dreifaltigkeit Gottes, in den drei Aspekten des Göttlichen. Es ist eine lange Namensliste, der Stammbaum väterlicherseits von den dreimal vierzehn

Generationen. Wir haben den Sinn für die innere Struktur eines Textes so stark verloren, dass wir die Liste meistens einfach überspringen. Wir können damit nichts anfangen, wir wollen auf dem kürzesten Weg zum Wesentlichen oder zu dem, was wir wenigstens dafür halten. Welche göttlichen Qualitäten mit den einzelnen Namen gebildet werden, würde ein Buch füllen. Diese Qualitäten zu entwickeln, bedeutet, den Weg zu gehen, damit wir für den Empfang des »Heiligen Geistes« vorbereitet sind. Wie ist es möglich, diesen langen Vorbereitungsweg, zu dem so viele Generationen nötig waren, in einem einzigen Leben zu durchlaufen?

Mit der Ahnenreihe spricht Matthäus noch etwas Wesentliches an. Er zeigt, womit der innere Weg zur Erlösung beginnt, wo wir anfangen sollten. Wenn wir das nicht erkennen, haben wir keinen Boden für den Weg. Wir bleiben sozusagen in der Luft hängen, und wir werden unsere Möglichkeiten nicht verwirklichen können. Womöglich suchen wir die Ursache dafür durchaus am richtigen Ort, aber in der falschen Art; in der Vergangenheit. Dadurch kann ein Teufelskreis entstehen, aus dem herauszufinden die »Welt« kaum hilfreich ist. In jeder Kultur, von der primitivsten bis zu den hochentwickelten, spielt die Verbindung zu den Ahnen eine zentrale Rolle: Ohne ihre Bemühung wäre keine Tradition entstanden, würde uns das Wissen und die Reife, in die wir hineingeboren werden, nicht gegeben.

Heute ist die Kraft jeglicher Tradition am Zerfallen. Wir können uns nicht einmal vorstellen, dass unsere Vorfahren intelligente menschliche Wesen waren, die ihre Möglichkeiten optimal genutzt haben. Wir können uns nicht vorstellen, dass sie sich angestrengt haben, das zu tun, wovon sie überzeugt waren, dass sie, wortwörtlich genommen, nach ihrem besten Wissen und Gewissen gelebt und ihr Lebensopfer gebracht haben. Wir sehen und beurteilen sie, ohne sie je erkannt und verstanden zu haben. Wir bemühen uns nicht einmal darum. Alles, was wir durch sie erhalten haben, ist für uns sozusagen selbstverständlich. Wir fordern oft nur noch mehr und kritisieren sie, ohne zu sehen, was sie uns hinterlassen haben. Wenn wir nach »Selbständigkeit« streben, die Vergangenheit hinter uns lassen wollen, verleugnen wir unseren Boden, aus dem wir gewachsen sind. Wir werden wie eine Pflanze, die abgeschnitten in eine Vase gestellt wird.

»Dankbarkeit ist der Schlüssel zum Willen«, sagt Reshad Feild. Auf Grund dieser Aussage fragen wir sofort: »Wofür soll ich dankbar sein? Etwa dafür, dass …?«

Hier kann jeder eine Liste seines Grolls zusammenstellen. Damit ist aber bereits die klare Sicht für das, was uns gegeben ist, verbaut. Schon auf der konkreten, alltäglichen, praktischen Ebene. Ernährung, Kleider, Elektrizität, Telefon, Auto, Heizung usw. – ist das alles für uns nicht Anlass genug, dankbar zu sein? Wer hat das alles erschaffen? Was haben wir dafür getan, dass uns all das zur Verfügung steht?

1 Geburt Jesu in den Evangelien

🕯 *In einem stillen Moment kann uns die Frage zu einer neuen Sicht verhelfen: Wem kann ich das alles, was gegeben ist, verdanken?*

Es genügt schon, wenn wir jetzt beim Lesen anhalten und unser Dasein anschauen. Wir können leicht entdecken, wie viel uns geschenkt ist. So einfach ist es. Einmal nicht nur »die Löcher im Käse« sehen. Dann überströmt uns die Dankbarkeit, ohne dass wir uns dafür bemühen müssen.

Gehen wir noch einen Schritt weiter zurück. Was sind die Voraussetzungen dafür, dass wir hier, auf dem Planeten, inkarniert sind, in einem so wunderbaren, komplex aufgebauten Körper? Wie lange war der Weg vom Urknall bis zur Entstehung der Materie, die so komplexe Organismen wie die menschlichen ermöglicht hat? Was haben unsere Eltern – und hinter ihnen die vorherigen Generationen – auf sich genommen, um uns auf die Welt zu bringen und für uns zu sorgen, so lange, bis wir einigermaßen selbständig geworden sind? Hat unsere Mutter uns nicht mit der eigenen Körpersubstanz genährt und auf die Welt gebracht? Haben wir das je ernsthaft überlegt? Wo ist unsere Dankbarkeit dafür? Sie war keine Heilige, sie war ein Mensch. Aber ist nicht gerade deswegen das, was sie für uns getan und gelebt hat, noch höher einzuschätzen?

In den spirituellen Traditionen kommt es überall zum Ausdruck: Den inneren Weg gehen zu können, ist nur durch die Bemühung von mehreren Generationen möglich. Das, was unsere Vorfahren erarbeitet haben, dient uns als Basis. Unsere Arbeit wird unseren Nachkommen zugutekommen. Und die Erlösung hat immer eine Rückwirkung auf vergangene Ahnen. Das, was in der Zeit als Faden aussieht, bildet in der Ewigkeit eine Einheit. Verbinden können wir uns einstweilen nur in der Linearität der Zeit. Wenn wir uns aber aus der Reihe der Generationen herausreißen, bleiben wir von vornherein in der Trennung stecken.

Jedes Individuum muss den ganzen Weg gehen, von Anfang an. Den Weg, der nicht erst bei den zwei Zellen der Eltern anfängt, sondern in dem Punkt, der kleiner ist als ein Atom. Der individuelle Weg beginnt dort, wo aus dem »Nichts« »Etwas« wird. Aber wenn wir uns auf das bereits vorhandene Erlösungsmuster einschwingen, läuft der Prozess viel schneller ab, analog der körperlichen Entwicklung des Menschen: Das, was in der Evolution Äonen gebraucht hat, wird in neun Monaten vollzogen, weil das Muster dafür in der Evolution verankert ist. Jeder menschliche Embryo bezieht sich auf dieses Muster.

In diesem Sinne stammen wir alle, die wir uns auf den Weg gemacht haben, vom Hause Davids, vom Hause des Geliebten, ab. Noch weiter dahinter, als menschliches Wesen, steht unser gemeinsamer Vater, »der Vater aller Völker«, Abraham. Wir sind alle Kinder dieser Vielheit, wir tragen alle dieses irdische Erbe in uns. Die Liebe, der verbindende Aspekt Gottes, ist der »Erlöser«, der uns wieder zur Einheit zurückbringt – durch die Linie der Erbfolge des Geliebten. So drückt es Matthäus aus, und damit erinnert er den Leser gleich zu Beginn seines Textes daran, dass alles mit allem zusammenhängt. Er ruft uns auf, zu erkennen, dass wir getragen sind, dass wir nicht in der Luft hängen. Er ruft dazu auf, das ernstzunehmen, was uns überliefert ist, damit wir unseren individuellen Weg beschleunigt vollenden können, wenn wir uns an das, was uns gegeben ist, anschließen. Die Ahnenreihe wird folgendermaßen abgeschlossen:

> »Jakob zeugte Josef, den Mann der Maria, von der geboren ist Jesus, der da heißt Christus.« (Matthäus 1,16)

Es ist kein Zufall, dass bereits im Alten Testament Josefs Vater Jakob hieß; Jakob, der »Hinterlistige«, der den Segen seines Vaters mit List erzwungen hat (1. Mose 25,34). Vor der Rache seines älteren Bruders flüchtet er, und unterwegs, als es Abend wurde, legte er sich nieder und hatte einen Traum:

> »… Und er nahm einen Stein von der Stätte und legte ihn zu seinen Häupten und legte sich an der Stätte schlafen. Und ihm träumte, und siehe, eine Leiter stand auf Erden, die rührte mit der Spitze an den Himmel, und siehe, die Engel Gottes stiegen daran auf und nieder. Und der Herr stand oben darauf.« (1. Mose 28,11–13)

Wir wissen: Der Vater und der Sohn haben zusammen den Zahlenwert des »Steins«. Jakob ist bereits in der Einheit; seine Tat und sein Weg sind geheiligt. Sein Kopf ruht auf der Einheit. So ist es möglich, dass er die Himmelsleiter, die Jakobsleiter, wahrnimmt, die den Energiefluss zwischen den Ebenen ermöglicht. Alles ist mit allem verbunden, und Transformation geschieht. Es gibt zwischen dem Schöpfer und der Erde keine Barriere. Das ist die Voraussetzung, damit die von unten her wachsende Seele von Gott empfangen kann. Natürlich ist dies wiederum unsere eigene Geschichte.

Hier gilt es wieder, das Alte und das Neue Testament durch die Brücke der Namen zu verbinden. Aus diesem offenen, mit Himmel und Erde verbundenen Zustand wird Josef gezeugt – erzeugt. Josef, der im Alten Testament die diesseitige Welt, Ägypten, kennenlernt und dadurch Macht über sie gewinnt. Im Neuen Testament ist er ein Zimmermann, der mit der lebendigen Materie des Holzes in dieser Welt bauen kann. So kann er das »Handwerk« dem Sohn, mit dem der Vater diese Welt baut, vermitteln. Er ist es nicht, der diesen Sohn zeugt, aber durch seine Abstammung und seine Fähigkeiten in dieser Welt ist er es, der den Sohn zur Vollendung begleiten kann.

Wenn wir wissen wollen, dann ist es notwendig, die verschiedenen Aussagen der Heiligen Schrift miteinander zu verbinden. Die Wirklichkeit, die *ist*, kann aber zu jeder Zeit nur in einzelne Aspekte aufgelöst, in der Zeit zerstückelt, erzählt werden. Durch die Erinnerung werden die Teile in uns wieder zu einer Ganzheit zusammengefügt.

»Alle Glieder von Abraham bis zu David sind vierzehn Glieder. Von David bis zur babylonischen Gefangenschaft sind vierzehn Glieder. Von der babylonischen Gefangenschaft bis zu Christus sind vierzehn Glieder.« (Matthäus 1,17)

In dem gegebenen Rahmen können wir nicht alle Namen der dreimal vierzehn Generationen aufschlüsseln. Aber aus der bereits offensichtlich gewordenen Bedeutung können wir nachvollziehen, wozu der lange Weg unseres individuellen Lebens führen kann, was alles in uns geboren und seinerseits wieder neues Leben zeugen muss, damit »Gott hilft« in uns geboren werden kann. Das Wissen um den Sinn dieses Weges, seinen Ursprung und sein Ziel ist das Wesentliche. Diesem Wissen können wir vertrauen, weil es Momente gab, in denen wir den Wahrheitsgehalt der Überlieferung erkannt haben.

In jedem Prozess ist die göttliche Dreifaltigkeit erkennbar: in den Aspekten von aktiv männlich, ertragend weiblich und versöhnend verbindend. In den dreimal vierzehn Generationen ist diese Struktur leicht zu erkennen. Abraham, der »Vater aller Völker«, ist der zeugende Ursprung, der aktive Aspekt. Die Periode der babylonischen Gefangenschaft ist der weibliche Aspekt, das, was wir als die erleidende, unfreie Komponente des Lebens wahrnehmen. David, »der Geliebte«, leitet das Erlösende ein. Er ist das in uns, wodurch die zwei Pole, das Ja und das Nein, sich miteinander versöhnen können. In unserem Leben ist es am ehesten möglich, die Wirkung Gottes in Seinem männlichen, erschaffendenden Aspekt zu sehen. Im Leiden – im Erleiden – ist Sein Wirken oft schwer zu erkennen. In uns ertönt der Aufschrei seines nicht erkannten weiblichen Aspektes: Wie kann Gott das zulassen? »Mit der dritten Kraft haben wir noch mehr Mühe, wir sind dafür blind« (Gurdjieff).

Diese dritte Kraft ist Liebe, ohne »Aber«. Sie ist das Nicht-Tun im Buddhismus, sie ist die Erfahrung des Verbundenseins, ohne sich abzugrenzen. Es ist die Verwirklichung des Auftrages, der jedem menschlichen Wesen als Möglichkeit vom Schöpfer mitgegeben ist, des Auftrages, den wir noch nicht erkannt haben. Die dreimal Vierzehn, die 42, ist die Zahl der unaussprechlichen Namen Gottes – Gott als Einheit. So ist es nicht verwunderlich, dass es während der Wüstenwanderung zur Vollendung des Weges 42 Stationen gibt. Jehoschua übernimmt die Führung nach 42 Generationen. Wenn die 42 Stationen des Weges durchlaufen sind und sich die entsprechenden inneren Qualitäten entwickelt haben, kann der Erlöser kommen und die Führung übernehmen.

Das kann auch unser Weg werden. Wir sind alle aufgefordert, den Weg der 42 bis zur Vollendung zu gehen.

Jesu Geburt

»Die Geburt Jesu Christi geschah aber so: Als Maria, seine Mutter, dem Josef vertraut war, fand es sich, ehe er sie heimholte, dass sie schwanger war von dem heiligen Geist.« (Matthäus 1,18)

Wiederum ein Satz, in dem vieles sehr dicht vergepackt ist. Solche verdichteten Aussagen gibt es in jeder Tradition. Um sie in eine verständliche Auflösung umsetzen zu können, ist die mündliche Überlieferung, die persönliche Weitergabe, notwendig. Erst durch sie wird ermöglicht, dass der Inhalt in einer der Zeit entsprechenden Formulierung lebendig wird. Wenn die lebendige Kette der mündlichen Weitergabe von Generation zu Generation abbricht, bleiben die festen Formen der Überlieferung – ihre Konzentrate sozusagen – unverständliche Behauptungen. Die wahren Inhalte, die verborgen sind, werden dann durch intellektuelle Erklärungen ersetzt, die nicht an den Wahrheitsgehalt herankommen. Damit ist eine Tradition zum Sterben verurteilt. Erinnern wir uns an dieser Stelle wieder an der Bedeutung des Namens Maria. Mit der Verbindung ihres Namens zum Bitteren, zum Meer, ist der Weg der Seele angedeutet, bis sie gereift und gereinigt ist und zur Jungfräulichkeit findet. Da Maria in der Tradition der Ostkirche als die reine, jungfräuliche Seele von jedem Menschen verstanden wird, …

… ist damit jede menschliche Seele gemeint!

Wir haben auch gesehen, dass das Bild der jungfräulichen Geburt im Christentum keine isolierte Erscheinung ist. Die Verehrung des Weiblichen in seinem jungfräulichen Aspekt finden wir zwei Jahrtausende lang in den verschiedensten religiösen Traditionen. Wenn Maria, die jungfräuliche Seele, sich in uns gebildet hat, ist sie mit dem Josef unseres Wesens verlobt, aber nicht verheiratet. Das heißt, sie ist verbunden mit dem Leben, »vertraut« mit allen Möglichkeiten dieser Welt, aber nicht damit identifiziert. Sie bleibt unabhängig von allem, was geschieht. Sie ist für die in jedem Augenblick neu geschehende Schöpfung offen, um die Möglichkeiten des Augenblicks zu empfangen und zu verwirklichen.

Nachfolgend noch einige vertiefende Gedanken zum Heiligen Geist. Wenn vom Heiligen Geist die Rede ist, geht meistens eine unfruchtbare Diskussion los, weil wir für die »dritte Kraft blind sind«. Wir können uns über den verbindenden Aspekt Gottes keine Vorstellungen machen. Aber welcher Aspekt Gottes könnte die Verbindung zwischen der von unten, in der Zeit und durch die Evolution gewachsenen Seele und dem in der Ewigkeit Seienden herstellen, wenn nicht diese verbindende Energiequalität? Der aktive, erschaffende Aspekt Gottes würde unendlich lang vom erschaffenen Geschöpf, ja von der ganzen Schöpfung getrennt bleiben, wenn diese »dritte Kraft«, dieser Aspekt der Verbindung, der Erlösung nicht von Anfang an vorhanden wäre. Die Schöpfung hätte keine Möglichkeit, in die Einheit zurückzufinden.

> »Josef aber, ihr Mann, war fromm und wollte sie nicht in Schande bringen, gedachte aber, sie heimlich zu verlassen.« (Matthäus 1,19)

Kennen wir das nicht in uns? Der Teil, der sich mit der Welt verbunden hat, ihre Gesetze kennt, sich an dem »Machbaren« orientiert, der gelernt hat, vernünftig zu sein, der will nicht mitmachen, wenn in unserer Seele für ihn Unbekanntes keimt. Wie könnte unser Verstand dann Ja sagen, wenn die Ursache nicht das Rational-Verständliche, das Erklärbare hinter dem Geschehenden ist? Wie kann unsere Logik das annehmen, was aus einer anderen Dimension seinen Ursprung hat? Wir wollen es doch »richtig« machen. Wenn es soweit ist, erhalten wir auch kein Verständnis von der Umwelt, keine Unterstützung, die uns bestätigt, dass es in Ordnung ist, was mit uns geschieht. Wir wollen uns am liebsten aus der unverstandenen Situation wegstehlen. Wir wollen damit nichts zu tun haben. Ein Kind bedeutet Verpflichtung. Wollen wir die Verpflichtung übernehmen für ein »Kind«, dessen Ursprung im Dunkeln liegt? Für ein Kind, das von dieser Welt nicht erkannt und anerkannt wird?

Geben wir jetzt diesen Fragen Raum.

> »Als er das noch bedachte, siehe, da erschien ihm der Engel des Herrn im Traum und sprach: Josef, Sohn Davids, fürchte dich nicht, Maria, deine Frau, zu dir zu nehmen; denn was sie empfangen hat, das ist von dem heiligen Geist.« (Matthäus 1,20)

Das Aktiv-Männliche in uns muss sich zurücknehmen, um eine Botschaft zu empfangen. Maria, die reine Seele, ist im Wachzustand empfänglich. Zum Weiblichen kann Gabriel mit seiner Botschaft während des Tages kommen. Das, was in uns aktiv ist, wird immer selber agieren, das ist die Natur des Männlichen. Auch der Josef unseres Wesens ist keine Ausnahme. Wenn wir wach sind, sind wir begrenzt; wir sind durch unsere Haut in einer begrenzten Identität eingeengt. Unsere Aktivität spielt sich innerhalb des Verständlichen ab. Hier zeigt das Hebräische wieder einmal einen denkwürdigen Zusammenhang: »Wachsein« und »Haut« haben dieselbe sprachliche Wurzel. Wir sind in vertraute, überschaubar kausale Zusammenhänge gekleidet, wenn wir uns innerhalb der Grenzen unseres Tagesbewusstseins bewegen. Unsere Haut steht für unser Wachbewusstsein und gleichzeitig für die ausschließende Identität, die uns begrenzt. Traum hat im Zahlenwert mit Ewigkeit zu tun: Die Begrenzung wird aufgehoben, die beiden Welten können einander durchdringen. Im Traum wird jedoch das »Normale« nicht etwa ausgeschlossen, sondern als Teil des Ganzen erkannt. Josef kann träumen. Der Kanal nach »oben« ist bei ihm offen: Er kann vom Engel, der von oben die Botschaft bringt, empfangen.

Sein »Vater« lebte schon in der Offenheit. Der Zusammenhang mit Jakob erhält hier seinen Sinn. Diese vertikale Orientierung ist es allein, die unserem Zweifel immer wieder ein Ende setzen kann. Auch im Alltag können wir es erfahren: Wenn wir vor einer Entscheidung stehen und die zwei Möglichkeiten, die wir sehen, nebeneinanderstellen, ist es meistens mühsam bis unmöglich, uns zu einer Entscheidung durchzuringen. Wenn wir aber erkennen, dass die zwei Möglichkeiten in der Vertikalen unterschiedliche Ursprünge haben, dann wird eine Entscheidung leichterfallen.

Uns in der Vertikalen zu bewegen – auf der Jakobsleiter –, ist nur dann möglich, wenn unsere Wahrnehmungsfähigkeit soweit geschult ist, dass wir fähig geworden sind, in uns zwischen »oben« und »unten« zu unterscheiden. Denn was von oben kommt, hat mehr Licht, setzt größere Möglichkeiten frei, beinhaltet eine höhere Lebensqualität, ist näher bei der Wahrheit. Die Voraussetzung ist, dass der Josef unseres Wesens von Jakob abstammt, als Nachkomme Davids – wiederum als inneres Geschehen.

> »Und sie wird einen Sohn gebären, dem sollst du den Namen Jesus geben, denn er wird sein Volk retten von ihren Sünden.« (Matthäus 1,21)

Josef ist aufgefordert, aktiv zu werden, anstatt sich zu verweigern. Er soll seine Fähigkeiten in dieser Welt in den Dienst des Unbekannten stellen. Ihm wird der klare Auftrag gegeben, was er nach dem Erwachen zu tun hat. Maria trägt und gebiert den Sohn, er soll ihm aber den Namen geben. Wir können nur das benennen, was wir erkennen. Der Akt des Erkennens ist immer ein Attribut des Männlichen in uns.

Wir stolpern immer wieder über den Begriff »Sünde«. Auf Grund des heutigen Sprachgebrauches haben wir eine Vorstellung davon, was damit gemeint ist, und wir kämpfen gegen diese Vorstellung an. Wir wissen: So, wie es uns übermittelt wurde, kann es nicht sein. Wenn wir aber den Begriff in seinem ursprünglich verstandenen Sinn anschauen, erhalten wir eine neue Sicht. »Das Volk« ist die Vielheit in uns, die in einzelne Teile zerfallene Wirklichkeit der Einheit. Das ist die »Sünde«, unter der wir alle leiden: das Erbe Abrahams. »Sünde« in dem Sinne ist keine Schuld, sondern die menschliche Aufgabe; Abraham ist durch Gott zum Vater der Völker geworden. Das ist unser Erbe: Herausgetreten sein aus der Einheit, die Trennung in der Begrenztheit und Unvollkommenheit. Es sind die Schmerzen des Werdens, in dem wir nur Querschnitt um Querschnitt unsere Ganzheit erfahren. Der Erlöser ist »der Seiende«, der unabhängig von allen Vorgängen *ist*. Er *ist* Existenz, in dem alle Teile wieder zur Einheit zurückgeführt werden, aus der »Sünde« erlöst werden.

> »Das ist aber alles geschehen, damit erfüllt würde, was der Herr durch den Propheten gesagt hat, der da spricht (Jesaja 7,14): Siehe, eine Jungfrau wird schwanger sein und einen Sohn gebären, und sie werden ihm den Namen Immanuel geben. Das heißt übersetzt: Gott mit uns.« (Matthäus 1,22–23)

Es gibt nur einen Erlösungsweg. Von diesem Weg sprechen die Propheten und alle, die diesen Weg kennen, weil sie das Gleiche erlebt haben. Sie beschreiben es immer wieder mit anderen Worten, aber wovon sie sprechen, erfüllt sich immer im lebendigen Jetzt. Um dies besser zu verstehen, ist es hilfreich, bei Jesaja nachzulesen: Die Fortsetzung des Zitats steht im Zusammenhang mit den Voraussetzungen für diese Geburt (Jesaja 7,14–16).

> »Als nun Josef vom Schlaf erwachte, tat er, wie ihm der Engel des Herrn befohlen hatte, und nahm seine Frau zu sich. Und er berührte sie nicht, bis sie einen Sohn gebar; und er gab ihm den Namen Jesus.« (Matthäus 1,22–25)

Von jetzt an weiß Josef, wo sein Platz ist. Auch dann, wenn er sich durch »seine Haut« in der Begrenztheit seiner menschlichen Identität bewegt. Er hat es im Lichte einer Vermittlung von oben erkannt: die Schwangere beschützen, begleiten, zu sich nehmen. Er weiß, dass der »Sohn« der Messias, der Erretter ist. Er kann sich der Aufgabe verpflichten.

Von da an ist es unsere Pflicht, unsere schwangere Seele und das noch nicht geborene Kind – die werdende Existenz, das wahre Sein – zu hüten und dem Prozess in unserem Leben Zeit und Raum einzuräumen. Der Josef in uns kann aktiv werden, er hat den Auftrag begriffen, und er kennt ja diese Welt. Maria, die schwangere Seele, benötigt diesen Schutz und die Umsorgung, die er bieten kann, weil er dafür vorbereitet ist.

Es kann nicht genügend betont werden: Das Geheimnis des in der Tiefe wachsenden, im Werden begriffenen Mysteriums soll nicht berührt werden. Wir dürfen es nicht »ans Licht zerren«, uns nicht mit Zweifeln und Hinterfragen vergewissern wollen. Wenn wir das Kind tief in uns unter dem Herzen tragen, darf das, was in uns in dieser Welt aktiv ist, was innerhalb unserer Haut begrenzt ist, nicht an das Wachsende herankommen.

Wie könnte eine werdende Mutter ihr Kind vor der Geburt anschauen wollen? Ja, es gibt heute die schöne Analogie des Ultraschalls, etwas, das jenseits des sinnlich Wahrnehmbaren ist. Wer vorbereitet ist, der hat die Möglichkeit, den Träger des Mysteriums zu erkennen. Es kann durch den Engel bestätigt werden, dass wir unseren Zustand schon richtig einschätzen. Es ist von entscheidender

Bedeutung, den Vorgang als heiliges Geheimnis zu beschützen, vor allem vor unserem Verstand. Es ist notwendig, es vor unserem Wunsch nach greifbaren Resultaten abzuschirmen. Das »Volk« in uns verlangt nach konkret Definierbarem, nach Sensationen, nach Beweisen. Es will etwas erleben. Damit wäre aber die Substanz, die für das wachsende neue Leben nötig ist, vergeudet.

Es gibt genügend zu tun, um die Geburt vorzubereiten. Die Geburt kann im Herzen allein geschehen: Das, was wir unter dem Herzen tragen, steigt ins Herz hinauf. Aber so lange das Herz besetzt ist, gibt es keinen Platz für Existenz – vor allem muss das Gefühl des »Besondersseins« seinen Platz räumen, bis unser Herz in seiner Einfachheit zum Stall von Bethlehem wird, mit dem Esel und dem Ochsen und dem leeren Futtertrog.

Die Weisen aus dem Morgenland

»Als Jesus geboren war in Bethlehem in Judäa zur Zeit des Königs Herodes, ...« (Matthäus 2,1)

Bleiben wir einen Moment stehen, bevor wir den Satz zu Ende lesen. Wieder ein Konzentrat an Informationen: Wir halten immer wieder an, wir halten inne, damit wir dahinterkommen, damit wir verstehen. Wie könnten wir ver-stehen, wenn wir nicht stehenbleiben?

Wir erinnern uns: Bethlehem, Geburtsort von Jesus, bedeutet das »Haus des Brotes«. Es ist der Ort, von dem David stammt. Der Geliebte und alles, was aus ihm entsteht, hat seinen Ursprung in der Wandlung, die sich vom eingebrachten Korn bis zum fertigen Brot vollzieht. Das Opfer des natürlich gewachsenen Korns, die Bearbeitung durch Menschenhand und die letzte Transformation durch das Feuer, das ist alles im fertigen Brot enthalten. Es gibt einige andere natürliche Prozesse der Wandlung, die man als Analogie für das innere Geschehen nehmen könnte, wie zum Beispiel die Wandlung der Raupe zum Schmetterling. Aber für den 2000 Jahre dauernden »Weltenmonat« der Fische steht die Analogie des Kornes und des daraus entstehenden Brotes im Mittelpunkt. Diese Analogie ist der Jungfrau gemäß. Darum konnte sich das Brot als zentraler Bestandteil des christlichen Rituals halten. Wir sind mit unseren täglichen Erfahrungen in den Zeitgeist eingebettet. Das neue, bereits begonnene Wassermann-Zeitalter wird seine neuen Bilder erschaffen, seinen Schwingungen entsprechend.

Zur Zeit der Geburt Jesu herrscht Herodes: Es herrscht immer Herodes, wenn Existenz auf die Welt kommt, steht er doch für den rational orientierten Verstand, der eigentlich nicht dazu befugt ist, den Menschen zu beherrschen, der aber trotzdem alles kontrollieren möchte. In erster Linie ist er es, der das diesseitige Land kennt und darüber herrscht. Herodes kennt aber die Welt des »Traumes« nicht. Er kennt nur die durch seine Haut begrenzte Hälfte der Wirklichkeit. Dabei herrscht er in Jerusalem, wo – dem Sinn des Namens entsprechend – im Bewusstsein beide Welten zusammentreffen. Die Erlösung, die dann die Verbindung zwischen ihnen ermöglicht, hat aber noch nicht stattgefunden. Lesen wir den Satz zu Ende:

»Als Jesus geboren war in Bethlehem in Judäa zur Zeit des Königs Herodes, siehe, da kamen Weise aus dem Morgenland nach Jerusalem und sprachen: Wo ist der neugeborene König der Juden? Wir haben seinen Stern gesehen im Morgenland und sind gekommen, ihn anzubeten.« (Matthäus 2,1–2)

Unser Weg als menschliches Wesen beginnt immer im »Morgenland«, und wir alle bewegen uns in Richtung Westen nach Jerusalem. Genauso gut könnten wir sagen: Von oben, von den Sternen, ziehen wir unsere Bahn mit der aufgehenden Sonne nach unten, in Richtung Sonnenuntergang. Das ist der Weg der Inkarnation. Weise und große Lehrer kommen immer aus dem Osten. Im Hebräischen ist »Osten« und »vorher, früher« der gleiche Begriff. Man könnte den Text auch so lesen: Die Weisen kamen von vorher, von früher. Ihr Aufenthaltsort ist der Ort, den wir bereits verlassen haben. An ihrem Ort sind sie mit einem Wissen in Kontakt, das wir auf dem Weg »nach unten« vergessen haben. In unserem Bewusstsein, in Jerusalem, haben sich aus dem Wissen des »Westens« so viele Schleier von Konzepten gebildet, dass wir den Kontakt zum Wissen des »Ostens« verloren haben. Die Weisen kommen nach Jerusalem, um uns an das Wissen des »Ostens« zu erinnern. In Jerusalem hat Herodes seinen Sitz, ihn können nicht einmal die Weisen aus dem Osten umgehen, weil nur hier, im Zentrum, alles zusammentreffen und miteinander verbunden werden kann. Wie auch die Kreuzigung und die Auferstehung hier geschieht, am Kreuzungspunkt beider Welten.

Im Text gibt es keinen Hinweis darauf, dass es drei Weise sind. Diese Zahl ist in der mündlichen Überlieferung verankert: Es waren drei Weise – oder Könige, da immer und überall die drei Boten, die drei Gäste erscheinen. Unausgesprochen, aber überall dahinter, steht die Botschaft; das, was unterwegs ist, beinhaltet immer alle drei Aspekte Gottes. Nur dort kommt überhaupt etwas in Bewegung, wo die Drei in der Gleichwertigkeit erscheint. Nur dort gibt es einen Weg, wo das Männliche, das Weibliche und das Verbindende in ihrer Gleichwertigkeit erkannt werden. Bis in unserem Alltag hinein. Erkennen wir diese drei »Gäste« als Bestandteile unserer Handlungen in unserem Leben?

> *Was verbindet in uns ein Ja mit einem Nein, in der Gegenwart, hier und jetzt?*
> *Ist es das, was die Welt von uns erwartet?*
> *Ist das eine eigene, klare Absicht?*

Die drei Könige, die Weisen als Könige, die über das »Morgenland« herrschen, sind noch mit den Sternen, unserem Ursprung verbunden. Sie verstehen die Botschaften dieser höheren Ordnung – der Ordnung der Galaxie. Ihnen bleibt der lange Weg nach Westen auch nicht erspart. Da sie aber den Kontakt zum Stern nicht verlieren, bringen sie ein Wissen in eine Welt, wo man nach dem Stern nicht mehr Ausschau hält. Doch was ist der »Stern«? Man kann ihn natürlich astronomisch deuten und danach suchen, ob zu jener Zeit ein besonders heller Stern am Himmel zu sehen war. Wir spüren aber, dass da mehr dahintersteckt.

Der Stern ist außerhalb unserer irdischen Welt. In unserem Alltag können wir uns an Türmen, Bergen, Gewässern und Wegweisern orientieren. Aber der

Stern bietet Orientierung einer anderen Ordnung. Wundert es uns, dass die Buchstaben des hebräischen Wortes für Stern wieder – genau wie der »unaussprechliche Name« Gottes – den Zahlenwert 42 haben? Die Weisen sind immer mit dem »unaussprechlichen Namen« Gottes verbunden, an ihm orientiert. Durch diese Verbindung ist es möglich, den inneren Weg mit Sicherheit und ohne Umwege zu gehen. Am Stern soll unser Vertrauen, das den langen Weg überhaupt erst ermöglicht, festgemacht sein: an dem Stern, an dem unaussprechlichen Namen Gottes.

Die Frage ist naheliegend: Wie können wir die Weisen in uns finden? Wo sind sie, was ist ihr Merkmal? Wenn die Geschichte in uns anklingt, wenn etwas in uns durch sie angesprochen wird, dann sind das »die Weisen aus dem Morgenland« in uns. Mit dem machen sie sich auf den Weg. Vielleicht erkennen wir sie noch nicht, sie sind noch nicht in Jerusalem angekommen, aber sie sind bereits unterwegs. Es ist ein Wissen der Seele – ihre Weisheit –, das wie ein Kompass die Richtung kennt.

Wenn die Weisen ankommen, werden sie Herodes begegnen. Sie kommen nicht darum herum. Ist das als konkrete Geschichte nicht unlogisch? Warum gehen die Weisen nicht einfach weiter, der Stern führt sie doch zum Ziel? Aber die Logik des inneren Geschehens ist anders als diejenige des Verstandes. Wichtig ist, dass diese innere Weisheit dem Verstand keine »Rückmeldung« gibt. Das kommt erst später in der Geschichte.

> »Als der König Herodes hörte, erschrak er und mit ihm ganz Jerusalem, und er ließ zusammenkommen alle Hohepriester und Schriftgelehrten des Volkes und erforschte von ihnen, wo der Christus geboren werden sollte.« (Matthäus 2,3–4)

Die innere Geburt ist so lautlos, so einfach, sie kann leicht übersehen werden. Keine Sensation, keine Fanfaren und keine innere Lichterscheinung. Wir würden sie in »Jerusalem« übersehen, gar nicht registrieren. Sie geschieht in der Stille, in dem inneren Raum ohne Inhalte und Qualitäten. Sie geschieht dort, wo wir uns nicht mit »etwas« identifizieren können. Aber unsere ganze Identität gerät in Aufruhr, wenn die Weisen in Jerusalem ankommen. Die scheinbare Sicherheit unserer Innenwelt gerät ins Wanken, unsere Orientierung muss neu organisiert werden.

Meistens wissen wir zu dieser Zeit bereits viel: Die Schriftgelehrten in uns haben darüber gelesen, gehört, die Hohepriester kennen die Rituale und Übungen. Alle, die es erlebt haben und darüber eine Nachricht zurückgelassen haben, werden für die Nachwelt immer zu Propheten, die man studieren kann. Aber wenn wir es in der Gegenwart existenziell erfahren, bricht Panik aus. Wir tragen alles, was wir wissen und erfahren haben, zusammen. Das »Zusammengetragene« ist Jerusalem – die Geburt geschieht aber im Bethlehem. Die Erfahrung ist etwas anderes als die gesammelten Informationen, weil »es so viele

Wege gibt wie menschliche Wesen in der Schöpfung«. Und das Gemeinsame des individuellen Geschehens kann Herodes niemals erfassen. Er ist nicht fähig, die Vielheit in die Einheit »einzuschmelzen«, weil er das Heilige – das Heilende – nicht kennt. Er ist so sehr mit seiner eigenen Macht beschäftigt, dass er jede Information missbraucht, um seine wackelige Position zu stärken. Er kann sich nicht auf den Weg nach Bethlehem machen.

> »Und sie sagten ihm: In Bethlehem in Judäa; denn so steht geschrieben durch den Propheten: Und du, Bethlehem im jüdischen Lande, bist keineswegs die kleinste unter den Städten in Judäa; denn aus dir wird kommen der Fürst, der mein Volk Israel weiden soll.« (Matthäus 2,5–6)

Ja, wir meinen sogar zu wissen, dass es um Transformation geht, um die Wandlung des Kornes, das sterben muss, um zur Nahrung zu werden. So kann sich das Korn als Brot zu unserer Lebenssubstanz wandeln. Wir finden in den Büchern, dass es in Bethlehem geschieht. Wir können sogar in das Bild verliebt sein, es ist so schön. Wir haben es gehört, vielleicht sogar gesehen in einem Menschen, der den Weg gegangen ist, aber wir haben es noch nicht geschmeckt. Wie können wir einen Geschmack identifizieren, wenn wir noch nie etwas ähnliches im Mund gehabt haben? Wir kennen es: Man kann uns den Geschmack von einer exotischen Frucht, die wir noch nie gegessen haben, beschreiben, und wir können uns eine Vorstellung darüber machen. Aber erst wenn wir sie schmecken, sagen wir: »Ah, das hast du gemeint!«

> »Da rief Herodes die Weisen heimlich zu sich und erkundete genau von ihnen, wann der Stern erschienen wäre, und schickte sie nach Bethlehem und sprach: Zieht hin und forscht fleißig nach dem Kindlein; und wenn ihr's findet, so sagt mir's wieder, dass auch ich komme und es anbete.« (Matthäus 2,7–8)

Der Verstand verbindet sich heimtückisch mit der Weisheit in uns, damit er in seinem einzigen Streben, seine Macht zu sichern, nicht entlarvt wird. Herodes in uns möchte genaue Informationen erhalten, sonst wäre für ihn das Geschehen nicht kontrollierbar. Und er macht uns sogar glauben, dass er nur deshalb so neugierig ist, weil er Jesus ebenfalls anbeten möchte. Wir sind so sehr mit dem Verstand identifiziert, dass wir seinen Trick nicht durchschauen. Wir glauben, dass der Herodes in uns es ernst meint, wenn er behauptet, sich unterordnen zu wollen. Wir wissen nicht, dass er das gar nicht kann, dass er dazu nicht fähig ist. Das käme für ihn einem Selbstmord gleich.

> »Als sie nun den König gehört hatten, zogen sie hin. Und siehe, der Stern, den sie im Morgenland gesehen hatten, ging vor ihnen her, bis er über dem Ort stand, wo das Kindlein war.« (Matthäus 2,9)

Der Weg hört in Bethlehem auf. Das, was uns aus einer anderen Welt motiviert, geführt und geleitet hat, zeigt keinen Weg weiter. Wozu auch? Beim Ankommen in Bethlehem bleibt der Stern stehen. Eine innere Ruhe, die Gewissheit jenseits von Verstand und Gefühl, sagt uns: Du bist angekommen. Existenz *ist*. Unsere Seele hat den Weg gemacht, ist angekommen, in ihr ist der *Seiende* geboren. Von da an »geschieht es«. Von da an ist diese Sicht erst gültig: Es gibt keinen Weg zu gehen, alles ist in der Ewigkeit schon vorhanden, kann aber in der Zeit nur in einem Nacheinander erscheinen. Das darf erst ausgesprochen werden, wenn der Stern stehenbleibt. Vorher wäre diese Aussage nur ein leeres Nachplappern, eine Lüge.

> »Als sie den Stern sahen, wurden sie hoch erfreut und gingen in das Haus und fanden das Kindlein mit Maria, seiner Mutter, und fielen nieder und beteten es an und taten ihre Schätze auf und schenkten ihm Gold, Weihrauch und Myrrhe.« (Matthäus 2,10-11)

Die Freude ist groß, aber es gibt keine euphorische Stimmung. Es ist nicht eine Freude, die ins Gegenteil umschlagen kann. Es ist eine Freude jenseits von Gegensätzen. Auch wenn es in Jerusalem nicht erlebt wird. Es gibt keine Lichterscheinung und keine Fanfaren, keine gesteigerten Selbstgefühle. Die Weisen, die Wissenden, erkennen die Bedeutung des Kindes, in Seiner Gegenwart erkennen sie ihren Platz, und sie unterwerfen sich seiner Größe. Nur die Reinen, die in der Nähe von Bethlehem weilen – die Hirten, die Seher – und die Weisen, die Wissenden, die den langen Weg gemacht haben, können das Kind erkennen. Alles, was sich in der Zeit bewegt, wie groß es auch sein mag, erkennt reine Existenz gegenüber seiner eigenen Nichtigkeit an. Alle Schätze, die wir besitzen können, sind uns dazu gegeben, dem Kind zu schenken. Wissen, Fähigkeiten, Reife und die Essenz unseres ganzen Lebens in dieser Welt bringen die Weisen unseres Wesens als Geschenk für Existenz. Wozu sonst sind die Schätze der Erfahrungen dieser Welt? Wir können sie nicht für die Ewigkeit behalten. Wenn wir alle unsere Schätze darbringen: Existenz kann sie als Nahrung brauchen, zu eigener Substanz umwandeln. Die Weisen bringen das Wertvollste, das in dieser Welt überhaupt zu finden ist. Gold, Weihrauch und Myrrhe stammen aus fernen Ländern und sind, auch in Geld ausgedrückt, »teuer«.

Gold ist die zu Materie gewordene, reine Sonnenkraft. Es gibt seltenere Metalle, und dennoch: Gold ist das höchste, erstrebenswerteste Metall aller alchemistischen Wandlungsprozesse. Die Farbe Gold ist die potenzierte Farbe von Gelb. Innerhalb der drei Grundfarben ist Rot Ausdruck des Aktiven, Männlichen, Blau des Weiblichen und Gelb des verbindenden Aspektes Gottes. Damit wird auch manche farbliche Zuordnung in der Ikonographie verständlich. Durch den Gebrauch von Gold ist auch angedeutet, dass die »dritte Kraft« eine andere Qualität hat als die ersten zwei Kräfte. Was ist das Gold, das wir als Geschenk darbieten können? Ein goldenes Herz, die Mitte unserer Ganzheit. Die Mitte des in der diesseitigen Welt schlafenden Menschen ist sein Solarplexus. Anfangs hat er noch wenig Gold. Erst wenn das Herz geöffnet wird, erst wenn Gabriel als Botschafter des Heiligen Geistes die Seele befruchtet, sammelt sich im Herzen Gold an. Dann erst verfügen wir über das, was wir verschenken können: unser Herz. Erst dann wissen wir, was Hingabe ist – unsere Versuche vorher können nur bedeuten, uns aufzugeben. Sich aufzugeben ist aber seelischer Selbstmord. Das ist mit Sicherheit nicht gemeint.

> *Wir müssen immer wieder daran erinnert werden:*
> *Hüte behutsam das Gold deines Herzens und vermehre es!*

Weihrauch ist ein Harz, das aus der Wunde eines Baumes gewonnen wird. Es gelangte aus Saba, aus einem fernen Land, auf einem beschwerlichen Weg nach Jerusalem. Es war so kostbar und heilig, dass es im Tempel aufbewahrt wurde, und entfaltet seine heilende Wirkung dann, wenn es verbrannt wird, das heißt, wenn sich mit der Luft verbindet und sich dem Feuer hingibt – sich transformieren lässt. Auch verrieben und eingenommen wird Weihrauch als Medikament in der arabischen Medizin gebraucht. Seine Heilkraft ist mehr als die beweisbare »desinfizierende« Wirkung.

Was ist der Weihrauch unserer Seele? Wo sind die Wunden, aus denen das kostbare, wohlduftende Harz gewonnen wird? Was ist der lange Weg, auf welchem dieses Harz als unsere kostbare Fracht mitgenommen wurde? Und was ist der Prozess der Verbrennung, damit Heilung geschieht? Welches Wissen – das immer mit »Luft« gemeint ist – kann das Produkt unserer Schmerzen zu heilendem Duft verwandeln?

> *All die Wunden unserer Seele können Quellen von Weihrauch werden.*

Die Myrrhe stammt aus Ostafrika und wird ähnlich wie Weihrauch gewonnen. Sie wurde als Parfüm zum Salböl gemischt. Die Myrrhe gibt dem Öl, das über den Gesalbten gegossen wird, den Duft. Das Feinste, grobstofflich Messbare, das noch mit unseren Sinnesorganen wahrgenommen werden kann, ist Duft. Myrrhe ist von Anfang an Begleiter des Gesalbten. Auch sein toter Körper wird mit dem Salböl, dem Myrrhe beigemischt wird, geheiligt. Woher nehmen wir diesen Duftstoff für den Gesalbten in uns? Wieder etwas auf dieser Erde Gewachsenes, das verletzt werden muss und einen langen Weg macht. Myrrhe wird aber nicht mit Feuer in Verbindung gebracht, sondern verbindet sich mit dem Öl und umhüllt die irdische, körperliche Form, damit sie geheilt in die Einheit aufgenommen werden kann.

> *Wenn wir in uns hineinhorchen, können wir den Duft erahnen.*

Die drei Geschenke haben unterschiedliche Ursprünge, sie stammen aus verschiedenen »Welten«. Aber eines haben sie gemeinsam: Ihr Entstehen reicht in der Zeit weit zurück, sie sind vorbereitet, noch bevor der Messias erscheint. Das Gold ruht Jahrmillionen lang im Gestein, bevor es aus dem Verborgenen mit viel Schweiß gereinigt wird. Die Bäume der Harze wachsen in kargen Gegenden, sie brauchen viel Zeit, bevor sie ihren kostbaren Lebenssaft schenken können. Können wir diese drei Geschenke in uns vorbereiten, noch bevor Es »auf die Welt« kommt?

> »Und Gott befahl ihnen im Traum, nicht wieder zu Herodes zurückzukehren, und sie zogen auf einem anderen Weg wieder in ihr Land.« (Matthäus 2,12)

Alles kehrt zu seinem Ursprung zurück. Die Weisen gehören ins »Morgenland«. Ihre Welt in uns ist eine helle, klare Welt, nur dort können sie atmen und ihre Funktion ausüben. Wir brauchen diesen Ort in uns, um mit dem Wissen aus der Quelle in Verbindung zu bleiben. Dort weilen wir jeweils, wenn wir uns in die Stille zurückziehen. Diese Art von Wissen darf nicht der Welt von Herodes mitgeteilt werden. Wir würden damit das Licht dieser Welt verraten, in Diskussionen das zarte, neue Leben verletzen. Wenn das wahre »Ich bin« geboren ist, dessen Wesen mit dem Wesen des Vaters gleich ist, kann es nicht mehr zerstört werden. Der Weg des Menschen ist vollendet: Seine Seele ist den langen, beschwerlichen Weg gegangen, konnte von Gott empfangen und gebären. »Gott ist Mensch geworden« in ihm.

Es ist wesentlich, zu verstehen, dass zuerst der Mensch als Mensch seine Möglichkeiten in seiner körperlich-seelisch-geistigen Ganzheit verwirklichen muss, damit Gott sich in ihm inkarnieren kann, das heißt, Fleisch werden kann. Gottes Wohnung in der Seele braucht Vorbereitung. Er kann nicht in einer Seele, die nicht wach und rein geworden ist und deren Funktionen nicht entwickelt sind, auf die Welt kommen. Der Platz in der Seele muss von der Bereitschaft, negativ zu reagieren, reingewaschen und von allen hemmenden Konzepten befreit werden. Es dürfen in ihr keine abgetrennten, aus dem Bewusstsein ausgeschlossenen Teile durch Druck unter Kontrolle gehalten werden. Erst dann, wenn die Seele aus dem Schlaf erweckt und lebendig wird, wird die Jakobsleiter für sie offen sein. Dann ist es möglich, *in* der Welt, aber nicht *von* der Welt ein erfülltes, menschenwürdiges Leben zu erfahren. Damit beginnt der Weg des Göttlichen in die Inkarnation.

1 Geburt Jesu in den Evangelien

Die Flucht nach Ägypten

»Als sie aber hinweggezogen waren, siehe, das erschien der Engel des Herrn dem Josef im Traum und sprach: Steh auf, nimm das Kindlein und seine Mutter mit dir, und flieh nach Ägypten und bleib dort, bis ich dir's sage; denn Herodes hat vor, das Kindlein zu suchen, um es umzubringen. Da stand er auf und nahm das Kindlein und seine Mutter mit sich bei Nacht und entwich nach Ägypten.« (Matthäus 2,13–14)

Der Engel erscheint wieder im Traum. Das Matthäus-Evangelium ist aus der objektiven Welt des Verstehens geschrieben, aus der Begrenzung »in unserer Haut«. Darum ist es notwendig, immer wieder im Traum mit der »anderen Welt« in Verbindung zu treten. Der Jesus unseres Wesens zieht in Sicherheit nach Ägypten: in das Land, das in der Bibel für die diesseitige Welt steht – wie wir es schon besprochen haben. Er verbirgt sich in dieser Welt, unscheinbar, unentdeckt, bis ein »Machtwechsel« in uns stattfindet. Bis es soweit ist, dass der Wegbereiter, Johannes der Täufer, sein aktives Wirken ermöglicht. Diese Flucht, dieses sich Verbergen ist notwendig, weil auf unseren Verstand kein Verlass ist. Im Unbewussten – in der Nacht – kann das Neue gefahrlos entkommen, untertauchen. Wir können nicht nach ihm suchen – es ist eine höhere Macht, die dafür sorgt, dass das Neue Leben heranreifen kann.

Die Geburt des Lichtes geschieht in der dunkelsten Nacht um die Wintersonnenwende. Durch die zyklische Zeit des Jahres sind wir in das analoge Muster inneren Geschehens eingebunden. Das kosmische Muster wirkt überall: Das äußere Phänomen erinnert unsere Seele sanft immer wieder an ihre eigene Gesetze. Ist es nicht verwunderlich, dass gerade in der Zeit, wenn die Tage länger werden und die Sonne jeden Tag höher steigt, die kälteste Jahreszeit anbricht? Natürlich gibt es dafür auf der Ebene der Erscheinungen eine Erklärung. Das aber, was wir erfahren, ist: Wir hüllen uns in dicke Kleider ein, oder wir ziehen uns in die Wärme der Häuser zurück. Der innere Vorgang ist analog zu diesem natürlichen Ablauf.

Nach Weihnachten erstarrt die Natur erst recht – ein wunderbares Bild dafür, dass Josef Maria und das Kind nach Ägypten »hinunter« bringt. Mit dem Tod von Herodes ist die Bedrohung noch nicht vorbei: Sein Sohn herrscht immer noch! So ziehen Maria, Josef und das Kind nach Nazareth – in die starre Form dieser Welt, wo mit der Verkündigung alles angefangen hat. Der Kreis ist geschlossen. Der Alltag geht weiter, und die Veränderungen – Auswirkungen eines unsichtbaren, nicht begreifbaren Prozesses – geschehen ohne unser Zutun. Das Lebensgefühl verändert sich. Allmählich verschmelzen die Teile zu einer Einheit. Die Plage innerer Zerrissenheit in den starren Gegebenheiten dieser Welt wird geheilt durch die Anwesenheit des inneren Erlösers.

Wir können den Kindermord von Herodes nicht verhindern. Kinder stehen für die noch nicht verwirklichten Möglichkeiten. Wir können nicht alle mögliche Wege gehen: Der Preis für die Verwirklichung eines Weges ist das Opfern aller anderen. Die Substanz von vielen Ansätzen in uns wird benötigt, um den Erlöser zu nähren.

> Gehe mit dem Stern,
> bringe deine Gabe mit den Magiern,
> lobpreise mit den Hirten,
> freue dich mit den Engeln,
> singe mit den Erzengeln,
> auf dass sich erfülle der gemeinsame Sieg
> der himmlischen und irdischen Mächte!

(Orthodoxe Quelle)

2

WEIHNACHTEN IN MEINEM LEBEN

Die Geburt Johannes des Täufers

Weihnachten als schmerzliche Erfahrung der Unvollkommenheit dieser Welt

Nicht gedenke man Heiligkeit zu gründen auf ein Tun;
man soll Heiligkeit vielmehr gründen auf ein Sein,
denn die Werke heiligen nicht uns,
sondern wir sollen die Werke heiligen.
Wie heilig die Werke immer sein mögen,
so heiligen sie uns ganz und gar nicht, soweit sie Werke sind,
sondern: soweit wir heilig sind und Sein besitzen,
soweit heiligen wir alle unsere Werke,
es sei Essen, Schlafen, Wachen, oder was immer es auch sei.

Meister Eckhart
(aus dem Traktat »Rede der Unterscheidung«, ca. 1294)

Die Figur Johannes des Täufers

Johannes der Täufer ist eine starke Figur in der christlichen Tradition. Er bleibt aber fern von unseren unmittelbaren Erfahrungen, nicht nur als historische Gestalt, sondern auch als Personifizierung für etwas, das in uns den Weg für die Geburt des Göttlichen vorbereitet. »Was hat er mit mir zu tun?« Diese Frage ist berechtigt. Obwohl ich persönlich schon seit vielen Jahren von seiner Rolle als innerer Zeuge gewusst und damit gelebt habe, schwebte er in seiner Funktion für mein Verständnis in einem luftleeren Raum. Ich konnte ihn nicht mit anderen Begriffen, die auf meinem Weg geläufig waren, verbinden. Erst als ich meine starken, schmerzlichen Erinnerungen an Weihnachten aus meiner Kindheit bearbeitet habe, ist mir klargeworden, wo ich ihn in mir einordnen soll. Ich habe ihn in mir verifizieren können, indem ich im reifen Alter die Erinnerungen an die Weihnachten meiner Kindheit beschrieben habe. Die damaligen Zustände sind lebendig geworden. Wozu ich damals als kleines Kind keine Begriffe zur Verfügung hatte, das formuliert sich jetzt im Erkennen des damals Erlebten.

In unserer westlichen Kultur haben wir unsere liebe Mühe mit dem, was wir »Ich« nennen. Es entsteht viel Verwirrung durch die unterschiedlichsten Auffassungen darüber. Die verschiedenen spirituellen und religiösen Strömungen werten es auf oder umgekehrt: werten es ab bis zum Verneinen seiner Existenz. Wir verlieren uns in unfruchtbaren Diskussionen und nehmen nicht wahr, dass wir von unterschiedlichen Dimensionen des Ichs sprechen. Auf der anderen Seite findet man unter den Christen kaum jemanden, der die individuelle, innere Bedeutung von Johannes dem Täufer versteht, des Zeugen, der »der Größte ist, der von einer Frau geboren wurde«, aber »der Kleinste im Himmel« ist.

In der Gestalt von Johannes dem Täufer ist unser kleines Ich personifiziert. Durch die Geschichte des Johannes ist der Weg unseres kleinen Ichs in seiner entwickelten Funktion beschrieben, mit seinem Wert und seinen Grenzen. Und was wir Menschen alle in dem Prozess der Inkarnation erleben, ist, dass sich dieses kleine Ich in uns bildet, damit es zum Wegvorbereiter für das Licht der Welt heranwächst. Die Wurzel dieser Erfahrung ruht in der Idee des Menschen in Ewigkeit, jenseits der Zeit und geschieht deshalb im Prozess der Menschwerdung im ewigen Jetzt. Johannes als Zeuge unseres Wesens zu entwickeln, ist unerlässlich, und er wird so lange benötigt, bis »das Licht, das von sich zeugt«, in uns aktiv wird. Nachher wird er nicht mehr gebraucht. Das ist die Bedeutung der Geschichte im Neuen Testament, die mit seiner Enthauptung endet.

Im Schoße des Kollektiven eingehüllt

Wachsende Spannung vor Weihnachten. Warten auf das Wunder, das die Enge des grauen Alltags durchbricht, des Alltags, dem der Glanz des Lebendigen fehlt. Wie dieses Wunder sein soll? Das Kind spürt es. Es hat nicht einmal eine Ahnung, dass in dieser Welt »Wunder« heißt, was es ersehnt. Es weiß nicht, dass hier auf dem Planeten das, was es sich von Weihnachten erhofft, gar nicht zu finden ist. Es weiß auch nicht, dass die Ursache dieser Sehnsucht bereits eine Erinnerung an die Erinnerung ist. Es weiß nicht, dass dies die Sehnsucht nach seinem Ursprung, woher es kam, ist. Es ist die Sehnsucht nach dem verlorenen Paradies, jenseits der Zeit (und nicht, wie es psychologisch gedeutet wird, nach dem engen Raum im Mutterleib). Die Wurzeln dieser Sehnsucht sind jenseits der zwei Zellen, die ihm am Anfang der Zeit einen Weg in der Zeit ermöglichten und gleichzeitig den Weg zurück ins Paradies versperrten. Mit der Verschmelzung der zwei Zellen wurde es bereits in dem schmerzlichen Prozess der Inkarnation festgehalten. An alle diese Zusammenhänge erinnert sich das Kind nicht. Es spürt einzig und allein die Sehnsucht, die durch das Wunder »Weihnachten« Erfüllung verspricht.

Das Erwachen in dieser Welt

Das Kind ist noch nicht ganz in dieser Welt angekommen, doch gerade die Enttäuschungen bringen es mit dem Boden diesseitiger Wirklichkeit in Berührung: Enttäuschungen, die, mit den Augen von Erwachsenen von außen her gesehen oder vom Verstand her interpretiert, so unbedeutend erscheinen. In seiner eigenen Sprache ausgedrückt, war nichts »wie wirklich«, und so lernte es schmerzlich, anzunehmen, dass das Wirkliche unerreichbar sei. Diese Erfahrung wird immer wieder bestätigt. Die Sehnsucht nach dem »Wirklichen« aber bleibt, und deshalb wird es ein Leben lang alle Bemühungen auf sich nehmen, um »das Wirkliche« zu finden. Es sehnt sich danach, weil in ihm das Wissen nicht verschüttet wird, das Wissen, das es nur im wirklichen Leben gibt.

Dann ist es endlich soweit, es muss kein einziges Mal mehr schlafen: Heute wird der Engel den Christbaum bringen, wie jedes Jahr zu Weihnachten. Wieder wird der Tannenbaum bis an die Decke reichen, vom Boden bis zur Decke dreieinhalb Meter, und für das Kind ist es selbstverständlich, dass ein Weihnachtsbaum so hoch sein muss. Es weiß nicht, dass nicht alle Kinder in so hohen Räumen leben. Alles ist anders an dem Tag, anders als sonst. Es darf nicht aus dem Zimmer – in dem es mit Eltern und noch zwei Geschwistern schläft, darf nicht in das Esszimmer, das keine Fenster hat. »Das Zimmer muss vorbereitet werden«, heißt es. Es ist ein Kommen und Gehen. Vater ist auch zu Hause – erst nachdem die Russen 1945 einmarschiert sind, wird er auch an Weihnachten arbeiten müssen.

Wenn jemand in das Zimmer kommt, wo das Kind spielt – hat es überhaupt je gespielt? – kommt eine Wolke von Tannenduft mit. Es ist dann ganz aufgeregt, will hinaus, weil seine Nase schon weiß, was seine Augen noch nicht sehen.

Es heißt aber: »Du irrst dich, der Christbaum ist noch nicht da.« Und es glaubt den Worten der Mutter – mehr als seiner eigenen Wahrnehmung. Später am Tag leuchtet es auch noch bunt auf, das sieht es durch das Milchglas der Türe. Das muss doch die bunte, elektrische Beleuchtung des Christbaumes sein! Aber sie sagen wieder, dass es sich irrt. In dem Kind entsteht eine unerträgliche Spannung, die es aufzulösen nicht fähig ist.

Den Kern des Konfliktes bildet einerseits die Sehnsucht nach etwas, das nicht aus dieser bekannten, grauen Welt kommt, andererseits eine klare Sinneswahrnehmung, die beweist, dass es hier um sehr gewöhnliche Vorgänge geht. Die Sehnsucht des Herzens nach Wunder ist stärker als die Klarheit der Wahrnehmung. Der Glauben an die Behauptung der Mutter ist unerschütterlich größer als das Vertrauen in den eigenen Verstand. Das Kind traut sich selbst nicht.

Endlich ist das Warten vorbei, die Abenddämmerung breitet sich aus. Vater kommt, wickelt das Mädchen bis über den Kopf in eine Wolldecke, weil es zu den Großeltern gebracht werden soll, und der Weg dorthin führt über den Hof. »Draußen ist es sehr kalt«, heißt es. Etwas huscht durch den Schirm des Bewusstseins des Mädchens; diese Kälte konnte irgendwie nicht stimmen (es weiß noch nicht, dass es ein Gedanke war), weil am Nachmittag noch ein lauwarmer Wind durch das große Fenster wehte. Dieser Zusammenhang ist aber so flüchtig, dass er schon vorbei ist, bevor das Kind ihn richtig hätte anschauen können. Die dünne, leichte Wolldecke riecht vertraut gut, gibt Sicherheit, und der erneute Widerspruch vermischt sich mit den anderen Gedanken irgendwo in einem Bereich, wo er nicht mehr angeschaut werden muss. Das unentwirrbare Knäuel der Unvereinbarkeit von unterschiedlichen Wahrnehmungen wächst.

Auf dem Weg nach draußen in den Hof und zu den Großeltern geht der Vater mit dem kleinen Mädchen durch das Zimmer, wo später der Christbaum in einem einzigen kurzen Augenblick durch den Engel aufgestellt werden wird. Der Duft der Tanne durchdringt die durchlässige Decke. Die Verwirrung im Kopf der Kleinen wächst weiter: Wem soll sie glauben, den Eltern, die ihren tiefen Wunsch nähren, oder der eigenen Wahrnehmung? Ein unlösbarer Konflikt für ein drei- bis fünfjähriges Köpfchen! Es wird die Arbeit eines Lebens brauchen, dieses Knäuel zu entwirren und all die Fäden an der passenden Stelle einzuweben. Das Kind wird mit der Zeit auch lernen, die Fäden, die in der Gegenwart keine Verwendung haben, als Fragen säuberlich auf die Seite zu tun und aufzubewahren. Irgendwann werden sie wie selbstverständlich ihren Platz im Gewebe des Verstehens finden.

Großmutter ist in der Küche. Sie ist mit dem Festessen beschäftigt. Es duftet nach Fisch in Paprikasauce auf ungarische Art. Dieser Duft ist Bestandteil des Weihnachtsabends. Der Fisch muss sehr frisch sein: Er wurde einige Tage zuvor lebend vom Markt geholt, und bis zum Nachmittag des 24. Dezembers konnte er in der Badewanne schwimmend bewundert werden. Das ist der erste Eindruck von »Fisch«, lange der Inbegriff von Fisch überhaupt. Großmutter ist eine gute Köchin. Es kommen immer herrliche Düfte aus ihrer Küche, deren Türe meist offen steht. Bei dem kleinen Mädchen zu Hause duftet es nie so gut.

Nach einer Weile kündigt eine kleine Glocke mit hellem Klang an: Alle dürfen kommen, der Engel hat den Christbaum und die Geschenke gebracht. Die Kinder rennen zurück in die Wohnung, und der Christbaum ist tatsächlich da. Damit gibt es einen weiteren Konflikt für den kleinen, aber klaren Kopf: Wie ging das alles vor sich? Wie konnte ein Engel so einen riesigen Baum im Nu und noch dazu geschmückt in die Wohnung zaubern? Geschweige denn all das, was unter dem Christbaum liegt? So wie das Mädchen das Leben bis dahin kennengelernt hat, war das jenseits des Vorstellbaren. Die Weihnachtsszene, ein aus Karton aufgeklapptes Bild, ist auch immer dabei. Es wird einfach Krippe genannt, obwohl alle Figuren in einem Stall versammelt sind. Das Mädchen wünschte sich so sehr »richtige«, dreidimensionale Figuren!

Verstand contra Wunderglaube. Wahrnehmung contra Aussage. Es bleibt aber keine Zeit, nachzudenken. Es würde sowieso nicht viel Sinn ergeben, weil sich das Instrument der Unterscheidung noch nicht gebildet hat. Es ist auch niemand da, mit dem das kleine Mädchen über das, was es so verwirrt, sprechen könnte. So muss es für sich allein klären, worum es geht, und die logische Folgerung heißt: »Ich bin klein, ich verstehe es nicht, aber ich muss danach suchen, so dass alles wieder verständlich und harmonisch zusammenpasst.« Das Mädchen ist ganz sicher, ohne die kleinste Spur einer anderen Möglichkeit in Betracht zu ziehen, dass alles harmonisch und verständlich miteinander zusammenhängt.

Und es fällt ihm nicht ein, jemanden zu fragen. Es lebt noch in der Erinnerung an das Paradies – könnte man sagen. Heute drücke ich es aber so aus: Es lebte in der Erinnerung an die Liebe, in der Erinnerung an die Einheit, als es noch keine Trennung und daher auch keinen Widerspruch gab. Die Erfahrungen zeigen aber: Es fällt alles auseinander, es zerbricht etwas, und das Kind kann die einzelnen Teile nicht wieder miteinander verbinden. Es wird ein Leben lang nach dieser vereinenden Kraft suchen. Es wird lange nicht wissen, dass das, wonach es sucht, Liebe heißt.

Damals ging es zunächst noch um das Herausfallen aus dem Paradies, um das Erwachen in dieser Welt, an einem Ort, wo alles »nicht so ist wie wirklich«, wie das kleine Mädchen es für sich immer wieder feststellte. Der Glanz des Christbaumes ist bei näheren Betrachten auch nicht »wie wirklich«. Es fehlt die Vollkommenheit des Wunders. Die Art, wie der Tannenbaum geschmückt ist, löst das gleiche unerträgliche Gefühl aus wie im Sommer die immer wieder herunterrutschenden Socken, die unordentlich und hässlich aussehen und die das Mädchen trotzdem an den Beinen ertragen muss. Immer die unerträgliche Spannung zwischen dem, wie es sein sollte, und dem, wie es gegeben ist.

Dann spürt es deutlich die Erwartung der Erwachsenen, dass es dankbar sein soll. Davon kann es aber keine Spur in sich entdecken. Und es soll das schön finden, was nicht schön ist. Das alles spielt sich in ihm ab, stumm, ohne Geräusch. Zwischen »soll« und »ist« entstehen noch weitere Konflikte. Es soll glücklich sein – es spürt die Erwartung der Eltern als Druck – aber es ist enttäuscht. Dem Christbaum fehlt der überirdische Glanz, das ist bereits Enttäuschung. Und es fühlt sich nicht, wie es sich fühlen soll, das ist einfach unerträglich.

Damit nicht noch mehr Spannung entsteht, sollen wenigstens die Eltern nicht enttäuscht werden. Und so spielt es Freude vor. Es hat schnell gelernt, sich freudig, ruhig und vernünftig zu zeigen. Die erwachsene Frau wird später im Leben vieles vorspielen, um wenigstens anderen keine Enttäuschung zu verursachen – und damit nicht noch größere Konflikte entstehen. Die Psychologen würden sagen: Das Kind ist übermäßig angepasst. Es wird einen langen Weg gehen müssen, um zu begreifen, dass es nicht über die Macht verfügt, die Erwartungen anderer zu erfüllen oder ihnen Enttäuschungen abzunehmen. Die Konflikte brechen früher oder später doch aus. Das ist vielleicht die größte Enttäuschung in seinem Leben.

Dann aber gibt es doch ein Ereignis, das viel später zu einem harmonischen Abschluss führen sollte. An einem dieser früheren Weihnachten hat die Mutter die Idee, mit einem Leintuch den Flügelschlag des Engels hinter dem Milchglas der Türe zu imitieren. Auf das kleine Mädchen wirkt das theatralisch. Die Berührung im Herzen – als Zeichen des »Wirklichen« – fehlt wieder. Aber wieder ist es sich seiner Sache nicht so ganz sicher, und so spielt es mit. Auch als erwachsene Frau, bis zum Tod der Mutter, wird sie nichts zu dieser Angelegenheit sagen. Noch kurz bevor sie in hohem Alter stirbt, hat sich die Mutter von Herzen darüber gefreut, wie es ihr gelungen war, das Wunder für das Kinderherz heraufzubeschwören. Eine Lüge? Wir leben öfter in viel größeren Lebenslügen, wenn wir glauben, ehrlich zu sein. Und es ist gut, der Mutter die kleine Illusion, eine Freude bereitet zu haben, nicht weggenommen zu haben ...

Zurück zum Christbaum. Weihnachtslieder werden gesungen, jedes Jahr immer wieder dieselben. Der Vater begleitet sie auf dem großen, schwarzen Flügel, der auch noch im überfüllten Schlafzimmer steht. Zwischen dem Flügel und den Betten kann man sich nur knapp hindurchdrücken. Die Geschenke, die unter dem Baum liegen, ziehen aber viel mehr Aufmerksamkeit auf sich als das Singen. Wiederum mit gemischten Gefühlen, versteht sich.

Erste Erinnerungen als »Ich«

Schon sehe ich die Puppe aus Porzellan, wofür mich Mutter schon seit Wochen immer wieder begeistern wollte: »Sie hat richtige Haare, kann Arme und Beine bewegen, die Augen auf- und zumachen.« Meine Erwartungen waren hochgeschraubt. Was ich dann sehe, ist ein hübsches Köpfchen mit wirren Haaren. Als ob ich nicht schon genügend Schwierigkeiten mit meinen eigenen Haaren gehabt hätte, die nicht schön ordentlich gerade sind! Die Beine und Arme der Puppe – die sind einfach hässlich; viel zu lang, und durch die eingesetzten Kugeln als Gelenke wurden die natürlichen Formen zerbrochen. Da ist die viel kleinere Puppe aus Kautschuk, die Vater aus Deutschland mitgebracht hat, viel schöner. Auch wenn sie keine Haare hat, keine beweglichen Gelenke, sie sieht wenigstens »wie richtig« aus. Immer, wenn Mutter meint, ich sei brav, darf ich diese Puppe für ein bis zwei Stunden haben, dann verschwindet sie aber wieder im Schrank in einer Höhe, wo ich nicht hinreiche. Die neue Puppe ist von Anfang an eine riesige Enttäuschung. Ich mache zu. Die Beteuerungen der Erwachsenen, wie einzigartig schön die Puppe sei, verwirren mich, weil ich wieder eine andere Empfindung habe als das, was mir mit viel Mühe eingeredet wird. Ich suche verzweifelt danach, was mir entgeht, was ich nicht sehe, weil ich doch an dem, was die Erwachsenen sagen, nicht zweifeln kann.

Aber Liebe kann nicht durch Lüge, durch das Vormachen von etwas, das nicht wahr ist, entstehen. Auch nicht im Kinderherz. Man kann sich Liebe nicht einreden, mit den besten Absichten und Motivationen nicht. Die Enttäuschung mit der Puppe gesellt sich zu weiteren früheren Enttäuschungen. Da war zum Beispiel der kleine Puppenkochherd zu Weihnachten im Vorjahr. Von weitem sah er noch »wie richtig« aus. Es gab auch einen kleinen Kochtopf dazu. Aber ich konnte im Herd kein Feuer machen, folglich auch nicht richtig kochen. Mutter gab mir Rosinen und zeigte mir, wie man damit spielen könne. Aber ich wollte nicht spielen, sondern richtig kochen. Ich fühlte mich unverstanden, nicht ernstgenommen, und der kleine Herd stand sehr schnell unbeachtet in der Ecke. Mutter interpretierte das auf ihre Weise. Das Puppenbesteck landete aus einem anderen Grund abseits meiner Aufmerksamkeit. Von den zwei kleinen Gabeln, die dazugehörten, und die »wie richtig« aussahen, fehlte bei einer eine Zinke. Damit war das Ganze unbrauchbar. Alles, was unvollkommen war, hatte keinen Wert mehr.

Das dicke Heft zum Ausmalen gefällt mir. Es fordert mich zum Gestalten auf, so, wie ich es will: die Figuren von Schneewittchen und den sieben Zwergen, wie im Walt-Disney-Film, schön farbig machen. Besonders die Zwerge habe ich gern. Die Bilder sind schön; klar sind sie, und ich kann mir vorstellen, wie sie farbig werden würden, wenn ich sie ausmale. Ich will Bild für Bild, Seite für Seite alles richtig schön ausmalen. Von Anfang bis Ende, ohne Fehler, sorgfältig, vollkommen. Ich sehe das Heft fertig, farbig, ohne Makel. Ich spüre die Kraft und die Freude der angenommenen Herausforderung. Aber wieder kommt es anders, als ich es mir vorstelle. Etwa auf der dritten oder vierten Seite ist ein Baum. Der soll grün werden, mit braunem Stamm natürlich. Ich bin konzentriert darin vertieft, den Baum schön gleichmäßig innerhalb der Linien zu bemalen, als sich Mutter zu mir setzt. Sie ist Künstlerin, auch wenn sie ihre künstlerische Ausbildung abgebrochen hat. Sie sagt mir, dass ein Baum nie ganz grün aussieht, sondern gelb und blau, und alle anderen Farben hätte. Und schon nimmt sie mir die Pinsel aus der Hand, und der Baum wird bunt und ohne Rücksicht auf die begrenzenden Linien unordentlich, chaotisch – für mich. Mein Baum ist zerstört. Damit wird das ganze, schöne Heft unbrauchbar. Es hat keinen Sinn mehr, weiterzumachen; das Malheft kann nie mehr vollkommen werden. Ich werde das Heft nie mehr in die Hand nehmen.

»Sie hat keine Ausdauer. Sie verliert schnell das Interesse an allem!« … Wenn es doch keinen Sinn mehr macht! Und es ist niemand da, der mich wirklich sieht – so, wie ich »richtig« bin. Nach außen umfängt mich etwas, das nicht »wie richtig« ist. Ich weiß: Niemand sieht mich, wie ich wirklich bin. Dieses Wissen hat etwas Beruhigendes, es gibt mir das Gefühl der Geborgenheit.

Es muss ebenfalls in der Weihnachtszeit gewesen sein, als mein Onkel, der damals Student war und sonst keine Zeit für mich hatte, mich auf den Schoß nahm und verkündete, er werde mir zeigen, wie man einen Menschen zeichnet. Wieder eine freudige Erwartung. Ich habe mir das so schwer vorgestellt, einen Menschen zeichnen zu können. Jetzt aber wird er es mir zeigen, und dann würde sich herausstellen, dass es gar nicht so schwer ist, und ich würde es können … Er zeichnet mir ein Strichmännchen, wie man es eben so für Kinder tut. Es ist nicht nur die Enttäuschung, sondern vielmehr ein Unwohlsein, was mich innerlich zusammenschnürt. Heute kann ich es benennen: Es ist Scham. Das Ganze ist beschämend. Etwas ist in mir tief verletzt: die Würde des Menschen. Ich schäme mich für das ganze Geschehen, nicht für mich oder für ihn, sondern ohne Trennung für das, was sich abspielt. Die Frage, ob er mich für so dumm hält oder ob er selbst nicht sieht, was er anrichtet, taucht gar nicht erst auf. Die Schuld ist noch nicht geboren. Unerträglich ist es, Teil der Unvollkommenheit zu sein.

Die Bildung des Egos

All das geschah, bevor sich das kleine, imaginäre Ich ganz aus der Einheit herausgerissen hatte. Ein Ansatz dazu hatte sich bereits gebildet, aber die Trennung war noch nicht vollzogen. Das Ich und die Welt waren noch nicht entflochten. Das Bewusstsein muss sich aber bei jedem menschlichen Wesen abgrenzen von dem, was an Unerträglichem geschieht. Das ist beim Kind immer der Auslöser zum ersten »Ich nicht!«. Eine Notwendigkeit, die in dem Leiden gründet, sich von den Geburtswehen der werdenden Welt abzusondern.

Der Kern dieses kleinen Ichs – den wir auch als Kern des Egos bezeichnen können – ist das Nein. Dieses kleine Ich ist der Vorläufer eines wirklichen Ichs: Es muss »den Weg vorbereiten« für die Geburt von Existenz. Diese Abtrennung bedeutet, dass wir nicht mit allem, was uns geschieht, einverstanden sind. Wir Menschen können widerstehen. Später wird aber das grundsätzliche Nein-Sagen so selbstverständlich und so zugedeckt, dass wir das wahre Wesen unseres Egos nicht erkennen. Wir müssen uns dann von all den Verkleidungen und Erscheinungsformen des Lebens – in die Wüste – zurückziehen, damit wir den nein-sagenden Kern unseres imaginären Ichs erkennen.

Mir wurde als Kind keine sichtbare Gewalt angetan. Die Unerträglichkeit gehört aber zu dieser Welt, es kann keinem menschlichen Wesen erspart bleiben, wie sehr sich die Eltern auch darum bemühen. Dort, wo offensichtliches Vergehen gegen das Kind geschieht, können wir psychologisch erklären, wo all die Verletzungen der Seele entstanden sind. Jenseits davon aber gilt das grundsätzliche, umfassendere Gesetz: Das Herabsteigen in die Inkarnation bedeutet das Erleben von Trennung, Schmerz und Einsamkeit. Die konkreten Ereignisse sind dabei Auslöser, sie helfen uns zunächst, in dieser Welt zu erwachen, als nötige Vorbereitung für die Geburt von Existenz, dem Jesus unseres Wesens, das »mit dem Vater eins« ist.

Teil der Unvollkommenheit zu sein, tut mir immer noch weh. Auch heute noch, mit 75 Jahren. Aber dieser Schmerz bringt mich nicht mehr um und zwingt mich nicht mehr, zuzumachen. Er hat keine Macht mehr darüber, dass ich nach Schuldigen suchen müsste, weder in der Welt außerhalb von mir noch in mir.

Schuld ist ein Mysterium, das dem Menschen in seiner Unschuld aufgeladen wird. Unsere Seele wird wie die unschuldige Prinzessin in den Märchen von dem bösen Drachen gefangengehalten, bis jemand kommt und sie befreit. Diese Gefangenschaft wird im Märchen auch nie begründet. Die Frage nach dem Warum taucht gar nicht auf.

»Am Anfang bricht das Böse dort durch, wo eine Ritze in der Mauer ist. Später kann das Böse einen nur angreifen, wo noch Mauerreste sind.« Sich abzugrenzen macht keinen Sinn mehr – es würde bedeuten, sich wieder in die Trennung zurückzuziehen.

Die Trennung in dem kleinen Kind geschieht, weil es das Leben nicht ertragen würde. Die Verletzbarkeit ist aber Bestandteil der wiedergewonnenen Verbindung in der Einheit. Ohne Schuldzuweisung, ohne Trennung zwischen den anderen und mir. In der diesseitigen Welt kann nur eine sensible Membran um die Seele herum den Austausch sichern – die Verletzbarkeit gehört dazu. Diese Lebendigkeit möchte ich nicht hingeben; sie nährt sich aus der Freiheit, in der Verbundenheit allen Lebens. Die Schmerzen sind die Geburtswehen einer im Werden begriffenen Welt. Ich nehme daran teil, ich bin nicht mehr das kleine, schwache Kind. Das ist Freiheit. Ich werde im Fluss der Zeit mitgenommen und kann die Nahrung, die meine Seele braucht, aus dem Überfluss der Eindrücke – vom lebendigen Leben ausgelöst – holen. Es ist eine kräftige Nahrung, es braucht einen gut entwickelten Verdauungsapparat. Ob die Nahrung süß oder bitter ist, spielt letztlich keine Rolle. Ich bin erwachsen geworden. Und doch bleibt freilich ein Teil in mir, der immer noch manches »gernhat« und manches »nicht mag«.

Ich trage das Kind von damals in mir

In ein paar Tagen beginnt die Adventszeit. Die Sonnenstrahlen des Morgens durchströmen das Zimmer. Die letzten Rosen der »Queen Elizabeth« stehen in der Vase im Sonnenschein – »wie richtig«. Der Efeu und die zwei Farnwedel, die ich zu den bereits blattlosen Rosen gesteckt habe, bilden ein harmonisches Bild in der lichtdurchfluteten, roten Kristallvase. Der Ort, an dem das Gesteck steht, ist auch gut gewählt. Perfekt? Nein. Eine kleine Ecke der Vase ist ausgebrochen. Früher wäre ich daran hängengeblieben: »Typisch, kein makelloses Stück von Mutter!« Aber diese Kleinigkeit stört mich heute nicht mehr. Das Wissen um die Unvollkommenheit dieser Welt gehört dazu, ohne sie würde in der Vollkommenheit Gottes etwas fehlen.

Wenn ich mich an das Kind von damals mit meinem ganzen Sein erinnere, dann weiß ich, dass es getragen wurde. Das, was ich heute bin, hat ihm die Geborgenheit gegeben, die es in seiner Einsamkeit gebraucht hat. Nein, es ist nicht logisch, es gibt darin keinen kausalen Zusammenhang. Das Kind und die reife Frau sind aber jenseits der Zeit unzertrennbare Teile der Einheit, auch wenn sie im Prozess der Zeit auseinandergerissen sind.

So weiß ich jetzt mehr über das Kind, als es damals wissen konnte: Das Wunder, auf das das kleine Mädchen wartete, war Harmonie – keine gereizte Spannung in der Luft, die Schönheit im Ablauf des Abends, die Stimmung der Geborgenheit, an der alle ihren eigenen »Teil nehmen«. Und vor allem: Weihnachten, das den Druck des ständigen Schuldgefühls, dass ich »nicht wie richtig bin«, wegzaubert. Freude, ungetrübte Freude – einfach so. Das wäre Weihnachten gewesen – das ist Weihnachten heute.

Was das Kind noch nicht gewusst hat, war, dass Harmonie jeden Augenblick aus der Seele neu erschaffen werden kann und muss. Das Wissen, dass die Welt jeden Augenblick neu erschaffen wird, hat es unterwegs in der immer enger werdenden Welt der Inkarnation vergessen. Ja, woher hätte das kleine Mädchen dies auch wissen können? Die Voraussetzungen für die Erinnerung hatte es noch nicht entwickelt. Die Erkenntnisse dazu und die Stärke, das Erkannte auch verwirklichen zu können, müssen wir uns auf dem langen, mühsamen Weg von Nazareth in Galiläa nach Bethlehem erarbeiten.

Den Weg können wir aber erst gehen, nachdem er durch Johannes den Täufer vorbereitet worden ist. Das kleine Ich muss seine Fähigkeit zuerst so weit entwickeln, dass es zum Zeugen werden kann. Johannes der Täufer unserer Existenz braucht Zeit, lange Zeit, um erwachsen zu werden, um in seine Funktion hineinzuwachsen, wofür er zur Welt gekommen ist. Das Bilden des Egos ist eine notwendige Entwicklungsphase, ist die Vorbereitung zur Geburt von Existenz in uns. Das Kind muss zuerst die Trennung vollziehen, sich aus der Einheit durch das Nein abgrenzen. Alles, was fest wird, grenzt sich ab, wird zum Widerstand. Das ist Galiläa. Das Göttliche kann nur dort empfangen, aber nicht geboren werden. Es kann nur geboren werden, wenn wir zur Lösung – dem Flüssigen, dem Fließenden – finden. Wenn wir die Mauern, die zur Trennung führten, wieder abbauen. Wenn wir zulassen, dass die Abgrenzungen abgebrochen werden. Wenn wir in unserem Herzen vom Nein-Sager zum Ja-Sager werden.

Die Identität von Existenz, des Göttlichen Kindes besteht im Ja-Sagen. Es wird aber erst dann geboren werden, wenn die nein-sagende Identität das Herz nicht mehr besetzt. Denn das Wesen des neuen Ichs ist eins mit dem Vater; seine Identität besteht nicht mehr aus der Trennung. Aus diesem Zusammenhang heraus kann es sagen: »Dein Wille geschehe« – ohne Lüge, bedingungslos, ohne Trennung. Wir alle beginnen den inneren Weg in Nazareth, in den festgewordenen, aus dem Nein-Sagen heraus aufgebauten Strukturen des Lebens, im Lande der Formwerdung, in Galiläa. Aber wir stammen aus Bethlehem, aus dem Hause des Brotes. Ausnahmslos alle.

Machen wir uns also auf den Weg, um wieder nach Hause zu finden. Damit der Glanz von Weihnachten in uns aufleuchten kann.

Weihnachten 1956: Flucht aus Ungarn

Wie ich das Muster des inneren Weges in vier Tagen erlebt habe

In einer dunklen Nacht,
entflammt von Liebessehnen,
o seliges Geschick!
Entfloh ich unbemerkt,
da nun mein Haus in Ruhe lag.

*Johannes vom Kreuz
(aus »Die dunkle Nacht der Seele«, 1579)*

Prolog

Es ist der 24. Dezember. Wie in den letzten Jahren sitzen auch heute eine Handvoll Kinder um mich herum: meine Enkelkinder und die Kinder der Nachbarn. So können ihre Eltern in aller Ruhe den Christbaum schmücken. »Erzähle uns, Großmutter!« Eine klare Aufforderung.

Ich weiß, was kommt. Und ich bin dankbar, dass die Kinder wissen, was sie hören wollen. Trotzdem ergreift mich eine Welle des Unbehagens: Mir selbst wurden keine Geschichten erzählt, keine Märchen, meine Mutter war viel zu aufgeklärt. Trotz der sehr katholischen Einstellung meiner Eltern weiß ich nicht einmal, wie ich zur Weihnachtsgeschichte gekommen bin! »Was soll ich euch erzählen?« frage ich doch noch einmal. Wie jedes Jahr kommt die klare Antwort wie aus einem Mund: »Erzähle uns von deiner Flucht!«

Die sonst sehr lebhaften Kinder machen es sich bequem um mich herum, schauen mich erwartungsvoll an und sitzen bis zum Schluss meiner Erzählung mucksmäuschenstill da. Bevor ich in die Geschichte wieder hineintauche und mit dem Erzählen beginne, habe ich mit ihr nicht mehr zu tun als mit einer Mahlzeit, die ich vor einer Woche zu mir genommen habe: Sie ist verdaut und zu meiner eigenen Substanz geworden. Und dann werden, wie jedes Jahr, beim Erzählen die Erinnerungen lebendig. Ich bin jedesmal erstaunt, wie sie mich bewegen, ja, aufwühlen, wenn ich sie hervorhole. Zum Schluss vibriert mein ganzer Körper, obwohl es mir so vorkommt, als hätten sich die Ereignisse in einem anderen Leben abgespielt.

Seit der letzten Erzählrunde ist viel Zeit vergangen. Die Kinder, die jahrelang an Weihnachten der Geschichte ihrer Großmutter zugehört haben, sind längst erwachsen. Und so erzähle ich heute jene Ereignisse in diesem Buch den Erwachsenen. Und vielleicht werden meine erwachsenen Enkelkinder beim Lesen auch eine ganz neue Geschichte kennenlernen.

Die innere Geschichte

Es gibt so viele Wege wie menschliche Wesen in der
Schöpfung. Aber es gibt nur einen Weg.

Während des Schreibens verwandelt sich meine Wahrnehmung der Ereignisse. Erst aus der Distanz von 52 Jahren verstehe ich die Bedeutung der Geschichte in der Geschichte. So ist die Flucht zu meiner eigenen Weihnachtsgeschichte geworden. Man kann auch sagen, ich habe darin eine Sufi-Geschichte oder eine chassidische Geschichte entdeckt. Ein erzähltes Bild, ein erlebtes Muster, von meinem eigenen Leben geschrieben, für mich geschrieben – wie wir alle unsere eigenen Bilder im Leben erhalten. Unsere Seele ist durch das Erlebte essenziell angesprochen, damit sie – den analytischen Verstand kurzgeschlossen – auf ihrem Weg nicht verzagt. Unsere individuelle Lebensgeschichte ist ein erzähltes Bild, und wenn wir es verstehen, wird es uns den Weg nach »Bethlehem«, zu unserem inneren Weihnachten weisen. Was mit Bethlehem gemeint ist, habe ich bereits in Zusammenhang mit den Geburtsgeschichten im Neuen Testament erläutert. Natürlich geht es in all diesen Geschichten – der meinen inbegriffen – um die Beschreibung von Prozessen, die jeder von uns hier und heute erleben kann. Es ist immer wieder die Geschichte der Seele, die zur »Gottesgebärerin« wird, wie es in den christlich-orthodoxen Texten heißt.

So eine Geschichte erlebte Johannes vom Kreuz, der große spanische Mystiker und spirituelle Lehrer, als er »in einer dunklen Nacht« aus dem Kerker entfloh. Seine Beschreibung der »Dunklen Nacht der Seele« hat mir Orientierung gegeben, als ich meine eigene Geschichte noch nicht verstanden hatte. Die Parallele dazu ist mir erst kürzlich aufgegangen. In meiner eigenen Fluchtgeschichte ist auch ein anderes Muster des inneren Weges enthalten: das Grundmuster vom »Auszug aus dem Lande der Väter« in das »Land, das von Gott gegeben ist«. So, wie es die biblische Geschichte von Abraham beschreibt:

> »Und der Herr sprach zu Abram [*er wird erst später Abraham heißen*]: Geh aus deinem Vaterland und von deiner Verwandtschaft und aus deines Vaters Hause in ein Land, das ich dir zeigen will.« (1. Mose 12,1)

Wenn ich meinen Weg, der einmalig in der ganzen Schöpfung ist – wie jeder Weg einmalig ist –, mit meinem heutigen Verstehen betrachte, dann möchte ich allen Mut machen, im eigenen Leben das einmalige Muster zu suchen! Wir alle haben Lebensabschnitte, die das Muster unseres Weges, den Weg der Seele, beschreiben. Wir alle tragen die Erinnerung vom Paradies in uns, und wir alle sehnen uns danach. Wir möchten den Spannungen und Schmerzen dieser Welt entfliehen. Tief in unserer Seele ist das Wissen um ein Entkommen verankert.

Wir ergreifen jede Möglichkeit, die eine Flucht verspricht – und die uns doch nach einer Weile enttäuscht zurücklässt. Das Leben ist voller Versprechungen von Freiheit und Fülle: Schule, Partner, Familie, Sex, Ruhe nach getaner Arbeit, Auto und Haus, Sicherheit durch Geld, geordnete soziale Verhältnisse – die Liste ist unendlich lang. Die Welt kann uns all diese Versprechen nicht einlösen. Die Sehnsucht aber begleitet uns hartnäckig und meldet sich immer wieder. Es muss nicht immer ein Elend im äußeren Leben sein, das uns auf den unsicheren Weg der Flucht aufbrechen lässt. Es gibt auch Kerker, deren Stäbe vergoldet sind ...

»Die innere Geschichte« ist ein Konzentrat meiner Erfahrungen auf dem inneren Weg, die Beschreibung eines 40-jährigen Weges in der Nussschale. Und wie jedes Bild – auch die Bilder des Lebens – ist sie unvollkommen im Vergleich zur erlebten Wirklichkeit. Eine Beschreibung bleibt immer der Schatten dessen, was sie beschreibt.

21. Dezember

Der Wintermorgen ist kalt und dunkel. Die hohe Halle des Bahnhofs kaum beleuchtet, düster. Wir sitzen – vier Erwachsene mit einem Baby – im ersten Waggon eines Personenzuges. Er trägt die Aufschrift »Kinder und Begleiter«. Der Zug soll von Budapest in Richtung Westen bis zur österreichischen Grenze fahren. Erst am Tag zuvor haben wir uns entschlossen, das große Abenteuer zu wagen. Heute morgen haben wir unser kleines Heim in der engen Gasse in der Innenstadt so verlassen, wie wir aus dem Bett gestiegen sind. Und jetzt sitzen wir in dem unbeleuchteten Abteil und warten darauf, dass der Zug sich endlich in Bewegung setzt.

Die Oktoberrevolution ist vorüber, aber bis zur Normalität des Alltags ist es noch ein weiter Weg. Unser Reisegepäck hatten wir schon Anfang November gepackt. Doch obwohl die Nachrichten von einfachen Fluchtwegen in die Freiheit einander gejagt hatten – es waren auch einige Schauergeschichten dazwischen –, hatte ich es mit meinen 21 Jahren nicht gewagt, die Verantwortung zu übernehmen und mit meiner sieben Monate alten Tochter ins Ungewisse zu springen. Ich bat um ein Zeichen.

Seit dem Sommer warteten wir auf ein Wunder, auf eine Möglichkeit, in die Schweiz zu kommen. Mit meinem Mann zusammen lernte ich Deutsch. Dann machte uns ein Freund eine prophetische Ankündigung auf astrologischer Basis: »Es wird ein großes Feuer geben – einen Vulkanausbruch oder etwas Ähnliches – die Grenzen werden für kurze Zeit offen sein – und ihr werdet gehen können – ich aber werde bleiben müssen.« Als die Unruhen ausbrachen, war unser Freund unter den ersten Verletzten – und musste mit Querschnittslähmung zurückbleiben. Jetzt ist es eigentlich zu spät, um illegal über die Grenze zu kommen. An den meisten Grenzabschnitten wurde die Grenzwache – die, wie es heißt, mit der flüchtenden Bevölkerung kooperiert habe – abgelöst, und so konnte man mit ihnen nicht mehr verhandeln. Strenge Kontrollen verhindern, dass Leute sich in Richtung Westen bewegen. Der Zug fährt ab. Wir nehmen kaum wahr, dass uniformierte Männer der Sicherheitspolizei in den zweiten Waggon einsteigen. Unser erstes Ziel ist Sopron, eine Stadt nahe der Grenze. Dort werden wir zunächst einmal Bekannte meiner Freundin, die auch mit uns reist, besuchen. Von dort aus wollen wir nach Möglichkeiten suchen, wie wir über die Grenze gelangen können. Reisende, die keinen triftigen Grund haben, in Richtung Westen zu fahren, werden bei der nächsten Station aus dem Zug geholt. Bei uns war keine Kontrolle – wir wurden in der Dunkelheit übersehen. Ein Wunder? Der Zug fährt weiter – wir schauen einander an – wir danken.

In Sopron angekommen, nehmen unsere Freunde uns bereitwillig auf, und wir schlafen in der engen Wohnung dicht nebeneinander auf dem Boden. Wir werten die Informationen vor Ort aus und arbeiten nach reiflicher Überlegung einen Plan aus.

Der Anfang der Reise

Es muss nicht unbedingt ein Wegzug oder eine Flucht im Äußeren sein. Ich möchte immer wieder daran erinnern: Die Bilder beschreiben innere Ereignisse, sowohl die Geschichten in der Bibel als auch die eigenen, individuellen. Das Wesentliche daran ist, das eigene Leben zu wagen. Keine ausgetretenen Pfade benutzen. Für das eigene Leben die Verantwortung übernehmen. Nicht das Lebensmuster der Eltern mit den dahinterliegenden, kristallisierten Konzepten übernehmen und weiterführen – und auch nicht aus dem Bezug zu ihnen das Gegenteil anstreben. Wie »spricht Gott« zu uns?

Durch die Umstände unseres Lebens werden wir motiviert, Schritte zu tun. Wir alle haben sicherlich schon erlebt, dass wir erst hinterher verstehen, wozu wir in etwas hineingeraten sind. Wir verstehen nicht von vornherein, was wir brauchen – also erhalten wir den jeweiligen Impuls in einer »Verpackung«, die uns anspricht, die für uns verständlich und logisch zu sein scheint. Manchmal können wir auch nicht anders. Der Anfang des Weges kann eine lange Strecke sein, indem wir eine innere Bereitschaft nähren, ohne zu wissen, ob und wie der Weg möglich werden kann.

In dieser Zeit ist es wesentlich, die Sehnsucht nach Freiheit nicht mit Argumenten zu ersticken, auch wenn es unmöglich zu sein scheint, sie je erreichen zu können. Alles hat seine Zeit. Wenn wir einen Impuls im gegenwärtigen Moment erkannt und eine klare Entscheidung getroffen haben, öffnen sich die Möglichkeiten zur Verwirklichung. Wir erhalten die Umstände, wie wir sie brauchen, Schritt für Schritt. Eine Energiequelle steht uns zur Verfügung, die vorher nicht vorhanden war. Das geschieht erst, wenn wir uns von der Sicherheit des Vertrauten, des von den Eltern übermittelten Musters verabschieden und unbekannten Boden betreten. Wenn wir keine Hintertür offenlassen mit »ich versuche es, und wenn es nicht geht ...«. So, wie es in den meisten Märchen auch beschrieben ist: Der Held hat keine Ahnung, wie er seine unmöglich scheinende Aufgabe lösen kann. Er beginnt seinen Weg, allein und im Vertrauen. Die Hilfe zeigt sich erst unterwegs. Alles, was er braucht, kommt ihm entgegen, und es geschehen Wunder, die in »Vaters Hause« nicht möglich wären. Die Reise beginnt in den erwachenden Tag hinein: das Erwachen zum Bewusstsein.

Mit Lesen, Gesprächen, Vorträgen usw neue Impulse ins Bewusstsein aufnehmen, integrieren. Das Verstehen verändert sich, Informationen erweitern unsere Sicht. Das Suchen beginnt. Die »zufälligen« Umstände helfen uns, die jeweils richtigen Quellen zu finden, damit die Reise nicht unterbrochen wird.

Aufzubrechen ins Unbekannte bedeutet immer, allein zu sein. Wir werden darin nicht unterstützt, wir können uns einzig und allein auf unser Herz verlassen: Gott spricht direkt zu uns, durch unsere Mitte. Jegliche Logik und noch so vernünftiges Argumentieren und Diskutieren – auch innerlich – bricht die Kraft dieser direkten Kommunikation zwischen Gott und der individuellen Seele. Wenn die Mystiker von Gehorsam sprechen, dann ist diese Bedingungslosigkeit der inneren Führung gegenüber gemeint.

22. Dezember

Auf Grund unseres Planes fährt mein Mann frühmorgens mit einem Arbeiterzug in ein Dorf, das direkt an der Grenze liegt. Gemäß unseren Informationen werden dort kaum Kontrollen durchgeführt. Tatsächlich, niemand hat ihn nach seinen Absichten gefragt, und am Mittag kommt er mit der Nachricht zurück: Er habe ein Mädchen gefunden, dessen Bräutigam (was immer das heißt) bei der Grenzwache sei und uns über die Grenze helfen würde. Die Summe ist abgemacht – wir können sie knapp bezahlen. So fahren wir mit dem Zug, der die Arbeiter nach ihrer Arbeit wieder nach Hause bringt, in dieses Dorf.

Wir treffen uns mit dem Mädchen in einer Dorfschänke. Sie ist in einem Alter, in dem man sie noch nicht eine junge Frau nennen kann, und trinkt mit den Bauern Barack, einen starken, ungarischen Schnaps aus Aprikosen. Und es ist nicht das erste Glas. Wir haben keine Wahl, da gibt es nicht viel zu überlegen. Unser Vertrauen ist weit über dem Kopf verankert und nicht in diesem haltlosen, kleinen Bauernmädchen, das so betrunken ist, dass es kaum mehr aufrecht stehen kann. Wie abgemacht, lassen wir uns zu ihrer Eltern führen, die in einem schlichten Bauernhaus leben. Wir übernachten dort auf einem einfachen Strohlager.

Vertrauen

   Es ist notwendig, unterwegs alles Mögliche zu erforschen, Informationen zu sammeln. Unser klarer Verstand dient als Werkzeug für die uns allen mitgegebene Intelligenz. Das ist unser eigener Anteil, der zur Ganzheit gehört. Wir können nicht sagen: »Ich lasse mich passiv führen, ich muss mich nicht bemühen, Gott wird schon für mich sorgen.« Wir werden immer wieder in Situationen hineingestellt, die wir nicht durchschauen, ja, manchmal für hinderlich, sogar gefährlich halten. Dann braucht es hundertprozentiges Vertrauen und gleichzeitig das Wissen, dass ich die volle Verantwortung trage. Ohne unser Vertrauen bleiben wir im Kontrollierbaren stecken, und ohne Eigenverantwortung werden wir zum Spielball unberechenbarer Umstände. Das Vertrauen auf das Eingebettetsein in einer sinnvollen Ganzheit bedeutet, die uns gegebenen Möglichkeiten voll auszuschöpfen.

   In der heutigen psychologischen Formulierung könnte ich auch sagen, dass es um die Zusammenarbeit zwischen unserem Bewussten und Unbe-

wussten wie auch zwischen dem Innen und dem Außen geht. Erst aus dem Zusammenspiel ergibt sich das Ganze. Durch Verstopfungen und Störungen sind die inneren Kanäle in uns gestört oder unterbrochen. Zur Reinigung dieser Verbindungen stehen uns heute verschiedene alte und neue Methoden zur Verfügung. Es braucht Zeit, die Sprache des Unbewussten, das in Bildern zu uns spricht, zu verstehen und von falschen Programmierungen zu reinigen. Vertrauen ist ein Zustand. Es geht nicht darum, dass jemand so handeln wird, wie wir es von ihm erwarten. Es ist kein Festhalten an einer Vorstellung darüber, wie das Leben funktioniert, uns selbst inbegriffen. Es ist keine Absicherung, dass Gott in einer bestimmten Weise im Leben wirkt.

Eine solche Art des Vertrauens endet in Enttäuschung. Ein Vertrauen, das jenseits der Dualität von Ich und Du, jenseits unserer Wünsche, Erwartungen und Vorstellungen, in einer höheren Dimension, im Unbekannten verankert ist, ist das einzige Vertrauen, das nie enttäuscht wird. Wenn wir uns auf diese Instanz jenseits unseres Verstehens verlassen, wissen wir, dass wir zusammengebracht worden sind, damit eine Strecke des Weges erfüllt werden kann. Dann wissen wir, es kann uns in der Zeit nur das geschehen, was wir in der Ewigkeit sind. Wir gehen Querschnitt um Querschnitt durch das, was wir in der Ewigkeit sind – unsere Intelligenz und Handlungsfähigkeit inbegriffen.

23. Dezember

Bereits um 3 Uhr früh klettern wir in einen offenen Heuwagen, der von zwei Pferden gezogen wird. Wir sollen in den Weiler gebracht werden, in dem der Familienvater als Schuster arbeitet. Außer einem Rucksack mit einigen Stoffwindeln und etwas Nahrung für meine Tochter (ich stille sie nicht mehr) lassen wir alles zurück. Im letzten Moment steckt mein Mann eine Schachtel Zündhölzer zurück in seine Hosentasche: »Man kann nie wissen.« Diese kleine Szene in dem spärlich beleuchteten Zimmer ist so deutlich in meinem Gedächtnis, als wenn sie vor einer Woche geschehen wäre. In der Nacht ist das Wetter umgeschlagen. Ein eisiger Wind fegt über die Moorlandschaft südlich des Neusiedler Sees. Eiskristalle fliegen fast waagerecht durch die Luft, und wenn sie das Gesicht treffen, schmerzen sie wie Nadelstiche.

Meine Tochter ist in einen dicken Fellsack eingepackt. Ja, ich habe das erbetene Zeichen am Tag, bevor wir aufbrachen, richtig verstanden. Am 20. Dezember habe ich mich das erste Mal nach den Schießereien in der Innenstadt aus der Wohnung gewagt. Es war wieder ruhig geworden, die russischen Panzer hatten die Stadt bereits unter Kontrolle. Das »Feuer«, von dem unser Freund so visionär gesprochen hat, war bereits brutal gelöscht worden. Ich bin in den Laden um die Ecke gegangen, um Milch zu holen – mit dem Kind auf dem Arm. Eine fremde Frau hielt mich an und fragte, ob ich einen Fellsack für das Baby brauchen könnte, er sei für ihr Kind zu klein geworden. Augenblicklich wusste ich, ohne einen Gedanken dazwischen: Das ist es! Das ist das Zeichen, das ich brauche, und das ist es, was das Kind braucht. Meine innere Sicherheit überzeugte auch meinen Mann.

Meine Freundin, die sehr schwach war, hat sich dann uns angeschlossen: »Wenn ihr es mit dem Baby wagt, dann komme ich auch mit.« Ihr Verlobter, der aktiv an der Revolution teilgenommen hatte, war bereits in Genf. Als wir uns von meinen Eltern verabschiedeten, hat meine Mutter – wie immer ihrer Intuition folgend – uns auch meinen 17-jährigen Bruder anvertraut. So sind wir am nächsten Tag aufgebrochen.

Es dämmert, als wir in dem Weiler an der Grenze ankommen. Häuser rund um einen freien Platz – und Soldaten, die umherlaufen. Es ist ungemütlich. Endlich erreichen wir das Haus, wo der Vater unseres Verbindungsmädchens als Schuster arbeitet. Der geschlossene Raum gibt ein kleines Gefühl der Sicherheit, und wir können uns aufwärmen. Den ganzen Tag hindurch kommen immer wieder Soldaten herein, die offensichtlich nichts Wichtigeres zu tun haben, als uns Fragen zu stellen. Als wüssten sie nicht, warum wir hier seien. Alle wollen ein Stück vom Kuchen haben – und etwas an uns verdienen! Am Nachmittag gegen zwei Uhr gibt es plötzlich einen Aufruhr: Die gesamte Grenzwache wird per Telefon in die nächste Stadt, nach Sopron, beordert. Sofort! Es heißt, die neue Kompanie komme erst am nächsten Morgen. Das bedeutet, dass dieser Grenzabschnitt heute Nacht ohne Wache ist! Wie arrangiert für uns. Für die nächste Etappe ist der Weg frei. Hätte man das planen können?

Achtet auf die Zeichen!

»Achtet auf die Zeichen!«, lautet die Aufforderung des Lehrers. Wir erhalten immer Zeichen – durch sie erreicht uns eine Botschaft. Ein Zeichen ist eine Ankündigung kommender Ereignisse, sie zeigt uns die Richtung oder erweckt uns zu dem, wofür die Zeit gekommen ist. Unser Herz versteht die Zeichen unmittelbar, ohne einen Gedanken dazwischen. Eine intellektuelle Interpretation ist bereits ein Störfaktor, ein Schleier über diesem Verstehen. Das Erkennen ist jenseits von Denken und Fühlen. Die erste Strecke des Weges ist von der Begeisterung getragen, es ist die Fahrt mit dem Zug durch den Tag. Die nächste Strecke ist in der Dämmerung, noch immer von natürlichen Kräften unterstützt – die Pferde ziehen den Wagen. Wir bewegen uns immer noch im »diesseitigen« Territorium.

Zweifel entstehen durch die nicht abgebrochene Verbindung mit der »Verwandtschaft«; wir trauen den Zeichen, die unser Herz bereits verstanden hat, nicht. Damit kann ein Impuls aus unserer Ganzheit zu einem bloßen Gedanken verkommen, »ein Gedanke, den ich halt auch mal gehabt habe«. Der Mann macht sich alleine auf seinen inneren Weg. Er muss die »Prüfungen« für sich selbst bestehen. Die Frau ist mit ihrer Familie und mit Freunden unterwegs. Ihr Weg ist mitten im Leben. Sie erhält dadurch alles, was sie zum Wachsen ihrer Seele braucht. Auch wenn sie ein Stück des Weges in der Abgeschiedenheit durchläuft, sie wird in den Alltag zurückgeholt. Im aufbrechenden Wassermann-Zeitalter hat das mehr denn je seine Gültigkeit. Die Tochter, die ich mitnehme, steht für die Seele. Die Seele, die mir gegeben ist und von den unterschiedlichsten Impulsen des Lebens genährt wird – aber gleichzeitig von ihnen auch abhängig ist. Sie nehme ich mit. Jedoch schläft der entwicklungsfähige, jungfräulich gebliebene Teil der Seele auf dieser Wegstrecke noch tief. Er träumt, dass er wach ist. Den Sohn werde ich sinngemäß in dem Land, das mir gegeben ist, gebären.

Die Seele wird erst zur Gottesgebärerin, wenn sie das Niemandsland überquert hat, in dem Land, das ihr gegeben ist. Die Geburt des Göttlichen Kindes, des Sohnes, ist das Ankommen. Wie es bereits in der Geburtsgeschichte in den Evangelien beschrieben ist. Der Tag ist analog zum Bewusstsein. Von hier aus aber geschieht das eigentliche Weiterkommen in der Dunkelheit, im Unbe-

> wussten. So gibt es tagsüber nicht viel zu tun. Die Aktivität des Tages – des Bewusstseins – besteht im Ertragen der Spannung und im Üben von Geduld und Vertrauen. Dies sind die »zwei Füße«, mit denen wir auf dem Weg Schritt für Schritt unseren Beitrag leisten. Auch wenn scheinbar nichts Wichtiges geschieht, es geht darum, warten zu können. Eine einfache Lebensweise – wie die eines Schusters – gibt einen strukturierten Rahmen in dieser Zeit. Von da aus gehen wir zu Fuß. Es gibt kein Vehikel mehr, das uns trägt. An dem Punkt kann uns das Gefühl überfallen, dass etwas falsch gelaufen ist, dass wir zurückgefallen sind. Wir möchten zurück zum Getragenwerden. Aber es gibt kein Zurück mehr. Da hilft es, wenn jemand, der den Weg kennt, uns bestätigt: Es ist alles in Ordnung.

So ist der Nachmittag ruhig, nur das rhythmische Hämmern des Schuhmachers im großen Raum, wo wir uns aufhalten, lässt uns nicht einschlafen. Der düstere Tag geht nahtlos in die Dunkelheit des frühen Winterabends über. Zwei junge Männer, die die Führungsrolle der abgezogenen Soldaten übernommen haben, holen uns ab. Auch ihnen kommt etwas Geld sehr gelegen. Der Ort, der wie ausgestorben wirkt, seitdem die Soldaten fort sind, belebt sich. Aus den Häusern kommen geisterhaft stille Gestalten, bis wir eine Gruppe von 27 Erwachsenen sind. Die Leute sind sich einig darüber, dass sie auf der Flucht kein Baby mitnehmen wollen: Es sei zu gefährlich. Was, wenn es in einer heiklen Situation anfangen würde, zu schreien? Wir verhandeln. Wenn ich bereit wäre, meiner Tochter ein Schlafmittel zu geben, gut, dann ... Jemand drückt mir eine Pille in die Hand: »Ganz harmlos, schwach, mit Sicherheit kein Problem für das sieben Monate alte Baby.« Ich gebe dem Drängen widerwillig nach.

Die Gruppe setzt sich in Bewegung. Dunkelheit. Gefrorener Schnee wechselt mit nassem Boden unter unseren Füßen ab. Wir überqueren einige Wasserläufe – das alles in Halbschuhen. Wir sind für diesen Weg nicht richtig ausgerüstet, doch wir haben keine anderen Schuhe. Das Kind wird immer schwerer in meinen Armen. Der eisige Wind mit den feinen Eiskristallen beißt uns ins Gesicht. Links von uns läuft parallel ein breiter Kanal, der die Moor- und Riedlandschaft entwässert. Es ist eine flache Gegend, die Einöde wird nur hie und da von Baumgruppen unterbrochen. Rechts von uns schießen in der Ferne immer wieder Leuchtraketen in den Himmel. Wir eilen ohne Worte dahin. Das Kind wird abwechslungsweise von mir, von meinem Mann oder meinem Bruder getragen. Von Zeit zu Zeit höre ich meinen Mann schimpfen: »Warum hast du bloß nichts Gescheites zum Tragen des Kindes gemacht!« Aber Tragetücher kannten wir damals nicht, und ich war ohne Idee, was man »Gescheites« hätte machen können. Nach etwa zwei Stunden verabschiedeten sich unsere Führer mit beruhigenden Worten: »Das ist schon österreichisches Gebiet. Lauft weiter, einfach geradeaus, nach einer Weile werdet ihr internationalen Helfern begegnen, die sich um euch Flüchtlinge kümmern werden.«

Die dunkle Nacht der Seele

🍂 *Eine Gruppe mit der gleichen Zielsetzung kann Unterstützung geben. Eine Gruppe mit der gleichen Zielsetzung schafft ein Energiefeld, das innere Prozesse beschleunigen kann. Noch wichtiger ist, dass in uns selbst die unterschiedlichsten Teile zusammenfinden. Begeisterung und Angst, Wissen und Zweifel, Vertrauen und Erinnerungen an eigenes Versagen, Chaos und ordnende Konzepte und all die unterschiedlichsten Wahrnehmungen nehme ich mit. Ohne Ablehnung, ohne Wertung, nicht »trotz allem«, sondern im Vertrauen, dass eine ordnende, vereinigende Instanz jenseits der Machbarkeit wirkt, wenn ich jeweils den nächsten Schritt wage. Ist es nicht eigenartig, dass wir mit dem Kind zusammen 28 Menschen sind – ein runder Mondzyklus? Der Mond repräsentiert in uns die Vielheit. (Mehr zu diesem Thema in meinen Ausführungen über die »Astrologie, die Heilige Wissenschaft«.)*

Hier, in der »dunklen Nacht« beginnt der eigentliche Prozess der Transformation. Es ist das Überqueren des »großen Wassers«, das man ein Niemandsland nennen kann, das zwischen dem Solarplexus und dem »dritten Auge« liegt. Dadurch wird die Kluft zwischen dem natürlichen und dem göttlichen Teil in uns überbrückt. Der von unten nach oben gewachsene Teil ist unser mütterliches Erbe, ein Produkt der Evolution, das sich seit dem Urknall entwickelt hat – der andere Teil ist unser väterliches Erbe, direkt von oben in uns eingepflanzt. Dieser wichtigste Abschnitt des Weges geschieht in der

»dunklen Nacht«, im Unbewussten. Gerade hier brauchen wir jemanden, der erkennt, dass wir in eine folgerichtige Phase des Weges eingetreten sind, die mit einer Depression leicht zu verwechseln ist. Die äußeren Symptome der beiden Zustände sind sehr ähnlich: Rückzug aus dem Stress des Lebens, Notwendigkeit von Zeit für Einkehr. Die Lebensimpulse erreichen uns nicht. Für die Transformation wird unsere Substanz benötigt; sie steht uns nicht für äußere Tätigkeit zur Verfügung. Der innere Prozess braucht unser ganzes Potenzial. Dieser Abschnitt des inneren Weges ist es, den Johannes vom Kreuz beschreibt, wenn er »in einer dunklen Nacht« aus dem Kerker entflieht. Und wenn christliche Mystiker von der »Trockenheit der Seele« sprechen, meinen sie auch diese Zeit der Impulslosigkeit. Was sie damit beschreiben, ist ein anderer Aspekt des gleichen Zustands.

Weitere Stunden vergehen. Keine Spur von Leben. Wir können uns schon lange nicht mehr orientieren und sind gänzlich durchgefroren. Dann treffen wir auf ein Hindernis, auf einen etwa 5 Meter breiten Kanal, der in den Kanal zu unserer Linken mündet. Er versperrt uns den Weg, wir kommen nicht weiter! Die Brücke darüber wurde gesprengt. Die einzige Verbindung zwischen den beiden Ufern ist eine schmale Ziegelwand mit einer Metallschleuse in der Mitte. Eisig gefrorener Schnee macht das Überqueren für Frauen, Kinder und sportlich Ungeübte unmöglich. Es ist bereits nach Mitternacht. Wie weiter? Wir stecken im Niemandsland, ohne Orientierung, ohne Hilfe, bereits erschöpft und durchfroren. Außer dem Wind, der uns mit Eiskristallen bombardiert, sind die einzigen Bewegungen in der Landschaft die fernen Raketen – auf welcher Seite sie auch in den Himmel schießen! Wir trauen kaum unserer Wahrnehmung: weit und breit keine Grenzwache!

Der innere Zeuge spielt in dieser Zeit eine zentrale Rolle, weil er in uns der Träger von Wachheit ist. Durch diese Wegstrecke ist der Zeuge unsere einzige Identität. Dieser Zeuge, Johannes der Täufer, ist im Kapitel über die Geburt Jesu in den Evangelien ausführlich beschrieben. Im Buddhismus wird der Zeugenstand als Achtsamkeit definiert und der Zustand der Dunkelheit »Leere« genannt. In jeder spirituellen Tradition können wir die gleichen Elemente des inneren Weges finden. In dieser Phase ist Orientierung kaum möglich. Es gibt kein Zeichen von »Fortschritt« oder »Versagen«. Wir können uns auf unser Spüren nicht verlassen. »Es tut mir gut« ist keine Garantie für das Richtige. Auch noch so viel Wissen ist keine Hilfe; Bücher, gut gemeinte Ratschläge helfen nicht weiter. Hier brauchen wir jemanden, der den Weg kennt und unseren Zustand erkennt. Einzig und allein das Erkanntwerden gibt Sicherheit, damit wir auf dieser Wegstrecke nicht in die Irre geführt werden.

Diejenigen, die uns auf »dieser Seite« begleitet haben, können uns nun nicht mehr weiter den Weg zeigen, da sie nie über die Grenzen hinaus ge-

kommen sind und den Übergang nicht kennen. Sie haben nur das diesseitige Leben erlebt und sind allein daran interessiert. Wir erreichen irgendwann einen Punkt, wo wir aufgehalten werden. Wir bleiben stecken. Aus eigener Kraft geht nichts mehr. Im Kokon sind wir eingewickelt: Die Raupe stirbt, weil sie die von der Natur gegebene Nahrung nicht mehr aufnehmen kann. Die Sehnsucht nach der Verwirklichung der inneren Vision des Schmetterlings wird ihn erst aus dem Tod neu erschaffen – auferstehen lassen.

24. Dezember – Heiligabend

Wir realisieren, dass die zwei Jungen uns in die Irre geführt haben. Was können wir tun? Zurück will niemand, darin sind wir uns einig. Die Gruppe beschließt, sich aufzuteilen: Zwei Männer sollen über die Ziegelwand ans andere Ufer klettern um Hilfe zu holen. Wir anderen würden hier auf ihre Rückkehr warten. Auf der anderen Seite des Kanals wird das Knirschen der Schritte auf dem gefrorenen Schnee allmählich von der Dunkelheit verschluckt. Ich nehme kaum wahr, was um mich herum geschieht. Ich kann vor Erschöpfung nicht mehr stehen, und der Boden, auf dem ich kauere, ist kalt. Meine ganze Aufmerksamkeit gilt dem Kind, das ich auf meinem Schoß halte. Es bewegt sich nicht – aber ich kann seinen regelmäßigen Atem wahrnehmen. Meine Gedanken sind in der Frage gefangen, ob das Schlafmittel wirklich nicht schadet.

Eine Stunde vergeht. In der Stille hören wir Schritte aus der Richtung, von der wir gekommen sind. Wenn wir nicht bereits durchgefroren wären, dann wären wir jetzt erstarrt. Fünf Männer tauchen auf, dunkle Gestalten in der Dunkelheit der Nacht. Sie kommen mit zielstrebigen Schritten auf uns zu. Staunen auf beiden Seiten! Es sind Bergleute. Sie kennen die Gegend, sie wissen genau, wo wir sind und wohin sie wollen. Zu unserem Schrecken erfahren wir, dass wir uns immer noch auf ungarischem Gebiet befinden, und dass es noch drei Kilometer bis zur österreichischen Grenze sind. Ja, sie hätten die zwei Jungen getroffen, sie seien unterwegs gewesen zum nächsten Dorf, zu einer Tanzveranstaltung. Dann klettern sie geschickt über den Kanal und verschwinden in der Dunkelheit. Schließlich halten wir die Kälte nicht mehr aus: Aus trockenen Ästen und Ried machen wir ein loderndes Feuer. Frierend und zitternd drängen wir uns um die Quelle von Wärme, die in weitem Umkreis zu sehen ist. Ein Moment der Hoffnungslosigkeit in der klirrenden Kälte ist es, der jede Vorsichtsmaßnahme außer Acht geraten lässt. Soll uns die Grenzwache doch holen, wenn es nicht anders geht!

Die Barriere

> *Es sind »Botschafter« – oder »Kundschafter«, wie sie im Alten Testament heißen – es sind Teile von uns, die vorauseilen. Es sind Teile in uns, die erkennen, wo der Weg entlangführt. Etwas in uns kann über die Barriere hinüberklettern, etwas versteht in uns, worum es geht. Unsere Ganzheit ist aber noch nicht fähig, mitzuhalten. Das heißt, es gibt keine essenzielle Veränderung.*

Das ist uns allen wohlbekannt. Wir haben zwar erkannt, dass etwas in unserer Denkweise oder emotionalen Reaktion sich verändern sollte, aber trotzdem bleibt alles, wie es ist. Ich möchte liebevoll antworten – aber Groll klingt mit und klagt an. Ich sollte eine Entscheidung fällen – aber die Angst lähmt mich. Es entsteht eine unüberbrückbare Spannung zwischen unseren Erkenntnissen und unserer Fähigkeit, das Erkannte zu verwirklichen. Das Aushalten der Spannung, die aus dieser inneren Spaltung entsteht, ruft Hilfe herbei. Die Sehnsucht nach der Vereinigung der zersplitterten Teile ist wie eine aufgezogene Feder der Seele, die uns Kraft gibt, Hilfe von »jenseits der Grenze« anzurufen. Das kann als Gebet ausgedrückt oder als Hilfeschrei unserer Seele ins Unbekannte geschickt werden, oder es kann als Vertrauen im stummen Ertragen Ausdruck finden. Jeder von uns hat seine eigene Art.

Unterdessen kreuzen »Andere« unseren Weg, die uns überholen. Sie »wissen«, wie der Weg verläuft: Sie kommen in der Überzeugung eines linearen Entwicklungsweges schnell voran. Sie tragen aber kein Kind mit sich. Wenn sie nicht aufgehalten werden, führt ihr Weg zur »Spiritualisierung des Egos«, das sie dann mit dem Göttlichen Kind verwechseln. Man könnte auch sagen, dass sie ihr Gepäck nicht zurückgelassen haben, und damit bleiben sie im »schmalen Tor« an der Grenze hängen. Das bedingungslose Zurücklassen der Vergangenheit – der Muster der Vergangenheit – ist mit jedem Schritt erneut notwendig. Das führt dazu, dass wir erkennen: Aus eigener Macht allein können wir nicht weiterkommen. Ohne Hilfe können wir nicht einmal alt gewordenes, hinderndes Gepäck zurücklassen.

Im »Stirb-und-Werde«-Prozess können wir nur aus Gnade sterben. Eigenhändig getan, wäre es Selbstmord. Und das ist nicht gemeint. Mystiker haben es in der Askese vergeblich versucht, es hat sie nicht zum Ziel geführt.

Wie ich dort apathisch sitze, erschreckt mich meine eigene Gefühllosigkeit. Ich kann diese Erfahrung noch nicht richtig einordnen. Ich weiß nicht, dass mein ganzes System aus Erschöpfung in einen Zustand der Starre gefallen ist. Die letzten zwei Jahre haben meine Kräfte verzehrt – ich habe mich nur durch meinen Willen weiterbewegt. Es war zu viel: Die Aussichtslosigkeit in der unglücklichen Ehe, die finanzielle Not, die Schwangerschaft, die für meinen psychisch schwer angeschlagenen Mann unter den gegebenen Umständen eine unzumutbare Belastung war, das Studium, das ich eine Woche vor dem Ausbruch der Revolution mit Staatsexamen abgeschlossen habe, nicht zu reden von meinem allgemein geschwächten Gesundheitszustand! All das habe ich allein hindurchgetragen, ohne Unterstützung und Verständnis von irgendjemandem. Ich realisiere noch nicht, dass ich vor diesem Konglomerat von Belastungen, die mich ausgelaugt haben, flüchte. All das gehört aber zu einer anderen Geschichte.

In mir ist ein Heimweh nach der Schweiz, wo ich mit 12 Jahren die glücklichsten drei Monate meiner Kindheit verbracht habe. In mir ist die Sehnsucht nach einem menschenwürdigen Leben. Ich weiß noch nicht, dass der Weg bis zum Ankommen 40 Jahre dauern wird. Es ist eine dumpfe Ahnung, dass ein Weg überhaupt erst jenseits der Grenzen möglich ist. Diese Geschichte fängt aber nach der Flucht an.

Erinnere dich mit jedem Atemzug: Dein Ziel ist die Freiheit

Im Leben, in der Welt der Machbarkeit, müssen wir bis zu unseren äußersten Grenzen alles tun, was möglich ist. Unsere Möglichkeiten ausschöpfen. Dann können wir den Rückweg – wie der spirituelle Weg auch genannt wird – antreten. Es ist nicht möglich, bereits auf halbem Weg in die Welt hinaus umzukehren. Wenn es dann soweit ist, haben wir unser mitgegebenes Potenzial verbraucht. Es ist auf eine Art ein »Burnout«-Zustand. Linear geht unser Leben nicht mehr weiter. An diesem Punkt haben wir nichts mehr zu verlieren. In der »dunklen Nacht« geraten wir immer wieder in Zustände, die uns erschrecken. Diese depressionsähnlichen Phasen sind beängstigend. Wenn wir verstehen, dass wir gerade dabei sind, aus der Abhängigkeit der Gezeiten des Lebens frei zu werden, dann wird auch klar, dass das Leben kein Interesse mehr hat, uns zu unterstützen. Und doch erleben wir, dass wir immer noch von sei-

nen Impulsen abhängig sind! In diesen Zeiten werden im Gehirn die Verbindungen von Gehirnzellen, die das assoziative Denken ermöglichen, aufgelöst, und neue Verbindungen entstehen. Es ist ein Umbau im Gehirn. Der Zustand kann beängstigend sein, und es sind wenige, die verstehen, was mit uns geschieht. Aus der Sicht von »diesseits« der Grenze kann es leicht als ein krankhafter Zustand diagnostiziert werden. Und es kann uns den Eindruck geben, dass »etwas nicht in Ordnung« ist. Wir sehnen uns nach Lebendigkeit, so, wie wir das aus der Vergangenheit kennen. Nur jemand, der diese Wegstrecke aus Erfahrung kennt, kann uns die Sicherheit geben, dass alles in Ordnung ist: Wir sind unterwegs zu einer neuen Art von Lebendigkeit, die unabhängig ist vom Leben und Sterben.

Wir sind unterwegs in die Freiheit. Dorthin, wo wir den Konditionen des Lebens nicht mehr unterworfen sind. Stück für Stück lassen wir die Fäden von Bindungen – Anhaftungen – schwächer werden, bis sie abfallen und uns freigeben. »Stirb, bevor du stirbst«, sagen die Sufis. Dieses Sterben der Raupe im Kokon zu überleben ist nur möglich, wenn wir uns in die Stille, ins SEIN zurückziehen. Dorthin, wo wir sein können. Ohne »Was?«, ohne »Wie?«. Erst aus diesem »Nichts« wird das neue Leben hervorbrechen, das Leben des Schmetterlings, das Leben, das nicht stirbt, das vom Leben-und-Sterben frei ist. Das Heimweh »nach Hause« ist die geheime Instanz, die alles Nötige anzieht und arrangiert, damit der Weg dorthin möglich wird. Eine Erinnerung, die manchmal im Bewusstsein aufleuchtet, aber aus der Tiefe unserer Seele, aus dem Unbewussten, unseren Weg aktiv gestaltet. Sie ist die Kraft, die uns vom Jenseits mitgegeben ist, um den Nullpunkt des Todes zu überbrücken.

Nach weiteren zwei Stunden des Wartens beschließen mein Mann und mein Bruder, auf einem anderen Weg aufzubrechen, um Hilfe zu suchen. Sie gehen nach rechts, durch das Ried, in Richtung der Leuchtraketen in der Hoffnung, dass sie vielleicht dort jemanden finden können. Ich bleibe mit meiner Tochter allein in der Gruppe. Sie ist vermutlich die einzige, die den Wetterverhältnissen entsprechend warm genug eingepackt ist. Kaum eine halbe Stunde vergeht, als wir vor uns im Dunkeln eine Bewegung ausmachen – Helfer tauchen auf! Sie rufen schon von weitem, damit wir nicht erschrecken. Sie sind mit heißem Tee und Seilen ausgerüstet. Wir atmen auf. Aber was mache ich jetzt? Soll ich mitgehen? Und was geschieht dann mit meinem Mann und meinem Bruder? Oder soll ich hier bleiben? Und wenn die beiden nicht wiederkommen? Ich entscheide mich mitzugehen. Jemand hat Papier und Bleistift. Er schreibt die Botschaft in einer holprigen Ausdrucksweise, ungelenk: »Von dort, wo die zwei Männer weggegangen sind, dem Kanal entlang mutig 3 Kilometer laufen, bis Sie einen Wachturm finden.« Der Zettel wird an der Eisenstange in der Mitte des Wehrs aufgespießt. Vom ersten Moment an rüttelt der starke Wind daran – hoffentlich wird er nicht frühzeitig weggerissen.

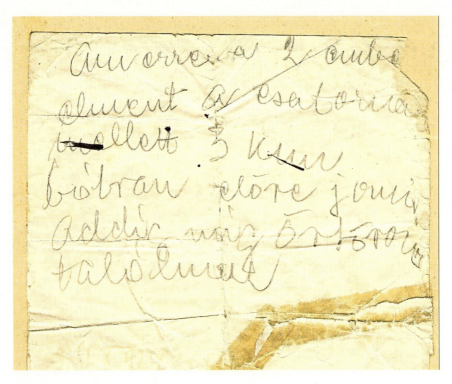
Der Originalzettel in ungarischer Sprache

Der Eigenwille

🕭 *Der Eigenwille kann es nicht lassen. Das Vertrauen ist noch zu schwach. Die anerzogenen Konzepte, die den Eigenwillen unterstützen, sind noch zu stark: »Man muss doch etwas tun!« Die wachsende Spannung in einem aktiv-rezeptiven Zustand durchzutragen, ist noch nicht »trainiert«. Dann unternehmen wir irgendetwas – wir handeln eigenmächtig. So verpuffen wertvolle Kräfte sinnlos in einer Aktion, die quasi ins Nichts hinausführt. Wie schmerzlich habe ich den hohen Preis für so ein Unternehmen auf meinem eigenen Weg bezahlen müssen! Dabei wollte ich nur etwas »Gutes« tun.*

Um das zu vermeiden, können wir uns auf die feine, verborgene Stimme verlassen: »Die Hilfe ist bereits unterwegs!« Diese Stimme kommt aus der Wahrnehmung der Seele, die verbunden ist mit dem, was jenseits dessen, was unsere Sinne wahrnehmen können, geschieht. Die feine Botschaft kann nicht zu unserem Bewusstsein durchdringen, weil in uns noch zu viele Geräusche den Empfang stören! Es ist schwer, die Kontrolle aus der Hand zu geben, zu übergeben und den weiteren Verlauf unseres Lebens loszulassen, die Verantwortung abzugeben und uns über unseren Kopf hinaus Gottes Hand anzuvertrauen.

Ich hatte keine bessere Idee, und es war keine Zeit, weiter nachzudenken. In der Eile verbrenne ich mir den Mund an dem heißen Tee – alles geht geräuschlos, sehr schnell. Einige sind schon hinübergeklettert, sich an dem ausgespannten Seil haltend. Dann bin ich an der Reihe und kann am anderen Ufer das Kind wieder in die Arme nehmen. Die letzte Strecke scheint unendlich lang zu sein. In der Dunkelheit kostet jeder Schritt auf dem mit Schnee bedeckten, uneben ausgetretenen Pfad Anstrengung. Ich versuche, mit den Männern Schritt zu halten, die meine Tochter tragen. Zwei Personen müssen meine kranke Freundin stützen, da sie nicht mehr auf eigenen Beinen stehen kann. Halb benommen, mit gemischten Gefühlen, laufe ich die letzte Strecke: einerseits erleichtert über die Sicherheit, die uns gegeben ist, andererseits in Sorge, was mit den zurückgelassenen Männern geschieht.

Endlich gelangen wir zu einer Gruppe von Leuten, die emsig beschäftigt sind. Sie sind mit Schlauchbooten und Lampen ausgerüstet und bringen die Flüchtlinge vom anderen Ufer des breiten Kanals herüber. Offensichtlich gehört dieser Bereich auch zu jenem Grenzabschnitt, wo in dieser Nacht keine Grenzwache die Flüchtenden behindert. Alles geschieht geräuschlos, wie in einer Vision. Nach einigen Minuten kommt ein Geländewagen und wird mit den Wartenden vollgestopft – wir können kaum stehen. Ich und das Kind dürfen mit dem ersten Transport mitfahren. Nach kurzer Fahrt landen wir vor einem riesigen Zelt. Ein angenehmes, sanftes Licht umgibt es und heißt uns willkommen. Wir treten ein: Leute schlafen in Liegestühlen, und einige bewegen sich behutsam zwischen den Ruhenden hindurch. Ich nehme noch wahr, dass in einer entfernten Ecke, an einem großen Tisch, die Organisation zentriert ist, aber ich komme gar nicht so weit. Ich bin am Ende meiner Kräfte und falle irgendwo in einen bereitgestellten Liegestuhl. Eine Krankenschwester übernimmt die Verantwortung für das immer noch stille Baby, das ich ihr in Vertrauen und Dankbarkeit übergebe. Was dann geschieht, versinkt in weiter Ferne. Die lange Winternacht ist am Verblassen, als mich jemand aus meinem ohnmachtartigen Zustand weckt: Mein Mann und mein Bruder sind erschöpft, aber wohlbehalten angekommen! Ich sinke beruhigt in Schlaf.

Irgendwann ist es Tag geworden. Meine Tochter wird mir gebracht, und die Krankenschwester sagt mir, dass sie Mühe gehabt hätten, das Kind aus seinem tiefen Schlaf zu holen. Sie mussten ihr Kaffee verabreichen, um sie wachzubekommen. Als Folge dieses Schocks wird meine Tochter auch als Erwachsene keinen Kaffee trinken. Später erzählt mein Mann, dass sie in dieser Nacht weit gelaufen seien, an einem unbesetzten Wachturm vorbei, bis ein Kanal auch ihnen den Weg versperrte. So seien sie zur Stelle zurückgekehrt, wo sie uns zurückgelassen hätten. Als sie den Platz leer gefunden und sich vom ersten Schreck erholt hatten, hörten sie das Geräusch von dem im Wind flatternden Zettel. Er habe zum Glück für alle Fälle die Schachtel Zündhölzer in der Manteltasche gehabt! Das habe gereicht, um die Botschaft lesen zu können.

Hilfe von der anderen Seite

Wenn die Hilfe kommt, muss man sie auch erkennen können. Doch wem vertraue ich? Es sind viele, die Hilfe versprechen – wer kann das Versprechen auch erfüllen? Kann ich es erkennen? Und wie? Erst wenn ich fähig bin, die Hilfe bedingungslos anzunehmen, kann mir der Lehrer über die unüberwindbare Hürde hinüberhelfen. Aber wie erkenne ich den Lehrer? Kein Diplom, keine Garantie irgendwelcher Art zeichnet ihn aus! Er lebt vielleicht im gleichen Haus, oder ich muss ihn in der Ferne suchen. Er kann im Körper eines Mannes oder einer Frau erscheinen. Es heißt: »Wenn ein Lehrer deiner Vorstellung entspricht, laufe geschwind davon.« Der Lehrer kann uns in der Verkleidung eines Freundes, eines Partners, einer mütterlichen oder väterlichen Beziehung gegeben werden. Nur unser Herz kann ihn direkt erkennen

Das Leben selbst ist unser Lehrer. Die Schwierigkeit dabei ist, dass wir seine Sprache nicht verstehen. Einen persönlichen Lehrer brauchen wir nur, bis wir das Leben als Lehrer verstehen können. Mit seiner Hilfe kann der Weg weiterführen, in der Hoffnung, dass alles zur Einheit zusammengefügt wird.

Noch ganz benommen verbringen wir den Tag im Zelt. Wir wissen noch nicht, dass es einige Wochen dauern wird, bis wir wirklich realisieren, dass wir sicher im Westen angekommen sind – und dass es Jahre brauchen wird, bis unsere Alpträume über »Grenzsituationen« langsam verblassen. Am Abend werden wir in ein Dorf zu einem Gasthaus gebracht. In einem großen Raum im oberen Stock ist auf dem Boden Stroh ausgestreut. Einige Leute schlafen bereits. Ein Eisenofen in der Mitte strahlt noch Wärme aus. Und in der Ecke steht ein geschmückter Christbaum mit abgebrannten Kerzen. Wir finden einen freien Platz, und legen uns zusammengekauert hin. Beim Einschlafen durchfährt es mich wie ein Blitz: Träumte mein Mann nicht im November, dass wir an Weihnachten über die Grenze gehen werden?

Ja, jetzt ist Weihnachten …

Ankommen

Allmählich lösen sich unsere Begrenzungen auf. Wir erkennen: Andere sind auch unterwegs – auch wenn sie andere Wege gehen als wir. Die Ausschließlichkeit unseres Weges ist kein Thema mehr. Wir sind nicht privilegiert, nicht etwas »Besonderes«. Wir können anderen auf ihrem eigenen Weg in Respekt begegnen. Das Analysieren macht keinen Sinn mehr. Es ist, was ist – nur das klare, unmittelbare Erkennen belebt. Vergangenheit und Zukunft treffen sich in der Gegenwart. Innen und Außen bilden zusammen eine sinnvolle Einheit. Auf der natürlichen Ebene bleibt die Unterscheidung: »Ich habe es gern«, und »ich habe es nicht gern« – das ist aber mit Gut und Böse nicht identisch und bestimmt nicht mehr unsere Entscheidungen. Das »Warum?«, auf unser Schicksal bezogen, verliert seine Bedeutung. Die Frage »Wozu?« ist überflüssig geworden. Unser Leben in der Zeit verschmilzt zu einer sinnvollen Einheit. Die Vergangenheit ist erlöst. Die Ganzheit entsteht ohne unser Zutun. Wir werden ganz – heil – geheilt. »Der alte Tempel wurde von Menschenhand aufgebaut. Er wird zerstört. Der neue Tempel entsteht durch Engelhand in der Nacht«, so heißt es in der mündlichen jüdischen Überlieferung. Diese Aussage wird zur erlebten Wirklichkeit in uns.

Weihnachten ist, wenn wir ankommen – still, ohne großes Aufsehen. Wir finden unseren Platz hier in dieser Welt. Dankbarkeit überströmt unsere Seele als Zeichen, dass der Weg vollendet ist.

Es ist gleichzeitig ein Neubeginn. Von da an nehmen wir am Leben teil, an der Fülle des Lebens, an der in jedem Augenblick neu geschehenden Schöpfung. Das Leben entfaltet sich in uns und um uns herum und wird in allen seinen Farben und Tönen zum Wunder, die sichtbar gewordene Manifestation einer größeren Dimension.

3

JESU GEBURT IN DER KUNST

Die Geburtsszene im Isenheimer Altar

Dise Kunnst kunnt von Gottes Gunst
Wanns Gott nit gunnt, so ists umsunst
Ein jedes dis Wercks Gott loben sott
Dann dise Kunnest kunnt von Gott.

Wie wohl d'Kunst Gaben Gottes seindt
Ist Unverstand ier größter Feindt
Darum wer solches nicht verstaet
Allhie nichts zu urteilen het.

(Eingeritzt auf der Rückseite des Isenheimer Altars)

Einführung

Innere Erfahrungen werden in Bildern vermittelt, da unser Wesen in der Bildersprache kommuniziert. Dieses Buch ist ein Versuch, die Weihnachtsgeschichte als inneres Ereignis und den individuellen Weg, der dazu führt, wesenhaft dem Leser näherzubringen. Die Beispiele aus dem Neuen Testament und aus individuellen Erfahrungen möchte ich in diesem Kapitel noch mit Bildern aus der Kunst ergänzen.

Im Mittelalter diente Kunst dazu, die Menschen näher zu sich selbst und damit zu Gott zu bringen. Kunst war in allen großen Kulturen heilig und hatte die Aufgabe, kosmische Ordnungen in Bildern auszudrücken, damit der Betrachter an seinen Ursprung und den damit verbundenen kosmischen Auftrag erinnert wird. In der Kunst waren Botschaften verschlüsselt, die von oben empfangen wurden, Botschaften, für die gilt, was im Hymnus der Seele ausgedrückt wird:

> Mein Brief ist ein Brief,
> Den der König gesiegelt hat
> Wegen der bösen Babylonier
> Und der wilden Dämonen des Labyrinthes.
> Er flog wie ein Adler ...

Künstler, die um den innerseelischen Gehalt der erzählten Geschichten des Christentums wussten, haben ihre Figuren in den Kleidern ihrer Zeit dargestellt. Sie wollten damit die Zuschauer auffordern, in den Bildern wie in einem Spiegel sich selbst zu erkennen. Diese Betrachtungsweise von Kunstwerken ist in unserer Zeit weitgehend verlorengegangen. Die Kunstgeschichte kümmert sich kaum um den geistigen Hintergrund religiöser Kunst – es ist nicht ihre Aufgabe.

Die Sprache der Kunst möchte ich am Beispiel der Geburtsszene des Isenheimer Altars zugänglich machen (wobei der Isenheimer Altar in der westlichen Kunst mit seinem spirituellen Hintergrund nicht alleinesteht).

Der Isenheimer Altar

Millionen pilgern nach Colmar, um den Isenheimer Altar zu sehen – heute sind Museen die Hüter der heiligen Gegenstände. Und alle, die sich von dem Altar berühren lassen, kommen wieder. Es sind nicht nur Christen oder Gläubige, sondern Menschen, die zu ihrem eigenen Wesen den Kontakt nicht ganz verloren oder bereits wiedergefunden haben. Die Bilder wirken auf uns direkt, die Erklärungen auf die Frage »Warum?« suchen wir erst hinterher.

Der Altar ist ein Modell erfahrenen Wirklichkeit, er ist wie ein Spiegel, in dem der Mensch sich selbst erkennen kann. Die Darstellungen haben wenig mit geschichtlichen Ereignissen zu tun, sondern sind Beschreibungen innerer Zustände und Prozesse des Menschen auf Grund eines kosmologischen Modells, die in christliche Bilder gekleidet sind. Dieses Modell selbst ist viel älter als das Christentum und war im Mittelalter in spirituellen Strömungen bekannt. Wir können seine ersten Manifestationen in der Gotik finden, wie zum Beispiel in der Kathedrale von Chartres.

Der Altar ist ein Flügelaltar. Er kann zweimal geöffnet werden und besteht damit aus drei sogenannten Schauseiten, die insgesamt zwölf Szenen beinhalten. Zehn davon sind von Grünewald gemalte Bildtafeln, und zwei sind geschnitzte, dreidimensionale Darstellungen, vermutlich von Niclas Hagenauer erschaffen.

Die Ikonographie der Bilder unterscheidet sich an verschiedenen Stellen von den streng vorgeschriebenen Darstellungen der damaligen Zeit. Durch den kunstgeschichtlichen Zugang steht man manchen solcher Abweichungen verständnislos gegenüber. Aber gerade diese Bilder sind authentische Zeugen erfahrener Stationen des inneren Weges. Es sind sehr exakte, bildliche Formulierungen von Zuständen, die in ihrer Komplexität genial komponiert sind.

Seit der Antike wurden die Menschen durch Kunstwerke an öffentlichen Plätzen und in Heiligtümern an das innewohnende universelle Wissen erinnert, und das Christentum hat diese Tradition übernommen. In diesem Sinne wurde auch der Isenheimer Altar erschaffen: Er ist aus dem in jedem Menschen angelegte, bewusst gewordene Wissen entstanden. Durch das Betrachten der Bilder wird dieses Wissen geweckt und ein seelischer Heilungsprozess in Gang gesetzt. Nur das, was bis in die geometrischen Strukturen hinein klar definierte, universelle Zusammenhänge enthält, kann die heilende Wirkung ausüben, uns an das Heilige zurückzubinden. Das bringt unsere Ganzheit in Harmonie und bindet uns in die kosmische Ordnung ein. Somit kann unsere Bestimmung im Schöpfungsgeschehen erfüllt werden.

3 Geburt Jesu in der Kunst

Erste Schauseite des Altars

Zweite Schauseite

Dritte Schauseite

Die heutige Lebensweise erlaubt uns nicht, auf die in den christlichen Bildern enthaltene Informationen von kosmischer Ordnung meditativ einzugehen – wir haben schlicht und einfach keine Zeit dafür. Es fehlt uns an der Möglichkeit, die Bilder längere Zeit direkt auf uns wirken zu lassen, sie als Gegenstand der Meditation zu benutzen. Wenn wir durch den Verstand den Schlüssel zu den Bildern erhalten, können wir uns zu ihrer Botschaft leichter öffnen.

Über den Kunstmaler Grünewald wissen wir mit Sicherheit nur, dass er nicht Grünewald hieß. Diesen Namen hat der Erschaffer des Isenheimer Altars erst 1675 erhalten. Es gibt jedoch stichhaltige Hinweise dafür, dass Mathis Nithart, der sich später Mathis Gothart (»Stärke in Gott«) nannte, der Schöpfer dieses monumentalen Kunstwerkes ist. Über sein Leben sind nur sehr spärliche und zum Teil widersprüchliche Angaben vorhanden. Die Entstehungszeit der Altarbilder datiert mit Sicherheit zwischen die Jahre 1512 bis 1516. Im Lebenswerk des Künstlers ist der Isenheimer Altar ein einmaliges Werk, neben wenigen zusätzlich vorhandenen Einzelbildern.

Der ursprüngliche Standort des Altars war in Isenheim, in der Kirche der Antoniter-Präzeptorei im Elsass, 30 Kilometer südlich von Colmar. Es gibt keine verlässlichen Hinweise, wie der Isenheimer Altar an seinem ursprünglichen Bestimmungsort gehandhabt wurde. Wir wissen nur, dass die Kranken, die man in der Antoniter-Präzeptorei pflegte, zum Altar gebracht wurden. Die einzige Spur, um seinem Inhalt näherzukommen, liegt in der Kenntnis des Umfeldes seiner Entstehung und der spirituellen Tradition, die ihm zugrunde lag. Daraus können wir Vermutungen über seinen Gebrauch anstellen.

Die Antoniter – ein Beispiel gelebter Spiritualität

Die Bruderschaft der Antoniter wurde offiziell im Jahre 1297 gegründet. Es war vorher bereits eine lockere Gemeinschaft, die mit der Betreuung von Kranken, die an dem sogenannten Antoniusfeuer litten, bereits in vielen Häusern etabliert war. Die Niederlassung in Isenheim im Elsass entstand im 13. Jahrhundert an der Pilgerstraße nach Santiago de Compostela und war eine der bedeutendsten Präzeptoreien von den rund dreihundert in ganz Europa.

Der Orden war streng hierarchisch strukturiert. So war der Vorsteher, der Präzeptor, sowohl für die geistigen und seelsorgerischen wie auch für die medizinischen, baulichen, künstlerischen und wirtschaftlichen Bereiche seiner Präzeptorei verantwortlich. Die meisten Präzeptoren waren geschulte, gut ausgebildete Männer, die all diese Gebiete kompetent zu koordinieren wussten. Gleichzeitig waren die Niederlassungen immer mit ihrem sozialen Umfeld lebendig verwoben. Jede Präzeptorei war dem zentralen Hauptsitz in St. Antoine in Frankreich untergeordnet.

Die Antoniter haben immer die besten Künstler beauftragt: Fresken und Bilder waren nicht nur Bestandteile ihrer Kirchen, sondern auch der Säle, in denen jeweils sechs bis zwölf Kranke untergebracht waren. Die Kranken, die Aufnahme gefunden hatten, waren vollwertige Mitglieder der Bruderschaft, und sie konnten auch sicher sein, dass sie bis zu ihrem Lebensende die damals bestmögliche Betreuung erhielten, sowohl medizinisch wie auch menschlich und seelsorgerisch.

Die Antoniter praktizierten der christlichen Form der damaligen Zeit entsprechend eine spirituelle Tradition, die vom Wissen über kosmisch gültige Zusammenhänge aus dem Mittleren Osten befruchtet war. Über das geistige Weltbild der Antoniter gibt es keine schriftlichen Dokumente. Der einzige Zeuge ist der Isenheimer Altar. Doch wie sind die Antoniter zu diesem Wissen gelangt?

Dazu gibt es ebenfalls keine schriftlichen Dokumente, aber die Spuren, manifestiert in Kunstwerken, führen bis zu den Ideen des Pythagoras zurück, der dieses Wissen urspürnglich aus Ägypten geholt hatte. Durch die Auflösung der Schule von Platon gelangte das Wissen von Ägypten in den Mittleren Osten, wo die Araber es bewahrt und weiterentwickelt haben. Die ersten Templer – wahrscheinlich ausgelöst durch den Auftrag des heiligen Bernhard von Clairveaux – haben es dann nach Frankreich und damit nach Europa gebracht. In der Folge entstanden die ersten gotischen Bauten und die spirituelle Schule von Chartres. Es ist auffallend, dass nach der Vernichtung des Tempelordens durch Philipp den Schönen der Geist der Templer an verschiedenen Orten wieder auftaucht. Die der Vernichtungswut entkommenen Templer haben sich mit ihrem Wissen verschiedenen Orden angeschlossen, und so ist es nicht verwunderlich, dass die Antoniter gerade in jener Zeit eine geistige und organisatorische Erneuerung erfuhren.

Dort, wo sich durch die kollektive Entwicklung eine religiöse Form so weit entwickeln konnte, dass sie dieses kosmische Wissen integrierte, wurde sie der jeweiligen Zeit und Ausdrucksmöglichkeit entsprechend zum Gefäß dafür. Sie wurde Trägerin und Vermittlerin der lebendigen Wirklichkeit einer höheren Dimension. Sie wurde zur Weltreligion, weil sie das Wesen der menschlichen Seele ansprach und nährte. In diesem Sinne ist das Christentum wahrlich eine kosmische Religion. Wir vergessen nur allzu oft, dass die Wurzeln des Christentums im Mittleren Osten liegen, und die meisten von uns haben keine Kenntnisse davon, wie oft in den 2000 Jahren neue Impulse aus diesen Wurzeln heraus Erneuerung bewirkt haben.

Die Strukturen des Antoniter-Ordens deuten darauf hin, dass sie mit ihrem Wissen eine praktisch funktionierende spirituelle Schulung angeboten haben. Wenn die Zeit einer spirituellen Schule zu Ende ist, werden die bis dahin nur mündlich weitergegebene Ideen und Belehrungen in einer bleibenden Form für die Zukunft festgehalten. Die Antoniter wussten, dass ihre Zeit vorbei war, und haben gerade zu jener Zeit die nicht zu überschätzende Möglichkeit erhalten, einen Künstler zu finden und zu beauftragen, der ihren Ideen in einem grandiosen Kunstwerk Ausdruck zu verleihen vermochte. So gesehen, ist der Altar das eigentliche Vermächtnis der Antoniter-Bruderschaft. Die Ideen der Antoniter sind heute aktueller denn je. In der neuen Zeit des Wassermann-Zeitalters gibt es nur eine Möglichkeit Spiritualität zu leben: aktiv, mitten im Leben, wie die Antoniter es gelebt haben.

Der Isenheimer Altar ist mehr als das große Kunstwerk eines genialen Künstlers. Im Altar sind die Informationen über den *Menschen* als kosmisches Wesen wie in einem Buch enthalten. Es ist das Wissen um unseren Platz im universellen Geschehen, in dem einzig und allein die Würde des Menschseins wurzelt.

Die kosmischen Informationen, in den Bildern des Isenheimer Altars verpackt, können uns helfen, Grundstrukturen hinter persönlichen Schwierigkeiten zu erkennen. Sie führen uns zum Verstehen von Themen, die uns im Leben gegeben sind, und so sind sie keine religiösen, psychologischen oder moralischen Antworten auf unsere Fragen. Das Studium des Altars hilft uns, zu erkennen, dass unsere Probleme Symptome von noch nicht erkannten Lebensthemen sind.

Mitte der 1970er Jahre hat mich ein Jesuitenpater auf den Isenheimer Altar aufmerksam gemacht. Vor meinen staunenden Augen öffnete sich in den folgenden 30 Jahren allmählich eine neue Welt innerhalb der mir so vertrauten christlichen Tradition. Diese Bilder beinhalten im Wesentlichen vieles, was ich erst durch das Studium »fremder« spiritueller Traditionen erkannte. Mit der Zeit sind die Bilder des Altars zu Begleitern auf meinem Weg geworden. Und mein Staunen hört nicht auf: Es gibt jedes Mal bei der Bearbeitung seines Inhaltes so viel Neues, etwas, das ich vorher noch nie auf die Art gesehen und erkannt habe wie heute.

Ich staune immer wieder, mit welchem Wissen und Können dieses Kunstwerk geschaffen worden ist – und ich stehe schockiert vor der heutigen Interpretation durch die in der Kunst geschulte Fachwelt, die von einer Unwissenheit über den Geist im Hintergrund zeugt!

3 Geburt Jesu in der Kunst

Das siebte Bild des Altars: die Geburtsszene

Die Geburt Jesu

Der Weg der Wandlung ist in vier Stationen auf den Bildern der zweiten Schauseite dargestellt. Dieser Weg führt zur Einheit, zur Aufhebung der Trennung zwischen Diesseits und Jenseits, zwischen Schöpfer und Schöpfung, zwischen Ewigem und Vergänglichem, zwischen Sein und Haben. Dieser Weg führt aus der Dualität heraus.

Die Geburt Jesu ist das dritte Bild auf der zweiten Schauseite, mit der Darstellung der siebenfachen Schöpfung. Es ist keine Weihnachtsszene der üblichen Art. Das Bild zeigt die voll entfaltete Schöpfung, die ihren Höhepunkt und Sinn dadurch erreicht, dass das »bewusste Sein« in dieser Welt erscheint. Jesus, der Jehoschua, der sinngemäß »das Sein, das herrscht« bedeutet, kommt durch die Gottesgebärerin, wie Maria auch genannt wird, auf die Welt. Durch Maria, die jungfräulich reine Seele. Sie bringt den Sohn auf die Welt, der substanziell »mit dem Vater eins ist«. Es ist die Inkarnation, das Fleischwerden des Wortes. Dadurch ist Gott Mensch geworden. Ein hier und jetzt erfahrbares Wunder, durch die diesseitigen Begriffe wiederum nicht auszudrücken.

Die sogenannte Geburtsszene bildet den Mittelpunkt auf dem Altarbild. Die Komplexität des Bildes beschreibt den Zustand des Menschen, der an diesen Punkt der Gnade herangeführt worden ist. Es ist die siebente Szene von den insgesamt zwölf, und ihre Komposition – außer einigen Elementen – entspricht nicht der traditionellen Ikonographie. Die sieben Feigen auf dem Zweig des Feigenbaumes unterstreichen die Wichtigkeit des zahlenmäßigen Zusammenhanges. Dabei ist die mittlere, vierte Feige direkt in den Kreuzungspunkt des Kreuzes auf dem Tor hinter Maria hinkomponiert. Wieder ein feines Detail mit klaren Aussagen. Die Zwölfheit der Tafel, verbunden mit der Siebenheit, ist eine Grundstruktur der Komposition; so ist es nicht von ungefähr, dass die Geburt hier platziert ist. Das siebte Zeichen des Tierkreises ist die Waage, mit ihrer Energie beginnt die Rückkehr, die Rückverbindung zum Ursprung. Durch die erste Hälfte des Tierkreises – Widder bis Jungfrau – sind die Stationen des Weges in die Welt hinaus markiert. Waage ist die Öffnung zum Heimweg, nachdem im Zeichen der Jungfrau die Ernte dieser Welt eingebracht worden ist. Diese Freigabe des Weges zurück zu unserem Ursprung ist auf dem Bild als die Geburt Jesu eröffnet.

Die Gestalt Marias dominiert das Bild. Sie sitzt in der traditionell gestalteten Umgebung des geschlossenen Gartens, ihre Gestalt ist nahe am Betrachter. Weit oben thront der Schöpfer in einer Lichtwelt, umgeben von Lichtwesen.

Zwischen den beiden Welten breitet sich ein Wolkenband als Trennung aus. Gleichzeitig besteht eine eindeutige Verbindung zwischen den so unterschiedlichen Bereichen sowohl durch die Strahlen, die, von oben herabsteigend, zu starren Felsen werden, wie auch durch den Blick des Kindes, der nach oben gerichtet ist.

Die Trennung zwischen der Lichtwelt des Schöpfers und der diesseitigen Welt der Manifestation ist noch nicht aufgehoben: Zwischen den beiden Welten schwebt noch die trennende »Wolke des Nichtwissens«, und beim genauen Betrachten kann man darin einen riesigen Engel erkennen. Das Sein ist zwar geboren, ist aber noch ein Kind. Die Trennung wird erst aufgehoben, wenn das Sein herrscht.

Der Ausdruck der Tradition der christlichen Ostkirche kann uns näherbringen, was damit gemeint ist: Dort wird das »Sein, das herrscht« als Christus Pantokrator, »Weltherrscher«, bezeichnet. Der Begriff kommt aus dem Griechischen; das Gefäß, das in den Dionysischen Mysterien zum Mischen von Wein und Wasser diente, hieß »Krater«. Diese Handlung deutet an, dass der Mensch zum Gefäß wird, zum »Krater«, zum Ort der Vereinigung von Göttlich-Männlichem (Wein) und Irdisch-Weiblichem (Wasser). Im katholischen Messopfer wird heute noch dieses Vermischen von Wein und Wasser als symbolische Handlung vollzogen. Erst wenn das Irdische mit dem Göttlichen durch den Menschen in einer unzertrennbaren Mischung vereint wird, ist die menschliche Bestimmung erfüllt.

Auf der linken Seite, zwischen dem linken Flügel und dem Kopf des großen Engels, entfaltet sich die Schöpfung, ausgehend von der Lichtwelt des Schöpfers, hintersteigend bis zum steinigen Boden dieser Welt, der bereits bearbeitet ist. Mit den bearbeiteten Steinen ist die vergängliche Welt der Verwirklichung zur Basis geworden.

Der himmelwärts aufsteigende Strom beginnt – vom Betrachter her gesehen – auf der rechten Seite Marias. Die aus dem Boden wachsenden Rosen sind seine Quellen. Durch die lebendige Fähigkeit der pflanzlichen Bewusstheit wird die Energie des Lichtes eingefangen. Mit Hilfe dieser gebundenen Energie wird die Materie der Erde als umgewandelte, lebendige Substanz gegen die Schwerkraft gehoben: Die Pflanze wächst. Die Blüte entfaltet schließlich den Duft, der, sich vom Grobstofflichen lösend, im Feinstofflichen weiter emporsteigen kann.

Maria thront als Verbindung zwischen den zwei einander entgegengesetzten Strömungen, in sich ruhend, mit dem Kind eine Einheit bildend. Sie ist mit ihrer überragenden Erscheinung zur lebendigen Verbindung geworden, zur Brücke zwischen Welten verschiedener Ebenen. Sie hat ihren Weg hinter sich; die Seele, die den Weg geht, die in ihrem werdenden Aspekt in Bezug zum Sein das Weibliche ist. In allen menschlichen Wesen.

3 Geburt Jesu in der Kunst

Der natürliche Mensch

Die Idylle an der Seite Marias

Rechts von Maria (vom Zuschauer aus betrachtet) ist im Hintergrund eine scheinbar nebensächliche, leicht übersehbare, kleine Szene dargestellt, die wie isoliert vom kosmischen Geschehen wirkt. Auf den Bildern Grünewalds gibt es aber nichts Zufälliges. Diese Idylle eines Gebäudekomplexes an einem Teich steht für einen Aspekt des kosmischen Plans, in dem alles mit allem zusammenhängt. Eine Szene abseits vom eigentlichen Geschehen; geborgen in der Natur, idyllisch, ruhig, mit einem großartigen Bauwerk. Es könnte ein Kloster sein. In der Verbindung dieser in sich geschlossenen, kleinen Welt mit den vier Rosen liegt das Geheimnis des Weges, den Maria, die rein gewordene Seele, geht.

Wenn wir dieses Kloster betrachten, fallen einige Unstimmigkeiten auf. Links ist unverkennbar eine Kirche mit sieben Fenstern und drei Öffnungen im Dach. Der Chor steht aber mit den drei Öffnungen wie angeklebt an einem anderen Gebäude ohne Turm. Wo gibt es überhaupt einen Zugang? Die Gebäude wurden wie zufällig zusammengewürfelt. Zwischen der Ebene des Teiches und dem steilen Hügel gibt es keine Verbindung, keinen Weg, keine Treppe. Grünewald malt sehr exakt, er stellt genau das dar, was er vermitteln möchte. Die einzige Verbindung scheint die Treppe auf der Mauer im Vordergrund zu sein, die durch eine der vier Rosen aus der Welt der Isolation hinausführt. Wir werden sie später noch näher betrachten. Die Türme enden alle betont in der Dualität. Es gibt nirgends eine Spitze, die Einheit signalisieren würde. Die kleinen, leuchtend glänzenden Kugeln an den Turmspitzen machen deutlich, was hier gemeint ist. Diese Türme, die als Antennen aus der Einheit des Himmels die Energie auf die Erde herunterholen sollen, bleiben im Natürlichen stecken – sie reichen nicht einmal über die Natur, über den Wald hinaus. Der dunkle Wald, der für Unbekanntes, Unbewusstes steht, ist durch eine Mauer ausgeschlossen. Der ummauerte Platz ist nur horizontal geöffnet, aus dem Bild durch den Rahmen in das Nichts hinausführend.

Diese kleine Idylle ist ein Teil des kosmischen Schöpfungsgeschehens. Genauso, wie der Mensch ein Teil dieses Schöpfungsplanes ist; ein Teil, den man in Anbetracht des unermesslichen räumlichen und zeitlichen Ausmaßes des Universums leicht übersehen könnte. Im kosmischen Plan lebt der Mensch in diesem beschränkten Raum, solange er sich nicht auf den Weg macht. Der Mensch, als Teil der Natur, als Tier plus Verstand, bleibt mit seinen Emotionen (Teich) und mit seinen selbstgebauten intellektuellen Konzepten (Gebäude) in einer kleinen, ihm vertrauten Welt eingesperrt. So, wie er im normalen Leben funktioniert. Er hat seine Vorstellungen und Meinungen über Gott und die Welt – und vor allem über sich selbst –, die ihn wie Mauern umgeben und einsperren. Er bleibt zwischen Geburt und Tod eine isolierte Erscheinung im Universum. Er stellt sich keine Fragen, die ihn aus dieser erklärbaren, seiner Vorstellung nach bekannten und begrenzten Welt hinausführen würden. Er hat auf alles seine Antworten, die er von anderen fertig übernommen hat. Seine Vorstellungen über das Leben sind seit seiner Geburt durch Konditionierung entstanden, oder sie werden gegen neue, ebenfalls kollektive Denkschemata eingetauscht. Er überschaut die Begrenzungen von kollektiven Denkmustern nicht. Er sieht nicht über die Mauern hinaus. Und vor allem verwechselt er Bewusstheit mit Bewusstsein. Er ist in Konzepten gefangen, die von Emotionen und Gefühlen durchsetzt sind, und er ist viel mehr von ihnen abhängig, als er es allgemein annimmt. Die Bereiche des konzeptuellen Denkens und der Emotionen durchdringen und bedingen einander – auch dort, wo sie einander bekämpfen oder einander gegenseitig erdrücken und ausschließen. Die meisten Menschen verbringen ihr Leben in der Auseinandersetzung zwischen den beiden Bereichen.

Solange der Mensch mit einer Selbstverständlichkeit in dieser Zwischenwelt lebt, öffnet er sich nicht für das Erkennen seiner Lage im kosmischen Geschehen. Er merkt nicht, dass er in einer kleinen Welt eingesperrt und von unüberwindlichen Mauern umgeben ist. Er kann sich ausdehnen im Wissen und im Erwerben von Fähigkeiten, er kann sich das Leben bequemer, angenehmer gestalten. Damit geschieht aber nur eine horizontale Bewusstseinserweiterung. Er nennt das zwar Ganzheit, doch das führt ihn nicht aus der Begrenztheit seiner Welt der Vorstellungen hinaus.

Das geschieht dem Menschen nicht aus einer Schuld, sondern als Teil eines kosmischen Planes. Er kennt nichts anderes als diese kleine Welt, obwohl aus der Tiefe seiner Seele immer wieder die Sehnsucht nach etwas Undefinierbarem auftaucht. Diese Sehnsucht nach einer anderen Dimension des Lebens projiziert er dann in das Noch-Mehr, in die Ausdehnung auf der gleichen Ebene, in der er sich befindet. Er weiß nichts von einem Weg, der es ihm ermöglichen würde, nach seiner kosmischen Identität zu suchen: nach seiner Identität im Sein, der Identität, die er niemals verlieren kann.

Der Mensch wähnt sich in seinen Konzepten geborgen, die sich anfühlen wie solide Gebäude. Diese Konzepte können je nach Konditionierung einfach sein wie nützliche Scheunen und Wirtschaftsgebäude – oder erhaben wie Kirchen und Kathedralen. Sie können in enger Verbindung mit dem Wasser – den Emotionen – stehen, wie das schlichte Gebäude am Seeufer auf dem Bild. So ein Gebäude kann jedoch bereits durch einen heftigen Platzregen unterspült werden. Andere bauen mit großem Aufwand Gedankenkonstruktionen hoch über dem Wasser, die Burgen oder Kathedralen gleichen. Vor der Unberechenbarkeit des Wassers bieten diese Zuflucht – wenigstens für eine Weile. Solche Menschen sind in ihrer eigenen Großartigkeit eingesperrt und damit von der verlebendigenden Quelle ihrer Emotionen abgetrennt.

Die Teile aller Konzepte sind zusammengewürfelt. Durch sie entsteht keine aus einem größeren Zusammenhang organisch gewachsene Gestalt. Ein Konzept steht isoliert für sich, pulsiert und lebt nicht mit dem kosmischen Plan. Jedes Konzept hat nur einen aus dem Ganzen herausgerissenen Eigen-Sinn, der in einem größeren Zusammenhang bedeutungslos zusammenbricht. Das ist auf dem Bild sehr anschaulich dargestellt.

Jahrzehnte habe ich gebraucht, um zu verstehen, was mit »Konzept« gemeint ist. Ich habe auch vergeblich versucht, die Konzepte aufzugeben. Dabei erging es mir wie bei einer klebrigen Masse, die man mit der einen Hand von der anderen abzustreifen versucht, und dabei bleibt sie immer an einer Hand kleben. Eines Tages musste ich einsehen, dass das Aufgeben der Konzepte auch ein Konzept ist. Erst in diesem Augenblick habe ich begriffen, was mit Konzept überhaupt gemeint ist. Erst dann ist mir aufgegangen, was ich seit Jahrzehnten gelesen und gehört habe: Unsere Wahrnehmung ist durch die Konzepte verschleiert. Ich habe begriffen, dass es nicht möglich ist, diesen Schleier von heute auf morgen zu zerreißen, schon gar nicht aus eigener Anstrengung.

> 🕮 *Halten wir einen Moment inne.*
> *Ich, der Leser, frage ich mich:*
> *Wie könnte ich etwas loslassen, das ich nicht erkenne?*
> *Womit ich bis in die Knochen durchtränkt bin,*
> *von dem ich den Eindruck habe, dass ich das bin,*
> *und von dem ich meine, dass es die Wirklichkeit ist?*

Loslassen ist ein sehr heimtückisches Konzept! Diese Erkenntnis ließ mir keine andere Wahl, als mich im Vertrauen auf die Führung durch eine innere Instanz Schritt für Schritt von den Konzepten reinigen zu lassen. Dieser Prozess der Reinigung ist so einfach, dass wir ihn in seiner Bedeutung oft nicht erkennen können. Unsere Sucht nach Sensationen – die wir oft mit »uns spüren« benennen – will ihn gar nicht wahrnehmen. Es geht hier nicht nur um Konzepte von Gott und der Welt, sondern, wie gesagt, in erster Linie um diejenigen von uns selbst. Die Fähigkeit, direkt wahrzunehmen, muss geschult werden. Es braucht Zeit, bis wir fähig sind, Konzepte als solche überhaupt zu durchschauen und sie nicht mit der Wirklichkeit zu verwechseln.

Wir sehen zum Beispiel nicht den Baum, der in seiner Lebendigkeit, *jetzt* einmalig vor uns steht, weil das Konzept, das in der frühesten Kindheit in unserem Gehirn vom Baum entstand, dazwischensteht. Wir sehen nicht den Raum, weil unser Gehirn durch die Wahrnehmung der Linien den Raum bereits definiert. Wir können aber die Fähigkeit der direkten Wahrnehmung schulen und verfeinern. Die Notwendigkeit der Schulung der Wahrnehmungsfähigkeit wird auch in der psychologischen Arbeit oft übersehen.

Unsere Wahrnehmungsfähigkeit kann nur dann verfeinert werden, wenn wir uns durch das »Ich weiß es schon« und das »Ich habe das Gefühl« nicht verschleiern lassen. Das können wir üben, indem wir so hinschauen, wie wenn wir die Augen zum ersten Mal auf diesem Planeten öffnen würden, wenn wir so hinhören, wie wenn unsere Ohren zum ersten Mal Töne aufnehmen würden. Jetzt, zum ersten Mal. Und immer wieder sich wundernd neu, zum ersten Mal.

Hier führt kein Wissen und keine direkte Willensanstrengung weiter. Solche Art von Bemühen würde uns in dem kleinen, bekannten Kreis festhalten, würde noch einen Schleier mehr über die Wirklichkeit breiten. Wir kennen nur die Wege, die von uns weg führen, in das unendliche Nichts hinaus. Wonach wir uns aber sehnen, ist nicht Unendlichkeit, sondern Ewigkeit. Was wir brauchen, ist ein Weg, der zu uns selbst führt. Das wäre auf dem Bild der Raum, in dem Maria thront: der mit Mauern geschützte Garten, der uns näher ist als diese idyllische Zwischenwelt mit den großartigen Gebäuden. Erst aus diesem geschlossenen Garten führt das Tor in die freie Landschaft hinaus.

Es führt kein Weg an Maria vorbei. Die Treppe in der Wand, die aus der Zwischenwelt hinausführt, endet auf der Höhe von Marias Herz. Von dort aus führt erst der Weg aus dem geschlossenen Garten, aus dem sie hinausragt, hoch über die Gebäude hinweg. Die Menschen auf diesem Weg wirken wie Riesen in Bezug zu den Häusern. Ein Fehler in einem Bild – wie hier ein scheinbarer Fehler in den Proportionen – hat eine wesentliche Aussage, deren Sinn in ihrer Tiefe nur dann offenbar wird, wenn wir sie ohne Erklärungen, die wir in unserem Kopf zusammenbasteln, ohne die Assoziationsketten, die in unserem Hirn eingraviert sind, benutzen.

> *Ja, verweilen wir beim Bild,*
> *lassen wir das Bild in einer ruhigen Betrachtung auf uns wirken.*

Klettern wir aus dieser geschlossenen Zwischenwelt über die Treppe des Verstehens zum Herzen Marias hoch. Nehmen wir den Weg gemeinsam, von dem Bekannten und Vertrauten der kleinen Welt zum kosmischen Geschehen in uns. Die vier Rosen und die drei Knospen sind dabei unsere Wegweiser.

3 Geburt Jesu in der Kunst

Der Aufstieg

Die Idee »Mensch« wird in Zeit und Raum als Prozess verwirklicht. Dieser Prozess entsteht und besteht aus den vier Elementen, aus den vier Substanzen, die das Werden des Seins ermöglichen. Hier, als die vier Rosen dargestellt, sind diese Möglichkeiten in den vier Bereichen unserer menschlichen Erfahrungen bereits erblüht. In den vorherigen Kapiteln war schon die Rede davon.

Drei Knospen gesellen sich zu den erblühten Rosen, sie sind die aus dem Verborgenen wirkenden Kräfte, die in dieser Welt nicht direkt sichtbar erscheinen. Sie bewegen aber alles, was in der Manifestation Gestalt annimmt. In der christlichen Terminologie werden sie die Heilige Dreifaltigkeit genannt. Wir nehmen sie als die drei unterschiedlichen Formen von Energie wahr, die in jeglichem Prozess zusammenspielen und wie sie bereits beschrieben sind: aktiv

Die vier Rosen

männliche, empfangend und austragend weibliche sowie die verbindende und
aussöhnende Qualität der Einheit.

Das Wesen der vier Elemente ist durch die bereits blühenden Rosen beschrieben, die auf vier Ebenen angeordnet sind und sich in verschiedene Richtungen neigen. Da unser Weg von unten nach oben ein Aufstieg ist, fangen wir mit der zuunterst angeordneten, unmittelbar zum rechten Rand des Bildes geneigten Rose an.

Die erste Rose – Element Erde

Die unterste Rose steht für das Element Erde, für unsere Körperhaftigkeit, wie sie sich aus der Materie des Planeten Erde durch die Evolution gebildet hat. Sie bleibt in der Mauer stecken, und durch ihre Neigung führt sie aus dem Bild hinaus. Sie ist noch nicht voll erblüht; die Inkarnation ist noch nicht zur letzten Vollendung gelangt. Die Instinkte, die Selbst- und Arterhaltungstriebe gehen die Wege der Natur, sie binden uns in die Prozesse der Natur ein. Sie ermöglichen das Funktionieren unseres Körpers. Sie sind lebensnotwendig, und sie sind an und für sich gut und nützlich. Die Frage ist nur, was unser Ziel ist. Leben wir für die Bedürfnisse des Körpers, oder geben wir dem Körper, was er braucht, um fähig zu sein, als äußerste Hülle Existenz durch die Zeit hindurchzutragen? Vorläufig »haben wir einen Körper, wir sind aber noch nicht zum Leib geworden« (Dürckheim). Das heißt, der Körper muss für die Erfüllung seiner kosmischen Aufgabe belebt, vergeistigt werden. Wir sind für den Körper verantwortlich, er ist uns als ein wundervolles Vehikel anvertraut. Diese Rose führt uns nicht direkt zum zentralen Geschehnis, aber sie trägt uns horizontal durch den Weg des Lebens.

Die zweite Rose – Element Wasser

Im Hintergrund der zweiten Rose ist Wasser. Sie ragt nicht darüber hinaus und neigt sich ebenfalls noch zum Rand hin. Sie steht für die Welt der Emotionen, die aus dem gleichen Stamm wie diejenige des Körperlichen erblüht. Es ist das Fließende im Menschen, das wellenartige Kommen und Gehen von Stimmungen und Emotionen, mal sanft dahinplätschernd, mal stürmisch alles hinwegfegend. Der Zustand unserer Psyche verändert sich ständig, folgt aber eigenen Gesetzmäßigkeiten, immer wiederkehrend dem gleichen Muster gehorchend. Die zweite Rose hat auch noch keinen direkten Anschluss an das kosmische Geschehen.

Wir können Emotionen noch so oft aus uns herauslassen, ausleben oder sie schlucken und verdrängen, sie führen uns nicht weiter. Ihre Substanz wird in den emotionalen Prozessen selbst verzehrt. Im besten Fall wird ihre Energie für den Aufbau diesseitiger Werke benutzt. Oft genug aber entladen sie sich nutzlos oder sogar zerstörerisch. Das Gebäude hinter dieser Rose könnte als rechtfertigende Gedankenkonstruktion betrachtet werden. Ein Gebäude, das sehr tief und nahe am Wasser gebaut ist und schon nach einem starken Regen unterspült werden könnte. Wir erfahren ein Aufblühen in den Emotionen und Gefühlen. Aber die Frage ist: Wollen wir immer den Gezeiten ausgeliefert bleiben? Ist das nicht genau der Zustand des Narziss, der in sein Spiegelbild im Wasser so verliebt ist, dass er, daran gebunden, verhungert? Ist das die Lebendigkeit, nach der wir aus der Tiefe unserer Seele suchen? Sind wir zufrieden mit dieser Art von Abhängigkeit durch die Gefühle, die uns immer wieder auch in die Tiefe reißen oder leer zurücklassen kann, die uns keine dauerhafte Identität verleiht?

Die dritte Rose – Element Feuer

Die am höchsten hinaufragende Rose ist die dritte. Sie strahlt Licht nach unten aus, zu den Rosen der Körperlichkeit und der Emotionen hin. Das Feuer, der Wille, bringt uns himmelwärts – direkt in den höchsten Turm der Konzeptgebäude hinein. Unser Wille wird vom mentalen Gebäude des Eigensinns kontrolliert. Hören wir gut hin: Was ist Eigensinn?

Wenn wir ehrlich sind, dann müssen wir bekennen, dass wir den Sinn des Lebens und unseres Daseins, den Sinn der Schöpfung und ihrer Prozesse nicht kennen. Aber wir können ohne Sinn nicht leben, also basteln wir einen Sinn in unserem Kopf zusammen. Wir geben dem, was geschieht, einen Sinn. Wir konstruieren nach unserem Teil-Verstehen ein Gebäude sinnhafter Zusammenhänge, das zusammengewürfelt und nicht aus der Ewigkeit gewachsen ist. Dieser Eigensinn gibt dann die Kraft zum Eigenwillen, bis eine größere Dimension so eingreift, dass der Sinn, der aus unserem Unverständnis entstanden ist, in sich zusammenbricht. Wir verstehen dann Gott und die Welt nicht mehr. Wir sind enttäuscht von der Welt und von uns und nehmen nicht wahr, dass wir auf dem Sand unserer Vorstellungen gebaut haben. So verliert unser Wille den Hintergrund – die Motivation. Wir enden im Zweifel – in den zweifachen, leuchtenden Endungen auf den Dächern und Türmen. Wir sind enttäuscht, und die Kraft verlässt uns. Wie schön drücken wir es unbewusst aus: Ent-Täuschung! Jede Enttäuschung ist Grund für Dankbarkeit, weil eine Täuschung von uns genommen wurde, was uns der Wirklichkeit näher bringt. So betrachtet, kann jede Enttäuschung zur neuen Kraftquelle werden.

Eine der drei Knospen unterstützt die Rose des Feuers. Diese Blüte ist in der natürlichen Welt nicht aufgegangen. Könnte diese Knospe das Vertrauen verkörpern? Das Vertrauen, dass es einen größeren Willen gibt, den wir jetzt noch nicht sehen können? Könnten wir uns dann neigen, uns dorthin begeben, wo das Verständnis wachsen und uns in Richtung Gewissheit weiterführen kann? Weist nicht die Knospe, die aus demselben Stiel wächst, dorthin, wo durch einen Abstieg der Weg nach oben weiterführt? Jede Enttäuschung ist ein vorübergehendes Hinuntersteigen. Wir können dankbar annehmen, dass wir aus der Verkeilung, in die wir durch eine Täuschung hineingeraten sind, wieder herausgehoben sind! Hätten wir sonst je gemerkt, dass wir in einer Täuschung gefangengehalten wurden?

Die vierte Rose – Element Luft

Die vierte Rose ist zwar wieder in der Wand wie die erste, sie führt aber zur Treppe in der Wand. Der Weg ist sehr konkret: Hier wird die Wand zum Weg – die Wand führt zur Wandlung. Diese Rose ist voll erblüht und wird von der Knospe überschattet, die sich von oben nach unten neigt. Auf gleicher Höhe, aus demselben Stiel, wächst noch eine weitere, zarte Knospe. Sie wirkt so, als würde sie die offene Blüte zur Treppe und damit zu Maria hin drücken. Vielleicht sind dies jene scheinbaren Zufälle, hinter denen wir die wirkende Wirklichkeit, die uns durchträgt, noch nicht erkennen können.

Diese Rose strebt nicht so hoch hinauf wie die des Feuers. Sie findet aber den Weg zur Rose hin, die aus dem Himmel wächst: zu Maria, der himmlischen Rose. Die vierte Rose ist das Element Luft, das Mentale, das Erkennen, das Verstehen, an dem wir arbeiten können. Es gibt heute viele Möglichkeiten, die uns zum Erkennen führen. Vielleicht gab es noch nie auf diesem Planeten eine solche Vielfalt von verschiedenen Traditionen wie heute, die uns allen frei zu studieren zur Verfügung stehen. Und wir haben unsere Erfahrungen, die uns tagtäglich gegeben sind, um durch sie besser zu verstehen. Sie können uns lehren, wenn wir unseren Eigensinn und Eigenwillen erkennen und bereit sind, Fragen zu stellen. Nicht nur in einer ausweglos scheinenden Situation, aus Zweifel, sondern als neue Öffnung zu Bereichen jenseits von selbstverständlichen Antworten. Wir kommen zu Fragen, wenn wir die Antworten, die uns gegeben wurden, aufbrechen. Das Studium alter Traditionen kann dabei hilfreich sein. Gleichzeitig sollen wir aus der Sehnsucht, aus der Unvollkommenheit und Unsicherheit, aus unserem Leiden unsere eigene Frage suchen. Die Frage, die uns auf unserem individuellen Weg zum Verstehen führt.

Diese vierte Rose führt zur Treppe in der Mauer und damit zu Maria hin, welche die Rose ist, von oben gewachsen und aus der Wurzel der Schöpfung genährt. Auch wenn die anderen Rosen dornenlos sind, sie wachsen aus der Erde, aus der Vergänglichkeit. Sie sind Abbilder der himmlischen Rose der Schöpfung, die den Sinn der Schöpfung auf die Welt bringt: Existenz. In der Ostkirche wird Christus als Pantokrator oft mit den drei Buchstaben Omega – O – N um

3 Geburt Jesu in der Kunst

Die himmlische Rose

seinen Kopf dargestellt. Die Bedeutung der Buchstaben könnte man mit »der Seiende«, »derjenige, der ist« oder einfach »Existenz« übersetzen.

Maria kann Existenz auf die Welt bringen, indem sie bedingungslos empfängt – annimmt, was und wie es auch kommt: »Siehe, ich bin des Herren Magd; mir geschehe, wie du gesagt hast« (Lukas 1,38). Im Hebräischen ist Empfangen und Geben das gleiche Wort: »Kibel«.

Die vier Rosen der Vergänglichkeit sind schön, aus ihnen besteht unser diesseitiges Kommen und Gehen, unsere Erfahrung in den körperlichen, emotionalen, mentalen und impulsgebenden Bereichen. Alle Prozesse des Menschseins – alles, was wir in der Zeit erleben – sind aus diesen vier Stoffen von unterschiedlicher Dichte entstanden und ineinander verwoben. Ihre Verbindungen entstehen in der Zeit, in immer neuen Verknüpfungen, und wenn ihre Zeit vorbei ist, verschwinden sie, unabhängig davon, ob wir diese Tatsache gernhaben oder nicht. Unsere Identität blüht und welkt mit ihnen.

Es sei denn, wir haben die »andere Identität« aus einer unvergänglichen Dimension gefunden. Unsere Identität ist durch die Identifikation mit den irdischen, aus der Erde gewachsenen Rosen entstanden. Wir haben Bewusstheit, die durch sie entstanden ist, aber Bewusst-Sein ist dabei verlorengegangen. Und wir wollen alles haben, besitzen, damit wir darüber verfügen können. Über das Sein können wir nicht verfügen, das Sein entzieht sich jeglicher Macht. Und nochmals: Das Sein können wir weder bewusst noch unbewusst haben.

> *Schauen wir das Bild auf den Kopf gestellt an,*
> *damit der Rock Marias klar als*
> *die himmlische Rose sichtbar wird.*

Alles, was wir haben, verlieren wir irgendwann, weil einmal die Zeit jeder Erscheinung vorbei ist. Auch Bewusstheit kommt und geht. Existenz aber ist ewig – Bewusst-Sein ist jenseits der Zeit.

Es ist uns möglich, jeden Augenblick an der Ewigkeit teilzunehmen. Hinter all unserem Suchen und Sehnen verbirgt sich das Wissen der Seele, dass es die Ewigkeit gibt: diese »ewige Gegenwart«.

Die himmlische Rose, die reine Seele hat diesen irdischen Weg »durch den Dornwald« bereits hinter sich. Ihr Weg beginnt dort, wo wir, so wie wir sind, gerade jetzt unseren Weg beginnen können. Hier und jetzt.

Der Stiel der himmlischen Rose wächst direkt aus dem Schöpfer heraus, bis in den Boden der »harten« Wirklichkeit, bis zum Steinboden dieser Welt. Maria hält das Kind so, dass es unter der Blume an der Stelle des Fruchtansatzes liegt. Die Frucht, die das neue Leben in sich trägt.

3 Geburt Jesu in der Kunst

Wanderer auf dem Weg

Marias Gestalt umfasst die Ebenen vom Steinboden bis zum Bereich der Engel. Sie ist am Boden der Wirklichkeit verankert, und ihr Bewusstsein – der Kopfbereich – ist mit den zwei Wanderern auf dem Weg auf gleicher Ebene. Das Bewusstsein der jungfräulichen Seele kennt aus Erfahrung die Ebenen des Minerals, diejenigen des Vegetativen und des Tierischen, sie ist darin eingebettet. Wir können an der Umgebung Marias all das ablesen; wir erkennen, wo die Rosen und der Feigenbaum herkommen, und in der Ferne, auf ihrer linken Seite neben dem Kopf des Jesuskindes weidet eine Herde von Schweinen.

Maria und die Wanderer

3 Geburt Jesu in der Kunst

Der Heiligenschein – ihre feinstoffliche Ausstrahlung und ihre »Antenne« – reicht bis in die Felsen hinein, in die aus dem Kosmos kommenden und sichtbar gewordenen Botschaften und Manifestationen von universellen Strukturen. So kann sie die zwei Engel, die Botschafter von oben sind, auch wahrnehmen. Erst hier, auf dieser Höhe, können die von oben herabschwebenden und die von unten aufsteigenden Bereiche einander begegnen. Sie ist bereits zur Brücke zwischen Schöpfer und Schöpfung geworden. Die Begegnung zwischen den Engeln und den Wanderern geschieht noch in der Dualität, die durch die jeweils zweifache Erscheinung angedeutet ist. Aber die Wanderer stehen über den kollektiven Normen, in welche die Gebäude noch eingebettet sind. Sie sind Teile in uns, Aspekte des Zustandes, den das Bild beschreibt. Der eine Wanderer steckt noch im nackten Felsen, er wird vom Licht noch geblendet und schützt sich mit seiner Hand davor.

Die Wanderer und die zwei Engel

Der andere ist aber offen, empfängt mit offenen Armen die Botschaft der Engel. Das allein ist schon eine Widersprüchlichkeit, die in uns besteht. Bevor diese Station erreicht ist, leben wir im Entweder-Oder, wir können den Punkt der Versöhnung nicht finden. Hier ist aber das unteilbare Individuum bereits geboren, und damit ist ein stabiler Kreuzungspunkt der Welten entstanden, was das Zusammenbringen von Widersprüchlichkeiten möglich macht. Auf das weisen auch die zwei Engel hin.

Schauen wir sie genauer an! Der rosarote Engel trägt eindeutig weibliche Gesichtszüge, und der dunkle Engel hat einen Bart. Ihre Gesten sind unterschiedlich, ja sogar widersprüchlich, auch wenn ihre Gestalten harmonisch ineinander schwingen. Der weibliche Engel ermuntert die Wanderer mit seiner Geste, dem Weg im Vertrauen zu folgen. Der strenge Fingerzeig des männlichen Engels fordert sie dagegen auf, in die entgegengesetzte Richtung zu blicken, wo hoch über den Felsen, unsichtbar für die zwei Wanderer, der Schöpfer thront. »Erinnert euch an den Grund und das Ziel eures Weges!«, ist seine Botschaft.

Die Lichtgestalt des Schöpfers

Von da an wird der Mensch nicht mehr von den Widersprüchlichkeiten hin und her geworfen, sondern er kann sie gleichzeitig im Bewusstsein tragen. Man kann es vielleicht so formulieren: »Vergiss nicht dein Ziel, aber tu den nächsten Schritt im Vertrauen, entsprechend deinen Möglichkeiten und den gegebenen Umständen.« Von da an gibt es nicht mehr Gottesnähe oder Gottesferne, keinen Weg, der zum Ziel oder von ihm wegführt. Aber jeder Schritt soll mit der klaren Absicht nach Erfüllung begleitet werden. Was ist damit gemeint? Dazu kann uns das Bild von der Lichtgestalt des Schöpfers einen Impuls geben.

Was als erstes auffällt, ist der gespaltene Bart des Schöpfers. Wir machen uns selten klar, dass der Begriff Schöpfer nur im Zusammenhang mit seiner Schöpfung Sinn ergibt, und das ist schon Dualität an sich. Die Einheit ist dabei bereits gespalten. Mit dem Szepter in der rechten Hand ist angedeutet, dass der Schöpfer aus der Einheit seine Macht bezieht – erinnern wir uns: Nur die rechte Hand kann von oben empfangen! Über dem Kopf des Schöpfers deuten Lichtspuren diese Einheit an.

In seiner linken Hand hält er die Idee der Schöpfung: den Reichsapfel. Die Erde gehorcht der linken Hand. Der Reichsapfel ist sozusagen das Logo des Planeten Erde, indem das Kreuz der Materie über die Kugel des Geistes gestellt ist. Das erst macht es möglich, überhaupt einen Weg zu gehen und damit die Schöpfung wieder mit dem Schöpfer zu vereinigen. Erst dadurch ist Erlösung möglich gemacht. Hier ist dies erst die Idee Gottes, die vom Menschen, der zum Christusbewusstsein erwacht ist, verwirklicht wird. In der geschnitzten, dreidimensional ausgearbeiteten Figur von Christus auf der geöffneten Predella ist diese Idee zu lebendigen Wirklichkeit geworden.

Abschließende Betrachtung

Das Bild der Geburt Jesu auf dem Isenheimer Altar voll auszuloten, ist nur im Zusammenhang mit den anderen Bildern möglich. Die Geburtsszene ist zwar zentral, aber sie zeigt doch eine Station auf dem Weg: Der Prozess, der zur Einheit allen Seins führt, ist damit noch nicht beendet. Erst wenn sich die »Wolke des Nichtwissens« aufgelöst hat, wenn in unserem Bewusstsein Diesseits und Jenseits eine unzertrennliche Einheit bilden, ist der Weg beendet.

Die Bilder des Isenheimer Altars geben uns Orientierung wie Landkarten bei der Wanderung durch eine uns fremde Landschaft. Um eine Landkarte lesen zu können, brauchen wir Grundkenntnisse. Wir müssen wissen, wie man zum Beispiel die Himmelsrichtungen auf Grund des Sonnenstandes oder der Sterne in der Nacht bestimmt. Eine weitere Voraussetzung ist die grundsätzliche Fähigkeit der Unterscheidung in der Wahrnehmung. Es ist notwendig, zwischen einer Wiese und einem Kornfeld, zwischen einem See und einem Fluss oder einem Sumpf unterscheiden zu können. Oder es braucht Übung, die Risiken eines abschüssigen Weges zu erkennen und unsere Fähigkeiten richtig einzuschätzen.

Jeder kann nur für sich das, was auf der Landkarte dargestellt ist, auf die Landschaft übertragen, in der er sich gerade befindet. Und jeder Mensch, ob in einem männlichen oder weiblichen Körper, hat seinen eigenen Weg. Beginnen wir den Weg jetzt.

> *Immer wieder beginne ich von neuem, aus dem gegebenen Jetzt.*
> *Dieses Jetzt kann nicht in der Vergangenheit und nicht in der Zukunft liegen, sondern einzig und allein im Jetzt der Zeit.*
> *Das, was uns alle zu allen Zeiten angeht ist:*
> *im Jetzt der Zeit das Jetzt der Ewigkeit zu finden.*

3 Geburt Jesu in der Kunst

4

DIE VIER KERZEN

Tägliche Praxis in der Adventszeit

Gedankenimpulse zur Meditation
als Vorbereitung auf Weihnachten

Mit wem es recht steht, wahrlich,
dem ist's an allen Stätten und unter allen Leuten recht.
Mit wem es aber unrecht steht,
für den ist's an allen Stätten und unter allen Leuten unrecht.
Wer aber recht daran ist, der hat Gott in Wahrheit bei sich.

Meister Eckhart
(aus dem Traktat »Rede der Unterscheidung«, ca. 1294)

Die Kerze

Geboren durch die Sonne
In Form von Energiepaketen,
In geordneten Wellen
Gereist durch viele Welten.

Durch Pflanzen eingefangen,
In Blumen neu geboren –
Von Bienen eingesammelt,
In Waben festgehalten.

Durch Menschen eingeschmolzen,
Um eine Mitte geordnet,
Durch Hitze und durch Kälte
Deine Form erhaltend.

Feste Form der Kerze,
Durch Vergangenheit geformt,
Immer wieder sterbend
Durch Formen hindurchschreitend.

Nun, liegt deine Zukunft
Einzig und alleine
In dem Dahinschmelzen,
Durch Flamme Verzehrtwerden.

Einführung

Mit dem Lesen des Buches haben wir uns für neue Ideen und Gedanken geöffnet. Wir haben Neues gehört. Manches hat uns angesprochen, zum Kontemplieren angeregt, und es konnte unsere Augen für eine neue Sicht öffnen. »Es geht nicht darum, mit alten Augen das Neue, sondern mit neuen Augen das Alte zu sehen«, sagt eine Anweisung auf dem Weg. Vielleicht ist auch dir der Duft der geistigen Speise in die Nase gestiegen.

Konnte aber je ein Kochbuch mit den schönsten Illustrationen den Hunger stillen? Und was nützt uns die beste Speise mit feinen, appetitanregenden Düften, wenn sie nicht in unsere Einheit aufgenommen werden kann? Wenn wir sie uns nicht einverleiben können? Es bleibt die Sehnsucht, der seelische Hunger. In der Tiefe unserer Seele ist das Wissen eingebrannt, dass wir in der Einheit erst angekommen sind, wenn »Christus in uns lebendig geworden ist«, wie Paulus es formuliert.

Das »Einverleiben« der Nahrung des Lebens geschieht durch das Praktizieren, wobei die Ideen in diesem Prozess wie Verdauungssäfte wirken. Den Begriff »Übung« mag ich in diesem Zusammenhang nicht; er kann uns zu endlos Übenden machen, die zur Praxis hier und jetzt keinen Bezug finden. Praxis heißt dagegen: in jeder Situation, in jeder Herausforderung und in jeder Erfahrung uns an *den Auftrag* des Menschen zu erinnern und zur Verbindung zwischen Vielheit und Einheit zu werden. Das ist »der eine Weg« – es gibt keinen anderen. Jeder erhält seine eigene Nahrung im Leben, individuell für ihn gedacht; die Nahrung, die er aus der Vielheit dieser Welt zur Einheit seiner Existenz verdauen kann. Damit wird das Leben in jedem Augenblick geheiligt. Damit wird die Schöpfung zum Schöpfer zurückgebracht. Das ist das Einzige, was wir Spiritualität nennen können.

Erwarten wir nicht, dass das Leben uns nur leichte, süße Speisen anbietet! »Als ich jung war, hat mich Gott mit süßer Milch genährt, später hat er mir trockenes Brot als Nahrung gegeben«, sagt Johannes vom Kreuz. Wenn die Absicht für unseren kosmischen Auftrag in uns erwacht ist, erhalten wir nur, was unser Verdauungssystem auch verarbeiten kann, sei es noch so schwer verdaulich, was uns das Leben bringt. Wenn wir hingegen diese Aufgabe verweigern, bleiben wir in unserer eigenen kompakten Form von der Einheit ausgeschlossen, in uns selbst eingesperrt – wie eine Kerze, die darauf wartet, angezündet zu werden. Das ist das fruchtlose Warten auf Erleuchtung.

»Jetzt ist die Zeit«, sagt Buddha zu den Menschen. Er sagt nicht, wofür. Jeder versteht seinen Fingerzeig auf seine Art. Und jeder tut, was er seinem

Verständnis nach auf seinem eigenen Weg zu tun hat – nach bestem Wissen und Gewissen, wie die Volksweisheit unserer Kultur formuliert.

> *Eine brennende Kerze ist analog unserem Weg in der Einheit, ohne Vorstellungen und Projektionen.*

Es ist ein wunderbarer Brauch, am ersten Adventssonntag einen Adventskranz mit vier Kerzen aufzustellen. Wir zünden die erste Kerze an, und an jedem folgenden Sonntag wird eine Kerze mehr brennen. Es steckt mehr Sinn in dieser Tradition, als wir gewöhnlich denken; sie könnte sich als »ein Brief vom Vater« entpuppen, als eine sinnvolle Vorbereitung zu Weihnachten.

Das lebendige Feuer der Kerze kann uns daran erinnern, dass die Quelle des Lichtes nie verlöscht; wie könnte es sonst jedesmal, wenn wir eine Kerze anzünden, in der Manifestation erscheinen? Wird die Kerze gelöscht, zieht sich das Licht in seinen unsichtbaren Ursprung wieder zurück. Die Flamme der Kerze verbrennt die sichtbare Masse – es ist eine Transformation der Materie in eine nicht mehr sichtbare Substanz. Ja, in uns können die Ablagerungen dieser Welt analog dazu in Licht, in Quintessenz umgewandelt werden.

Wir finden überall Spuren davon, dass die Wintersonnenwende seit Menschengedenken als Fest gefeiert wurde. Das, was wir von diesen Festen wissen, sind die zurückgebliebenen äußeren Formen, die wir allmählich als astronomische Marksteine entdeckt haben. Der Inhalt aber, das, was dieser Zeitpunkt im Jahr in früheren Zeiten für die Menschen bedeutet hat, wird aus unserem heutigen wissenschaftlich geprägten Verständnis bloß in Bezug zum praktischen Ablauf des Jahres interpretiert. Der Faden zum Inhalt dahinter ist scheinbar gerissen. In diesem Buch habe ich versucht, den Faden wiederzufinden, sichtbar zu machen. Das ist nur dadurch möglich, dass der Faden nie wirklich reißen kann, weil wir alle auf diese Weise mit unserem Ursprung »im Osten« direkt verbunden sind.

Es ist kein Zufall, dass vier Sonntage zur Vorbereitung der Geburt des Lichtes vorgesehen sind, es sind nicht drei oder fünf. Sie dienen zur Reinigung der vier Bereiche in uns – als die vier Elemente benannt – damit »das einfache, irdene Gefäß« der Seele von allem Unnötigen geleert wird. So werden auch Ochs und Esel bereit, ihre Futterkrippe dem Neugeborenen zur Verfügung zu stellen.

Die erste Kerze steht für das Element Erde, für den wortwörtlich wunderbaren Körper, den wir aus der Materie des Planeten Erde erhalten haben. Die zweite Kerze repräsentiert das Element Wasser, den Stoff, aus dem sich unsere Emotionen und Träume formen und aus dem wir unsere Vorstellungswelt mit all den Bildern gestalten. Die dritte Kerze erinnert uns an das Element Luft, das uns die Substanz zur objektiven Wahrnehmung zur Verfügung stellt. Die vierte Kerze ist der Widerschein des göttlichen Feuers, von dem die Impulse herkommen und wodurch alles wieder zur Einheit zurückgebracht wird.

Nach dem Verstehen ist Praxis gefragt: die Verbindung vom Kopf mit dem Körper. Die »vorausgeeilten Teile«, die verstehen, sorgen für die Vorbereitung, damit unsere Ganzheit in der Verwirklichung nachziehen kann. Dieses Nachziehen beginnt ununterbrochen, immer wieder dort, wo wir uns gerade jetzt, in der Gegenwart, befinden. Das bedeutet eine kontinuierliche Wachheit, eine Bereitschaft, hinunterzusteigen auf den Boden unserer Realität, um von dort aus Schritt für Schritt den Weg zu gehen. Würden wir nicht am liebsten mit den Ideen wie ein Luftballon davonfliegen, um uns der Erdenschwere zu entledigen? Zum langsamen Weg sind wir meistens nur bereit, wenn wir erkannt haben, dass uns große Ideen und Konzepte, ein Kopfwissen nicht weiterhilft, wenn wir realisiert haben, dass »eine Erleuchtung noch keinen Erleuchteten macht«.

In der spirituellen Praxis geht es nicht um Bewusstseinserweiterung, genauso wenig, wie eine Gerade sich nicht erweitern kann, um einen dreidimensionalen Raum messen zu können. Es geht nicht darum, dass wir etwas erhalten, sondern dass wir alles zurücklassen, um mit dem, was dann bleibt, was wir geworden sind, in das Unbekannte, Unvorstellbare einzuschmelzen – wie die Kerze aus der uns bekannten und vertrauten Welt zu verschwinden. Es ist auch kein Lernen notwendig, sondern vielmehr eine Erweiterung und Verfeinerung der Wahrnehmung von dem, was ist. Erst dadurch geschieht Transformation und Wachsen, ein Hineinwachsen in unsere uns gegebenen Möglichkeiten, die wir in uns bisher nur erahnt haben.

Dieser letzte Teil dieses Buches soll Anregungen geben, um zu diesem Prozess selber aktiv beitragen zu können. Natürlich können die einzelnen Themen auch während des ganzen Jahres Impulse geben, um unsere Erinnerung wachzurufen. Viele Jahre habe ich mich unfähig gefühlt, aktiv zu praktizieren. Wo anfangen? Ich fühlte mich unfähig, irgendeine Übung »richtig« zu machen. Das hat mich gelähmt. Zum Beispiel beim Autofahren wurde ich oft von der Frage überfallen: Was kann ich jetzt tun – jetzt, und nicht irgendwann? Allmählich habe ich begriffen, dass jeder bewusste Atemzug zählt, auch wenn ich im Moment zu nichts mehr fähig bin. Diese Erkenntnis ist auch heute Basis meiner Praxis. Bewusst atmen können wir immer, vorausgesetzt, wir erinnern uns daran. Das innere Drängen, die Sehnsucht nach Verwirklichung wird zu unserem seelischen Wecker.

Kein bewusster Atemzug geht verloren.

In der Flut von elektrischen Lichtern kann das Kerzenlicht leicht untergehen. Im Stress des Alltags werden wir seelisch und körperlich im Äußeren festgehalten. Wir werden beschäftigt – wir werden geschäftig. Für ein Innenleben gibt es dann keinen Raum. Wir sind wie Steilwandrennfahrer, die ihr Tempo halten müssen – wie Friedrich Weinreb es formuliert. Um den Teufelskreis der Erwartungen, der oft vermeintlichen Verpflichtungen und des Leistungsdrangs zu unterbrechen, ist das Kerzenziehen vor Weihnachten eine willkommene Möglichkeit. Es ist eine meditative Tätigkeit, die uns in unserem leistungsorientierten Alltag zur Ruhe bringen kann, was wir gerade vor Weihnachten dringend brauchen. Die Praxis des Kerzenziehens kann uns hierzu einiges lehren – damit wir nicht nur intellektuell verstehen.

Als Vorbereitung auf Weihnachten ist es sinnvoll, jeden Morgen nach dem Anzünden der Kerze zehn bis zwanzig Minuten Zeit für die Stille zu finden. Damit wird das Licht, das in uns entzündet werden kann, das innere Licht, »das von sich zeugt«, wie der Jesus unseres Wesens im Johannes-Evangelium definiert und in den vorherigen Kapiteln beschrieben ist, Nahrung erhalten.

Meditieren ist heute ein allgemein bekannter Begriff. Er könnte aber irreführen – wie so viele Begriffe, die wir gebrauchen und dabei das Gefühl haben, zu wissen, was mit ihnen gemeint ist. »In die Stille gehen« bedeutet, dass wir umkehren; wir kehren um in Bezug zu unserer gewohnten Ausrichtung des Tätigseins. Wir werden dabei zu Zeugen, was einem aktiv-rezeptiven Zustand entspricht. Wir werden zu Wahrnehmenden in Bezug auf alles, was auf dem Schirm unseres Bewusstseins erscheint. Wir gehen nicht mit den Gedanken, Empfindungen und Gefühlen mit, wir drängen auch nichts weg, wir kommentieren nicht. Wir üben keine Kritik, ob das, was wir wahrnehmen, gut oder schlecht ist, auch nicht, wenn es ein gewohnheitsmäßiges Kritisieren ist, was wir wahrnehmen. Wir werden zu Johannes dem Täufer unseres Wesens. Ohne Erwartungen, ohne etwas anzustreben. Wir ruhen uns im Sein aus, wach und offen für alles, was in der Zeit seinen eigenen Gesetzen entsprechend seinen Lauf nimmt, in uns und um uns herum. Wir nehmen wahr, was es ist, und ziehen uns wieder in das Sein jenseits von Gedanken und Gefühlen zurück, jenseits der manifestierten Welt, wozu auch unser Körper gehört.

Wir meinen, alles allein bewältigen zu müssen. Das setzt voraus, dass wir unbewusst die Überzeugung in uns tragen, dass wir dazu auch fähig sind. Könnten wir unseren kleinen Finger bewegen, wenn uns die Fähigkeit dazu nicht gegeben wäre? Wenn nur ein kleines Äderchen zufälligerweise an einer dummen Stelle platzt, kann uns Selbstverständliches genommen werden. Worüber verfügen wir wirklich?

Weil wir uns über diese Frage nie ernsthaft Gedanken gemacht haben, ist uns das Bitten – das Beten – verlorengegangen. Das kurze Gebet am Anfang jeder Meditation soll uns »auf Empfang« umstellen. Am Ende jedes Gebetes steht das Amen als Bezeugung »Ich stehe dafür ein«. Die Betrachtungen und Gedanken, die dann für jeden Tag folgen und eine Idee ansprechen, sollen uns anschließend in die Stille führen.

Die Kerze als Sinnbild für den Menschen

Der Mensch kommt als reines Wesen, als »Docht« in die Inkarnation. Bereits im Mutterleib wird er immer wieder in »Wachs« getaucht: jede Regung der Mutter setzt sich als Eindruck um den Docht fest. (Wir drücken uns klar aus, aber wir hören es nicht: Eindruck!) Nach der Geburt ist das Wesen des Menschen andauernd Einflüssen und Eindrücken ausgesetzt, die ihn wie flüssiges Wachs in immer dickeren Schichten umhüllen. Diese Wachsschichten erstarren, kühlen aus und geben der Kerze ihre individuelle Form und Größe.

Im Idealfall ist das Wachs rein, hat die richtige Temperatur, und jede Wachsschicht erhält die Möglichkeit, abzukühlen, damit sie sich mit der schon bestehenden Form fest verbinden kann. Auch das Verhältnis zwischen Docht und der Dicke der Wachsschicht soll in harmonischem Verhältnis zueinander stehen. Wenn der Docht im Vergleich zu den Wachsschichten zu dünn ist, wird er in der schmelzende Masse der Kerze ertrinken. Wenn umgekehrt der Docht zu dick ist, die Flamme zu schnell die Kerze schmilzt, fließt die Masse davon, ohne zu Licht transformiert zu werden. Aber wer ist schon im Leben zum Idealfall geboren?

Nur der Docht kann Träger des Lichtes sein. Er braucht – und damit verbraucht – er die Masse der Kerze. Die Kerze verzehrt sich quasi selbst. Wir brauchen all die Erfahrungen, die wir wie Wachsschichten um den Docht in uns tragen. Sie liefern das Rohmaterial, um die Quintessenz – das »Fünfte« – aus den vier Elementen zu produzieren. Wir brauchen das Material der Erinnerungen, die wir durch bewusste innere Arbeit vollständig »verdauen«.

Ich nehme diese Betrachtungen mit in die Stille.

Die erste Kerze

Element Erde

Die erste Adventswoche widmen wir dem Körper als Tempel Gottes. Durch die Selbstverständlichkeit, dass wir ihn erhalten haben, sehen wir kaum, dass er durch die Entwicklung des Universums als das größte Wunder entstanden ist. Die Verachtung dieser Welt, die das Körperliche nur als einen lästigen Ballast sieht, verleugnet die Schöpfung als die weibliche Seite Gottes. Das Fasten vor den Festtagen in unserer christlichen Tradition war zur Reinigung des Körpers gedacht. Es sollte keine Kasteiung sein, sondern eine bewusste Entscheidung im Wissen, dass der Körper von Zeit zu Zeit gereinigt, entschlackt, »revidiert« werden muss.

Auf der anderen Seite ist Advent die Zeit zur Vorbereitung von Süßigkeiten für die Festtage. Doch das eine schließt das andere nicht aus! Wir können voll in unsere Sinne eintauchen, um die Wahrnehmungsorgane des Körpers zu verfeinern. Wahrnehmen von Düften, die Empfindung des Knetens von Teig, das Kosten von Nahrungsmitteln ohne stark reizende Gewürze, das Hören von Musik und ein schöner Adventsschmuck für das Auge helfen uns, unsere Sinne bewusst einzusetzen, zu beleben. Die übersinnlichen Wahrnehmungen finden innerhalb der körperlichen Sinne statt, nicht außerhalb!

Was braucht unser Körper, damit er würdiger Träger der Seele wird? Wir vergessen heute oft den alten Spruch: »In einem gesunden Körper – eine gesunde Seele«. Ich meine damit in erster Linie nicht Wellness – wobei ein duftendes Bad oder eine entspannende Massage sicherlich auch dazu gehören können! Tägliche Übungen, wie Qigong, Yoga oder Laufen an der frischen Luft, brauchen unsere bewusste Anstrengung, wenn sie nicht schon gewohnheitsmäßig praktiziert werden. Und das alles: mit Maß.

1. Kerze: Meditation am Sonntag

> Wenn ich immer wieder vergesse,
> sende mir Deine Botschaften
> auf den Schwingen des Adlers,
> damit ich erwache. Amen.

Es ist der erste Adventssonntag. Ich zünde die erste Kerze an. Ich nehme wahr, wie das Wunder geschieht. Mit Hilfe des Zündholzes erscheint das Feuer aus dem »Nichts«, sein Licht wird sichtbar, lebendig. Was ist das »innere Zündholz«, das unser inneres Licht anfacht? Das Zauberwort heißt Absicht. Absicht ist unendlich machtvoller als Wille. Eine klare Absicht, hinter der wir mit unserer Ganzheit stehen, ermöglicht das Unmögliche. Sie zieht alles an, was wir zur Verwirklichung brauchen.

Die Frage der Absicht zieht sich wie ein roter Faden durch den inneren Weg. Was ist meine Absicht? Ich nehme die Frage mit in die Stille. Und ich stelle diese Frage am Anfang jeder Meditation.

1. Kerze: Meditation am Montag

> Lass den Ariadne-Faden der Erinnerung
> an meinen Ursprung
> durch die Stürme des Lebens
> meiner Hand nicht entgleiten. Amen.

Woher kommt das Wachs der Kerze? Es ist ein Produkt der Pflanze, analog dem vegetativen System in uns. Die Bienen, die das Wachs sammeln, repräsentieren unser tierisches Erbe. Beide sind Stufen der Evolution, sie sind für uns Grundlagen zum Menschsein. Auf dem Planeten Erde konnte sich organisches Leben entwickeln, weil all die chemischen Elemente vorhanden waren, die dazu notwendig sind. Bleiben wir bei dieser Überlegung nicht stehen, gehen wir noch einen Schritt zurück: Woher sind all die unterschiedlichen Atome gekommen?

Damit die schweren Elemente – die Bausteine organischen Lebens – entstehen konnten, mussten mindestens zwei Generationen von riesigen Sonnen entstanden sein, gelebt haben und gestorben sein. Durch die Kernschmelze in ihrem Inneren und durch die unvorstellbare Wucht der Explosion ihres Sterbens sind diese Elemente entstanden. Am Anfang hatte die Urmaterie noch keine Formen, keine atomaren Strukturen. Sie sind erst nach dem Urknall allmählich gebildet worden.

Der Komplexität der Umstände, die nötig sind, um aus den Überresten einer Riesensonne ein neues Sonnensystem zu bilden, in dem all die Voraussetzungen gegeben sind, um organisches Leben zu ermöglichen, stehen wir staunend gegenüber. Je mehr die Wissenschaft darüber herausfindet, umso weniger können wir diese kosmischen Prozesse heute erklären.

Ja, die Bildung von Wachs beginnt mit dem Urknall und dauert für uns unvorstellbare Zeiten lang. Die Biene, die das Wachs erzeugt, ist die letzte Station seines Weges. Das Wachs ist ein Teil universalen Geschehens, wie unser Körper einer ist. Wir Menschen sind Teil der kosmischen Vorgänge, unser Körper ist ein Produkt universeller Prozesse. Unser Körper ist nicht nur »aus dem Staub der Erde«, sondern »aus dem Staub der Sterne« entstanden. Könnte es doch wahr sein, dass »die Schöpfung um des Menschen willen entstanden ist«, wie die Sufis es ausdrücken?

> *Wir Menschen sind Zeugen dieses unermesslichen Geschehens,*
> *und gleichzeitig ist das ganze lebendige Universum in uns.*
> *In Dankbarkeit nehme ich diese Betrachtungen mit in die Stille.*

1. Kerze: Meditation am Dienstag

> Zünde Dein Licht in mir an,
> damit die Kerze meines Wesens
> in Dich einschmelzen kann. Amen.

Meinen Körper verdanke ich meinen Eltern. Ihre Erbsubstanz hat mich geformt, die wiederum »bis ins siebte Glied zurück« reicht. Weil sie selbst auch in die Unvollkommenheit des Menschseins hineingestellt waren, ist es umso mehr Grund dafür, dass ich für ihr Lebensopfer dankbar bin. Ich habe nicht die Möglichkeit, sie je voll zu verstehen. Sie konnten nicht mehr, als ihr Bestes zu gegeben. Das ist die Grundlage von Ahnenkult in jeder Kultur. Dankbarkeit unseren Vorfahren gegenüber öffnet den Zugang zu unserem eigenen Erbe, damit wir nicht wie eine Blume in einer Vase wurzellos verwelken. Damit die Wurzeln zur Bildung der Früchte unseres Lebens Nahrung aus dem Boden sammeln können.

> *Meinen Eltern kann ich verdanken,*
> *dass mir ein Weg in der Inkarnation ermöglicht worden ist.*
> *Kann ich meinen Eltern ihre Unvollkommenheit vergeben?*
> *Kann ich ihnen ihre menschliche Würde schenken?*
> *Ich nehme die Frage in die Stille mit.*

1. Kerze: Meditation am Mittwoch

> Schenke mir Vertrauen,
> damit das Wissen meines Herzens
> durch Zweifel des Kopfes
> nicht vernebelt wird. Amen.

Ich nehme meinen Körper wahr. Wie sitze ich da? Spüre ich den Boden unter meinen Füßen? Spüre ich, dass die Erde mich trägt? Mein Rückgrat ist senkrecht aufgerichtet: Es ist wie eine Antenne, die empfängt und sendet. Aufrecht –aufrichtig. Ich werde zwischen Himmel und Erde gehalten. Der Lebensstrom fließt zwischen den zwei Polen vom Scheitel bis zum untersten Wirbel. Ich bin in meinen eigenen Schwingungen; in der richtigen Spannung ist meine Wirbelsäule gut »gestimmt« wie eine Saite. Damit die Kerze brennt, braucht sie Sauerstoff. Das erhält sie durch den Atem, der uns mit Luft versorgt – und mit seinen feinstofflichen Substanzen auch unsere Seele nährt. Die Inder nennen dies »Prana«.

> *Ich nehme wahr, wie der Atem kommt und geht – ich werde geatmet.*
> *Ich bin Zeuge, wie mein Atem ist, ohne Kommentar,*
> *ohne etwas daran zu verändern.*
> *Ich schenke meine Aufmerksamkeit dem Atem.*
> *In der deutschen Sprache ist dies ein wunderschöner Ausdruck:*
> *Aufmerksamkeit schenken! Damit bleibe ich in der Stille.*

1. Kerze: Meditation am Donnerstag

> Lass mich heranwachsen
> durch Verstehen,
> durch Mitgefühl
> und in Taten,
> damit ich zu dienen fähig werde. Amen.

Während ich gehe, nehme ich die Erde unter meinen Füßen wahr. Ich nehme den Planeten wahr, der in Milliarden von Jahren sich vorbereitet hat, um zu ermöglichen, dass ich heute hier bin. Mit jedem Schritt berühre ich in Achtsamkeit die Mutter Erde. Sie hält mich durch ihre Gravitation bei sich, damit ich in dem endlosen Raum des Weltalls nicht verlorengehe und meinen Weg gehen kann. Sie gibt mir die Nahrung, die mein Körper braucht. Sie versorgt mich mit allem Nötigen, um durch den Prozess des Lebens gehen zu können.

Sie baut Instinkte in mir auf, damit ich mich ausreichend um mein körperliches Wohlbefinden und meine größtmögliche Gesundheit sorge.

> *Wie lange hat es gedauert, bis ich die Erde wahrnehme?*
> *Jetzt bin ich gelandet auf der Erde und nehme wahr, wie es auf diesem Planeten aussieht. Ich laufe weiter, ohne zu denken, bei jedem Schritt in achtsamen Kontakt zur Mutter Erde.*

∽

1. Kerze: Meditation am Freitag

> Bereite mich durch Leben und Sterben vor,
> damit ich durch Deine Macht
> die Perle finde,
> sie Dir nach Hause bringe,
> zu Deinem Lobpreis und für die Nächsten. Amen.

Im Solaplexus nehmen wir auf. Dort sind wir für jeglichen neuen Eindruck – wie auch für Verletzungen – empfänglich. Im Solarplexus sammelt sich an, was wir halb verdaut haben: der Knoten im Magen. Die Erfahrungen in Form nicht ganz verarbeiteter Erinnerungen haben sich dort festgesetzt. Wir können all das Bedrückende mit dem bewussten Atem zum Herzen hinaufführen und von dort aus ausstrahlen. Die Natur des Herzens ist doch das Strahlen, das Geben.

Viel Verdrängtes hat sich überall im Körper eingelagert – wie die Wachsschichten in der ganzen Kerze festgefroren sind. Sie können nicht direkt ins Herz gelangen, der Weg der Auflösung führt durch den Solarplexus. Damit all das, was noch in den Muskeln, Organen und Knochen gefangen ist, zum Herzen hin transformiert und verdaut, aufgelöst – erlöst! – werden kann, hilft der Atem dabei, es zunächst im Solarplexus zu sammeln.

> *Ich atme aus jeder Richtung in den Solarplexus ein.*
> *In den kurzen Pausen zwischen Ein- und Ausatmen gehe ich zum Herzen.*
> *Ich atme aus dem Herzen wie eine Lichtquelle, die in jede Richtung ausstrahlt.*
> *Zwischen dem Aus- und Einatmen nehme ich die kurze Pause bewusst wahr.*

Ich lasse zu, dass mein Atem allmählich rhythmisch wird, wie ein Pendel,
das sich gleichmäßig bewegt,
und bei jedem Ausschlag für einen Moment stillsteht.
Der Atem führt mich in die Stille.

∽

1. Kerze: Meditation am Samstag

> Schenk mir die Gnade,
> damit ich in Dankbarkeit
> für zukünftige Generationen
> und für Deine unermessliche Absicht in der Schöpfung
> als leeres Gefäß gebraucht werden kann. Amen.

Jedes Atom speichert Information. Die Atome, die ich einatme, enthalten alle Informationen, die sie seit ihrer Entstehung aufgenommen haben. Alle Prozesse, die sie durchlaufen haben, sind als Erinnerungsmuster in ihnen gespeichert. In jedem Atom ist das Wissen der Vergangenheit codiert. Sie enthalten die Erinnerungen an die Entstehung der Sterne, des Planeten Erde, das Wissen um die Dinosaurier und Urwälder, die Zustände von denen, die sie irgendwann ein- und ausgeatmet haben. Wir atmen Atome ein, die durch den Kreislauf von Heiligen und Verbrechern geströmt sind, von Neugeborenen und Sterbenden. Atome, die durch heilige Orte der Erde aufgeladen sind und solche, die Erinnerungen von Katastrophen in sich tragen.

> *Auf welche Informationen bin ich abgestimmt, eingestellt?*
> *Welche »Wellenlänge« kann ich erreichen?*
> *Auf was ist meine Antenne ausgerichtet? Und vor allem:*
> *Kann ich die Verantwortung für mein Ausatmen übernehmen?*
> *Welche Botschaften werden aus meiner Ganzheit ausgesandt,*
> *die in einigen Wochen um die ganze Erde verteilt sind?*
> *Mit diesen Fragen wird es still in mir.*

Die zweite Kerze

Element Wasser

Es ist der zweite Adventssonntag. Die zweite Kerze wird angezündet. Die erste bleibt bestehen, wie unser Körper auch immer anwesend ist. Wir sollen uns jedesmal an ihn erinnern, ihn in die Ganzheit einbeziehen. Die zweite Kerze brennt für die Emotionen, die an die körperlichen Vorgänge gebunden sind.

Das Thema dieser Adventswoche ist unsere emotionale Welt. Das Element Wasser ist wie ein See: Wenn es windstill ist, geschieht nichts, die Oberfläche ist ruhig – und spiegelglatt. In dem Zustand dienen unsere Emotionen als Spiegel, damit wir alles, was uns begegnet, darin erkennen. Wenn es aber stürmt, dann schlagen die Wellen hoch, und die Bilder der Welt werden entstellt. Wie in einem Zerrspiegel. Die Emotionen kommen dabei scheinbar aus dem Nichts und lösen sich im Nirgendwo wieder auf. Bei Windstille gibt es kaum etwas wahrzunehmen.

Für die Beobachtung der Emotionen eignet sich am besten die Zeit vor dem Schlafengehen. Während wir den vergangenen Tag innerlich noch einmal durchgehen, tauchen die Gefühle, die durch die verschiedenen Ereignisse als Reaktionen in uns ausgelöst wurden, wieder auf. Gewissermaßen als Nebenprodukt verarbeiten wir gleichzeitig die Erfahrungen des Tages – wir schlafen besser und wachen am nächsten Morgen ausgeruhter auf.

4 Die vier Kerzen

Unsere Gefühle sind durchtränkt von verneinenden, trennenden und negativen Elementen, die unser lebendiges Leben hemmen. Sie vergiften und verkrampfen uns bis in die Knochen. Auch wenn wir das mit Geschäftigkeit kompensieren, werden wir im Wesen nicht lebendiger. Eine der Emotionen, die am stärksten verhindern oder hemmen, ist das »Sich-besonders-Fühlen«. Besonders gut oder schlecht, besonders stark, intelligent, fähig – oder auch genau das Gegenteil. Das Wissen um die Einmaligkeit der eigenen Seele entartet – ertrinkt – in den Emotionen zu einem trennenden Gefühl des Besonderseins. Früher nannte man das Stolz. Aber auch Angst und Groll, Neid und Eifersucht, Ehrgeiz, Ungeduld – oder schlicht der Wunsch, etwas Besonders sein zu wollen, hemmen uns, das zu empfangen und zu leben, was uns geschenkt wird.

Die Reinigung der Gefühle – das »Normal«-Werden – ist ein hohes Ziel, das nicht in einer Woche erreicht werden kann. Aber wir können in der zweiten Adventswoche einen Geschmack davon erhalten, worum es geht. Um aus dem »jungfräulichen Schoß des Augenblicks« empfangen zu können, ist das Auflösen von kristallisierten emotionalen Reaktionsmustern der Vergangenheit Voraussetzung. Wir drücken uns wieder richtig aus: das Festgewordene auflösen, fließend werden lassen, zur »Lösung« kommen. Kämpfen wir nicht gegen negative Gefühle an, weil sie dadurch nur noch mehr Energie der Aufmerksamkeit erhalten und stärker werden. Sie wahrnehmen, benennen und weitergehen. Nähren wir das Gute in uns mit Ideen, mit Musik, mit Eindrücken aus der Natur und mit allem, was uns emotional berührt und aufmacht, was uns aus der Mitte heraus aufrichtet und freier atmen lässt.

Zur Erinnerung: Wir haben erst das Rohmaterial zur Bildung einer stabilen Form für den zweiten, den emotionalen Körper. Die Grundnahrung zur Entwicklung dessen ist der Atem. So wie unser Körper Essen und Trinken braucht, so braucht die Bildung unseres emotionalen Körpers die bewusste Atmung. Dies bewirkt die Reinigung und als Folge davon die Transformation von Emotionen. Die so entstandene Substanz bildet den zweiten, feinstofflichen Körper, den Sitz von Individualität, was, wörtlich genommen, die unteilbare Einheit der Person bedeutet.

Abgesehen davon wird durch diesen Prozess unser Leben reicher und freier. Unser psychisches Verdauungsorgan entwickelt sich und wird stärkere, kräftigere, früher unverdauliche Nahrung verarbeiten können. In dieser Woche erinnern wir uns auch daran, vor jeder Meditation die Frage zu stellen: Was ist meine Absicht? Nach innen gerichtet, ohne angestrengt eine Antwort zu suchen. Wenn es Zeit ist, wird die Antwort aus dem Herzen mich finden.

> *Die erste Kerze brennt die ganze Zeit mit; das heißt, dass der Körper am Anfang jeder Meditation zuerst belebt und in das individuelle, uns gemäße Gleichgewicht gebracht wird, wie in der ersten Woche.*
> *Erst dann lassen wir uns auf die jeweiligen Betrachtungen ein.*

2. Kerze: Meditation am Sonntag

> Wenn ich immer wieder vergesse,
> sende mir Deine Botschaften
> auf den Schwingen des Adlers,
> damit ich erwache. Amen.

Auf die Welt zu kommen ist für jedes menschliche Wesen eine traumatische Erfahrung. Damit meine ich nicht nur den Akt der Geburt, sondern das allmähliche Ankommen des Kindes in der Enge und Beschränktheit dieser Welt. Die Erwartung an unsere Eltern – besonders an die Mutter –, dass sie uns vor der Realität dieser Welt schützen mögen, ist eine Illusion. Wir sind alle, wirklich alle tief verwundet durch den Prozess des Hinuntersteigens, grob, offensichtlich oder auf eine kaum nachvollziehbare Art.

Diese Enttäuschung des Alleingelassenseins ist eine tiefe emotionale Verletzung, in den ersten Wachsschichten eingefroren. Unsere spätere Wahrnehmung des Lebens ist durch diese frühen Erfahrungen gefärbt, und die kindlichen Erwartungen an das Leben bescheren uns ständig weitere Enttäuschungen, die sich mit der ersten, unausweichlichen, verbinden. Das nährt die grundsätzliche Bereitschaft in uns, mit Groll auf all das zu reagieren, was im Leben nicht nach unseren Vorstellungen geschieht. Zur Wurzel dieser Bereitschaft haben wir ohne Vorarbeit kaum Zugang.

Wir können nur an der Oberfläche anfangen mit dem, was uns aktuell gegeben ist, was durch das Alltagsgeschehen in uns angesprochen wird. So wird in uns Schicht um Schicht durchlässiger, bis wir auf den Grund gelangen. Jetzt ist die Zeit, in der wir mit der Aufarbeitung – mit der Reinigung und Transformation – beginnen können. Die Erlösung kann nur in der Gegenwart geschehen.

❧ *Ich fange jetzt an.*

Ich sitze still und nehme wahr, welche Emotionen in mir auftauchen.
Was hat mich heute – oder in den letzten 24 Stunden – geärgert?
Was hat mir Angst gemacht?

Wo habe ich mich in einer unwürdigen Situation befunden?
Wo fühlte ich mich hilflos ausgeliefert?
Was hat in mir Schuldgefühle ausgelöst?

Was auch immer auf dem Schirm meines Bewusstseins auftaucht,
ich atme es in den Solarplexus ein
und vom Herzen wie aus einem Leuchtturm wieder aus.

2. Kerze: Meditation am Montag

> Lass den Ariadne-Faden der Erinnerung
> an meinen Ursprung
> durch die Stürme des Lebens
> meiner Hand nicht entgleiten. Amen

Die Frage kann auftauchen: Ist es so einfach? Das kann doch gar nicht sein! Ja, unser Verstand, verbündet mit unserem Ego, will sensationelle, besondere Übungen.

> *Besondere? Ich horche auf und nehme den Geschmack meines emotionalen Zustandes wahr.*
> *Was ich auch wahrnehme – Zweifel, Freude, Angst, Widerstand, Schuldgefühle, Verwirrung, Selbstmitleid usw. – ich atme im Solarplexus ein*
> *und aus dem Herzzentrum wieder aus, bis es in mir leicht und still wird.*

2. Kerze: Meditation am Dienstag

> Zünde Dein Licht in mir an,
> damit die Kerze meines Wesens
> in Dich einschmelzen kann. Amen.

Wir kennen alle Schuldgefühle, die uns erdrücken. Wir versuchen, ihnen zu entfliehen, indem wir die Schuld anderen zuweisen. Wieso erwarten wir Vollkommenheit in dieser Welt? Die Welt ist im Werden, also kann sie noch nicht vollkommen sein. Die Mitmenschen sind unterwegs, sie kämpfen mit ihrer eigenen Unvollkommenheit. Ist es überhaupt nötig, einen Schuldigen zu finden? Ja, die ganze Welt ist unvollkommen, und wir leiden darunter. Vergessen wir nicht: Unvollkommenheit ist keine Schuld, sie ist Aufgabe.

Es gehört zu unseren anerzogenen Mustern, jemanden oder etwas zu suchen, der oder das für unser ungerechtes Leiden die Verantwortung trägt. Ob wir das sind oder die anderen, wir bleiben mit Schuldzuweisungen auf der gleichen Achse. Das hat einmal etwa so angefangen: »Das böse Tischbein, an dem du deinen Kopf angeschlagen hast!«

Das Analysieren, woher die Schuldgefühle kommen, kann uns bis zu Adam und Eva oder zum Urknall zurückführen, aber es kann uns nicht entlasten. Das Verlassen dieser Achse, das Aussteigen ist die einzige Befreiung. Es entsteht dadurch mehr Raum in uns für Kreativität, und durch freigewordene Energie können wir unser Leben aktiver gestalten.

🙢 *Ich werde zum Zeugen, schaue auf die Schuldgefühle, die in mir auftauchen – die ich aber nicht bin! Es ist Größenwahnsinn, auch von mir selbst Vollkommenheit zu erwarten.*
Ich atme die Schuldgefühle – wodurch immer sie entstanden sein mögen – ein und aus, bis sich der Knoten im Hals auflöst.
Kein »Aber«!
Das Leben ist gegeben, wie es ist.
Es spielt sich im gegenwärtigen Moment ab.

Das Auflösen – Einschmelzen – von alten, verunreinigenden Komponenten kann nur jetzt, in der Gegenwart geschehen.
Ich wage den Sprung in die Freiheit des Seins in der Gegenwart.
Ich nehme wahr, dass es atmet.

2. Kerze: Meditation am Mittwoch

> Schenke mir Vertrauen,
> damit das Wissen meines Herzens
> durch Zweifel des Kopfes
> nicht vernebelt wird. Amen.

Die Umstände und die anderen lösen in uns Reaktionen aus. Sie sind aber nicht die Ursache davon, was in uns anspringt. Das, was in uns ausgelöst wird, dazu tragen wir die Bereitschaft bereits in uns, die nur darauf wartet, angesprochen zu werden. Nur das kann in uns als Reaktion geweckt werden, was in uns schlummert.

🙢 *Was auch geschieht, ich übernehme die Verantwortung für meine emotionale Welt; aus der Freiheit, als Aufgabe.*
Was ist mein Anteil an dem, was bei den anderen ausgelöst wird?
Was provoziere ich bei den anderen durch meine Gedanken und Gefühle?
Durch das, was ich nicht ausspreche, aber ausstrahle?
Ich bitte um Reinheit meiner Ganzheit. Ich tauche damit in die Stille ein.

2. Kerze: Meditation am Donnerstag

Lass mich heranwachsen
durch Verstehen,
durch Mitgefühl
und in Taten,
damit ich zu dienen fähig werde. Amen.

In uns allen ist der innerste Wunsch jenseits aller Wünsche: heimzukehren. Wie die Brieftaube, die in die Fremde gebracht wurde, nur von einem Wunsch beseelt ist: wieder heimzufinden. Wir finden diese Sehnsucht des Herzens in uns, wenn wir ohne Bedingung danach suchen und uns an sie heranführen lassen, wenn wir ohne Beschränkung irgendwelcher Art suchen, und nicht, weil wir etwas »richtig« finden oder es einem Idealbild entspricht, ohne unsere Vorstellungen darüber, wozu wir fähig sind oder nicht. Diese Sehnsucht des Herzens ist jenseits von unseren Gefühlen – in ihnen können wir versinken wie im Wasser. Unser Leben kann der Weg zur Heimkehr werden – wir sehen es nur nicht, weil uns jede Blume, jeder Stein und jedes Vogelgezwitscher ablenkt. Alles, was mit »weil« verbunden ist, deckt das Hinschauen ab, weil das Erkennen Konsequenzen hat, die unsere diesseitige Natur überhaupt nicht gernhat.

Was wünsche ich mir wirklich? Was ist die Sehnsucht meines Herzens?
Ich suche nicht die Antwort –
sie wird mich finden, wenn ich ihr in der Stille Raum gebe.

2. Kerze: Meditation am Freitag

Bereite mich durch Leben und Sterben vor,
damit ich durch Deine Macht die Perle finde,
sie Dir nach Hause bringe.
zu Deinem Lobpreis und für die Nächsten. Amen.

Wir sterben alle. Niemand weiß, wann und wie. Die Frage ist notwendig:

Was möchte ich in der mir geschenkter Zeit verwirklichen?
Wie möchte ich auf mein Leben zurückblicken, wenn meine letzte Stunde gekommen ist?
Lebe so, wie wenn du in jedem Augenblick sterben könntest!
Und zugleich: Handle so, wie wenn du noch alle Zeit der Welt hättest.
Ja, das Leben ist und bleibt paradox. Einzig die Stille kann es fassen.

2. Kerze: Meditation am Samstag

> Schenk mir die Gnade,
> damit ich in Dankbarkeit
> für zukünftige Generationen
> und für Deine unermessliche Absicht in der Schöpfung
> als leeres Gefäß gebraucht werden kann. Amen.

Jeder nennt sich »ich«. Wer ist dieses Ich? Jenseits von »Was bin ich«, mit all meinen bekannten Definitionen, Fähigkeiten und Unfähigkeiten, unabhängig von meinen Heimatgefühlen in dieser Welt.

Ich lasse mich durch die Frage jenseits vom Bedürfnis zu verstehen, jenseits von Fühlen und Denken in die Stille führen.
Wer bin ich?
Bin ich?
Ich?

Die dritte Kerze

Element Luft

Am dritten Adventssonntag zünden wir auch die dritte Kerze an. Damit wird der Bereich des Elementes Luft in den Mittelpunkt unserer Betrachtungen gerückt. Es ist die feinstoffliche Substanz der objektiven Wahrnehmung in uns. Seine Manifestation auf der untersten Ebene ist das logische Denken. Diesen feinstofflichen Rohstoff brauchen wir auch für die höheren Qualitäten der objektiven Wahrnehmung des Erkennens und für die Selbstwahrnehmung des Bewusst-Seins.

Wir wissen heute, dass unser Gehirn im Kopf mit dem Bauch-Hirn kommuniziert, dass zwischen Fühlen (Element Wasser) und Denken (Element Luft) ein direkter Austausch und eine Vermischung stattfindet. Es ist experimentell erwiesen, dass dabei 80 Prozent der Impulse von unten nach oben gesendet werden und nur 20 Prozent umgekehrt wirken. Das bedeutet, dass unser Denken von den subjektiven emotionalen Impulsen durchsetzt ist. Der Rahmen objektiven Denkens ist dadurch sehr eng. Das, was wir assoziatives Denken nennen, ist das Resultat davon. Nach einer Zeit der Beobachtung ist es leicht einzusehen, dass diese Art des Denkens wenig mit Objektivität zu tun hat.

Wie finden wir aber zu Objektivität? Erst wenn das Gemisch aus Subjektivität und Objektivität durch längere Beobachtung allmählich durchschaut wird, können sich die Fäden des verwirrten Knäuels ordnen. Damit werden Kanäle für die höheren Erfahrungsebenen des Elementes Luft geöffnet, und die Fähigkeit des Erkennens erhält die entsprechende höhere Qualität von Nahrung, die es braucht. Letztere kann nur durch innere Arbeit, durch Transformation produziert werden. Solange wir die Substanz dieses Elements sich selbst überlassen, wird sie für das assoziative Denken zur Verfügung gestellt und verbraucht. Ohne unser bewusstes Streben werden naturgemäß immer die untersten Kanäle geöffnet, und die Energie – und damit auch die entsprechende Substanz – wird dort aufgebraucht. Somit steht uns kein Rohmaterial für die Transformation zur Verfügung.

Auf dem spirituellen Weg des westlichen Menschen ist allgemein das größte Hindernis, dass er das Denken auf den Thron setzt, der Gott vorbehalten ist. Denken ist ein Geschenk Gottes, ein wunderbares Werkzeug des Menschen, wenn wir es nur richtig einsetzen. Mit einem Verteufeln des Denkens wird andererseits das Kind mit dem Bad ausgeschüttet. Wir sind gewohnt, nach den Ursachen von dem, was geschieht, in der Vergangenheit zu suchen, und wir stellen uns vor, was die Auswirkungen von dem sein werden, was gerade abläuft. Wir bewegen uns damit in der Linearität der Zeit. Wir wollen alles »auf die Reihe bekommen«. Wir fragen immer nach dem Warum.

Mit dem linearen Denken bewegen wir uns durch Ursache-Wirkung-Verknüpfungen von der Vergangenheit in die Zukunft. Jede Analyse hat damit zu tun. Dadurch befassen wir uns sozusagen mit der Realität einer Geraden im dreidimensionalen Raum des Lebens. Diese Gerade existiert, ist nicht Nichts, aber wir sind so darauf fixiert, dass dadurch die unmittelbare Wahrnehmung im Jetzt verhindert wird. Erkennen ist Gnade, die wir allein durch die jungfräuliche Leere der Seele in der ewigen Gegenwart empfangen können.

Um mental auch in die Gegenwart zu kommen, möchte ich für diese Woche den Impuls geben, jeden Morgen das Buch spontan aufzuschlagen und einen Absatz als geistige Nahrung zu lesen. Nicht mehr als das. Unsere Gier kann sich auch darin äußern, dass wir uns geistig »überessen«. Die Bedeutung des Maßhaltens auf allen Ebenen, auch auf dem spirituellen Weg, unterschätzen wir oft.

☙ *Diese Woche nehmen wir die zwei bereits bearbeiteten Bereiche als Basis mit.*
Wir zünden auch innerlich alle drei Kerzen an:
Wir füllen unseren Körper mit Bewusstsein, atmen bewusst ein und aus,
damit unser emotionaler Raum freigefegt wird,
und lassen die gelesene Betrachtungen in uns einsinken.

3. Kerze: Meditation am Sonntag

> Wenn ich immer wieder vergesse,
> sende mir Deine Botschaften
> auf den Schwingen des Adlers,
> damit ich erwache. Amen.

Man kann alles erklären. Die einzelnen Momente in der Zeit sind miteinander verknüpft. In der Vergangenheit suchen wir nach Ursachen – das erscheint uns durch unsere Konditionierung als normal. Wir finden auch immer Erklärungen, wenn wir nur lange genug suchen. Sind das aber die wirklichen Ursachen? Könnte es sein, dass die Ursache in der Zukunft liegt? Sie liegt in der Ewigkeit, jenseits der Zeit verborgen, um für unser Bewusstsein als »Zukunft« manifestiert zu werden. Wir stellen immer wieder die Frage, woher das alles kommt. Das Leben erfahren wir letztlich so, wie es ist. Es wäre sinnvoller zu fragen:

> *Wozu habe ich das alles erhalten?*
> *Weshalb habe ich, aus der Ewigkeit kommend, die Zukunft vergessen?*
> *Was ist Zeit?*
> *Ich lasse mich mit der Frage in die Stille führen.*

3. Kerze: Meditation am Montag

> Lass den Ariadne-Faden der Erinnerung
> an meinen Ursprung
> durch die Stürme des Lebens
> meiner Hand nicht entgleiten. Amen.

Was sind Schuldgefühle? Betrachten wir diese Frage einmal so nüchtern wie möglich. Ich bin in eine unvollkommene, diesseitige Welt hineingestellt worden. Sie ist unvollkommen, noch nicht fertig; sie ist in der fortlaufenden Zeit am Werden. Mit meiner Unvollkommenheit bin ich so geworden, wie ich bin: Die Gene, die Umstände haben mich geformt. Ich habe mich nicht selbst erschaffen. Schuld kann nur aus einer Freiheit entstehen, in der wir die Möglichkeit der Wahl und als Konsequenz die Freiheit der Entscheidung haben. Solange wir nicht frei sind, ergibt es keinen Sinn, uns selbst für unsere Unvollkommenheiten zu beschuldigen.

> *Ich erinnere mich: Unvollkommenheit ist keine Schuld,*
> *Unvollkommenheit ist Aufgabe.*

3. Kerze: Meditation am Dienstag

>Zünde Dein Licht in mir an,
>damit die Kerze meines Wesens
>in Dich einschmelzen kann. Amen.

In mir brennen die drei Kerzen: Ich bin die Antenne, die Himmel und Erde miteinander verbindet. Ich bin zur Verbindung geworden, mit dem aufgerichteten Rückgrat, durch die Fähigkeit, die Knoten des Lebens in Licht zu verwandeln, die Vielheit dieser Welt durch den Atem in die Stille der Einheit einzuschmelzen. Ich bin die Antenne, die Impulse von oben zu empfangen fähig ist, und ich bin es, die sie mit den mir zur Verfügung stehenden Mitteln in die Tat umsetzt.

> *Ich bin die Verbindung zwischen menschlicher Unvollkommenheit und göttlicher Vollkommenheit.*
> *Ich ertrage die unerträgliche Spannung zwischen Himmel und Erde.*
> *Im Wissen um die Würde meines Menschseins richte ich mich auf und tauche in die Stille ein.*

3. Kerze: Meditation am Mittwoch

>Schenke mir Vertrauen,
>damit das Wissen meines Herzens
>durch Zweifel des Kopfes
>nicht vernebelt wird. Amen.

Wir haben alle schon erlebt, dass etwas, das unserem Leben Sinn gegeben hat, von uns genommen wurde. In so einem Moment kann uns niemand trösten, weil das, was zurückbleibt, als sinnloser Scherbenhaufen erscheint. Der Sinn, den wir unserem Leben selbst geben, kann uns zu jeder Zeit genommen werden. Wenn das geschieht, macht sich Zweifel in uns breit; ein Zweifel, der alles zerreißt.

Was ist der Sinn unseres persönlichen Lebens? Was ist der Sinn des Menschen, des Lebens an sich? Was ist der Sinn des Universums? Natürlich können wir keine Antwort auf diese Fragen »finden«! Niemand kann uns eine Antwort geben, wenn das Leben nicht nach unseren Vorstellungen verläuft. Ist es aber nicht ein menschliches Bedürfnis, unserem Leben einen Sinn zu geben?

> *Gibt es einen Sinn, der nicht genommen werden kann?*
> *Die Frage begleitet mich in die Stille.*

3. Kerze: Meditation am Donnerstag

> Lass mich heranwachsen
> durch Verstehen,
> durch Mitgefühl
> und in Taten,
> damit ich zu dienen fähig werde. Amen.

Es ist gut, sich an einen Moment zu erinnern, in dem uns ein Hauch des Göttlichen berührt hat. An einen Augenblick der Erfahrung, dass »alles in Ordnung ist«, so wie es ist. Auch wenn wir jetzt den inneren Zugang zu jenem Zustand nicht finden, willentlich nicht herbeiführen können, zweifeln wir nicht daran, was es war. Genau das ist mit Vertrauen gemeint: das, was wir erlebt und erkannt haben, nicht anzuzweifeln. Früher hat man das Glauben genannt.

> *Kann ich mich an so einen Moment der Gnade erinnern*
> *und der Wahrnehmung vertrauen?*
> *Dort war ich doch in der Wirklichkeit verankert. Ohne »Aber«!*
> *Das Wissen um die Erinnerung lässt mich frei atmen und in die Stille gleiten.*

3. Kerze: Meditation am Freitag

> Bereite mich durch Leben und Sterben vor,
> damit ich durch Deine Macht die Perle finde,
> sie Dir nach Hause bringe.
> zu Deinem Lobpreis
> und für die Nächsten. Amen.

Annehmen, was uns gegeben ist. Können wir sehen, was uns alles gegeben ist? Intelligenz, Erfahrung, Unterscheidungsfähigkeit, Mut und Handlungsfähigkeit, Ertragen von Spannungen und Leiden sind nicht »nichts«. Bleiben wir nicht an all dem hängen, was uns fehlt oder was uns Schweres aufgegeben ist! Der Grundton des Jammers kann sonst aus unserem Leben wirklich ein Jammertal machen!

> *Ich bin ein Teil des sich entwickelnden Universums, genau so, wie ich bin.*
> *Mein Anteil ist nicht messbar; er ist nicht groß oder klein, leicht oder schwer.*
> *So wie ich bin, bin ich Teil des Ganzen, das ist.*
> *Ich bin.*
> *In der Stille der Dankbarkeit ist die Wurzel meines Seins.*

3. Kerze: Meditation am Samstag

> Schenk mir die Gnade,
> damit ich in Dankbarkeit
> für zukünftige Generationen
> und für Deine unermessliche Absicht in der Schöpfung
> als leeres Gefäß gebraucht werden kann. Amen.

Je mehr unser Verstehen wächst, umso weniger können wir das Lebendige erklären. Allmählich brauchen wir auch keine Erklärungen mehr. Umso mehr wächst das Staunen, wohin wir uns auch wenden. Anstatt in Konzepte eingeengt zu sein, nehmen wir am sich entfaltenden Leben des Universums teil. Eine Blume, eine Fliege, ein Stein oder der Sternenhimmel, die fragenden Augen eines Kindes, die von Arbeit erschöpften Hände eines alten Menschen berühren unsere Seele, und wir erfahren unsere Lebendigkeit in großer Dankbarkeit.

> *Ich bin ein lebendiger Teil des Mysteriums Leben, in allen Frequenzen.*
> *Darüber hinaus gibt es nichts mehr zu sagen.*

> Gottes Sprache ist die Stille,
> alles andere ist nur eine schlechte Übersetzung.
>
> *Anonymus*

Die vierte Kerze

Element Feuer

Beim Anzünden der vierten Kerze ist uns bewusst, dass es um ein vertikales Wachsen geht und nicht um eine horizontale Erweiterung oder Verschiebung des Bewusstseins. Körper, Emotionen und das Mentale bleiben bestehen, in ihnen sind wir lebendig. So können wir die Impulse aus dem Element Feuer empfangen und sie in dieser Welt der Verwirklichung in die Manifestation bringen.

Der physische Körper ist unsere äußerste Hülle, die emotionalen und mentalen Welten sind Werkzeuge für die subjektive bzw. objektive Wahrnehmung und gleichzeitig Rohmaterial für zwei weitere feinstoffliche Körper.

Das Element Feuer ist so flüchtig und hat eine so hohe Frequenz, dass es durch unser Alltagsbewusstsein nicht erfasst werden kann. Es ist der Ursprung jeglicher Art von Impulsen, die kontinuierlich auf uns einprasseln und dadurch unser Lebendigsein ermöglichen. Wir könnten keinen Moment überleben, wenn wir nicht andauernd vom Feuer die nötigen Lebensimpulse erhalten würden. Diese durchdringen alle Schichten in uns. Diejenigen Impulse, die in unserem Bewusstsein erscheinen, werden bereits als »ich will« wahrgenommen.

Solange die mentalen und emotionalen Schichten noch unrein sind, werden die aus dem Element Feuer kommende Impulse abgelenkt, gefärbt, verdunkelt, nicht in ihrer Reinheit durchgelassen. Das führt dazu, dass wir sie nicht mehr in ihrem Wahrheitsgehalt entsprechend verstehen und sie mit unseren Unreinheiten vermengt interpretieren. Es ist eher selten, dass ein Impuls wie ein Blitz durch alle Schichten hindurch ins Bewusstsein einschlägt. Das nennen wir dann Intuition.

Feuer ist flüchtig. Es wirkt sich aus, und im gegenwärtigen Moment schenkt es uns etwas nie Dagewesenes und nie Wiederkehrendes. Wenn die Seele jungfräulich rein geworden ist, wird sie in jedem Moment aus dem »jungfräulichen Schoß des Augenblicks« befruchtet, um das zu verwirklichen, was dieser Moment braucht und ermöglicht. Das ist der Zustand, in dem der persönliche Wille mit Gottes Willen eins wird.

Für die verbleibenden Tage bis Weihnachten empfangen wir die Impulse zur Meditation aus dem Augenblick heraus. Nach der Vorbereitung des Körpers und nach der Reinigung der Emotionen mit dem Atem nehmen wir in einem aktiv-rezeptiven Zustand spontan ein Buch zur Hand, von dem wir wissen, dass es auf Grundlage des erfahrenen und erkannten inneren Weges geschrieben wurde. Wir schlagen es auf – im Vertrauen darauf, dass uns in jedem Augenblick das Richtige geschenkt wird.

Den so erhaltenen Impuls nehmen wir mit in die Stille.

Meditationen für die verbleibende Tage bis Weihnachten

Ich schließe nichts aus, was auf dem Schirm meines Bewusstseins erscheint. Ich atme es im Solarplexus ein, nehme es in mein Herz und strahle es aus.

Der Atem begleitet meinen Weg.
Die Zeit spielt keine Rolle, der Augenblick beinhaltet die Fülle der Ewigkeit, von der mich in jedem Augenblick frische Impulse durchdringen.

Vergangenheit und Zukunft schmelzen in das Jetzt ein.
Ich ruhe im Sein, werde vom Himmel gehalten und von der Erde getragen.

Ich erhalte jeden Augenblick den Impuls und damit die Energie für etwas, das gerade jetzt ansteht. Ich bitte darum, dass ich erkennen möge, wofür ich jeweils etwas erhalte.

In Dankbarkeit nehme ich an, was es auch sein mag.

Gebet für jeden Tag der Woche

1

Wenn ich immer wieder vergesse,
sende mir Deine Botschaften
auf den Schwingen des Adlers,
damit ich erwache.

2

Lass den Ariadne-Faden der Erinnerung
an meinen Ursprung
durch die Stürme des Lebens
meiner Hand nicht entgleiten.

3

Zünde Dein Licht in mir an,
damit die Kerze meines Wesens
in Dich einschmelzen kann.

4

Schenke mir Vertrauen,
damit das Wissen meines Herzens
durch Zweifel des Kopfes nicht vernebelt wird.

5

Lass mich heranwachsen
durch Verstehen,
durch Mitgefühl und in Taten,
damit ich zu dienen fähig werde.

6

Bereite mich durch Leben und Sterben vor,
damit ich durch Deine Macht die Perle finde,
sie Dir nach Hause bringe
zu Deinem Lobpreis und für die Nächsten.

7

Schenk mir die Gnade,
damit ich in Dankbarkeit
für zukünftige Generationen
und für Deine unermessliche Absicht in der Schöpfung
als leeres Gefäß gebraucht werden kann.

4 Die vier Kerzen

5

ANHANG

Auf dem Weg

Mit meiner Enkelin steige ich zur Kirche in Amden hinauf. Es ist die wärmste Weihnachtzeit dieses Jahrhunderts. Die Wintersonne durchquert den Himmel flach, und auf dem Friedhof liegt milder Frieden. Neben einer frisch eingesetzten Urne mit welken Blumen lädt eine Bank zum Verweilen ein. Wir lassen uns nieder, teilen die mitgebrachte Orange und genießen den Anblick hoch über dem Walensee: die grünen Wiesen und die verschneiten Berge.

»Großmutter, was ist diese eigenartige Erfahrung, die wir Zeit nennen?« Meine Enkelin hat die richtige Zeit und den richtigen Ort für diese Frage erspürt. Mein Großmutterherz hüpft vor Freude.

»Über die menschliche Erfahrung der Zeit möchte ich dir etwas sagen. Das ist weder jene Zeit, die mit einem Instrument – das wir Uhr nennen – messbar ist, noch diejenige, die durch kosmisch-pulsierende Ereignisse, wie zum Beispiel durch die Drehung der Erde um die eigene Achse, entsteht. Habe ich deine Frage richtig verstanden?«

»Ja, genau das meine ich.«

»Der ganze Mensch als Existenz ist jenseits der Zeit.

Er ist in einer höheren Dimension, aus dem aber sein Bewusstsein herausgefallen ist, genauso wie eine Fläche, die sich aus einem dreidimensionalen Raum herauslöst. Wir können diese höhere Dimension – die wir Ewigkeit nennen – mit unserem Alltagsbewusstsein nicht durchdringen. Wir erfahren unsere Ganzheit sozusagen von Querschnitt zu Querschnitt. Wir gehen durch das hindurch, was wir sind. In jedem Augenblick erfahren wir die Wirklichkeit – soweit wir dafür wach sind. Wenn uns aber die Vergangenheit besetzt oder die Vorstellungen über die Zukunft verschleiern, verpassen wir die Wirklichkeit, die nur im gegenwärtigen Augenblick existiert. Wir nehmen daran nicht teil. Diese Querschnitte des Ganzen werden durch das ›Ich bin‹ als Fokus zu einem fließenden Strom verbunden. Diesen Strom nennen wir Zeit.«

»Danke, Großmutter. Das wird in mir weiterarbeiten.«

Und wir steigen wieder hinunter, dorthin, wo der Alltag in seiner Lebendigkeit der Verpflichtungen auf uns wartet. Dankbarkeit steigt in mir hoch für diesen gemeinsamen Weg.

Wir werden uns wieder begegnen: in einem anderen Querschnitt unseres Seins.

Begriffe zum Nachschlagen

Begriffe, die Prozesse und die inneren Qualitäten von Zuständen klar beschreiben und die zu verstehen für das spirituelle Leben von essenzieller Bedeutung sind, wurden aus falschem Verständnis heraus entleert – entheiligt. Wir können heute keinen Begriff des spirituellen und religiösen Lebens finden, der nicht für »esoterische« Zwecke enteignet worden wäre – den Begriff »Esoterik« selbst inbegriffen. Manche Autoren versuchen, mit neuen Wortkreationen den Inhalt ihrer Erfahrungen rein wiederzugeben, was oft zu noch größerer Verwirrung als zu mehr Klarheit führt. Aus meiner Sicht ist es sinnvoller, die ursprüngliche Bedeutung der Begriffe wiederzufinden, sogar unabhängig davon, was darüber im Duden steht.

Für »Nicht-Eingeweihte« war die Wirklichkeit innerer Welten immer verschlossen. Nicht wegen Geheimnistuerei, sondern aus demselben Grund, aus dem man sich mit Blinden nicht über Farben verständigen kann. In spirituellen Schulen wusste man, dass jegliche Mitteilung über innere Erfahrungen an Menschen, die diese nicht kannten, missverstanden werden musste. Heute sind alle Heiligen Schriften und Berichte von Erfahrungen der Wirklichkeit jenseits des Sichtbaren öffentlich zugänglich. Die Wahrheit – auch Wirklichkeit genannt – hat sich auf eine neue Art verschleiert: durch den Gebrauch der diesbezüglichen Begriffe und Bilder auf den unterschiedlichsten Ebenen. Es braucht eine entwickelte Unterscheidungsfähigkeit, um zu erkennen, aus welcher Art des Verstehens heraus ein Text oder eine gesprochene Belehrung entstanden ist.

Es gibt noch einen anderen Grund für Schwierigkeiten in Bezug auf alte Texte. Man hat früher beim Leser einige Grundkenntnisse vorausgesetzt, die in unserer Zeit meist nicht mehr vorhanden sind. Diese Grundkenntnisse waren Bestandteile einer allgemeinen Bildung oder wurden mündlich übermittelt.

Zum besseren Verständnis möchte ich im Folgenden die wichtigsten im Buch verwendeten Begriffe in ihrem ursprünglichen Sinne, wie ich sie verstehe, kurz erläutern.

Chassidismus
Mystische Strömung in der jüdischen Religion. Einer seiner bekanntesten Vertreter ist Martin Buber, der allerdings nur einen Zweig dieser Richtung repräsentiert. Er hat die Essenz des Chassidismus vertreten, ohne den ungeheuren Schatz an Wissen zu vermitteln. In Friedrich Weinreb sehe ich einen Vertreter des Chassidismus in seiner reinsten, vollendeten Form.

Dreifaltigkeit

An dem Begriff haben sich viele – bis in den höchsten Rang von kirchlichen Vertretern – die Zähne ausgebissen und viele die Köpfe eingeschlagen. Das Verwirrende an diesem Begriff ist, dass alle drei Aspekte der Einheit in männlichen Figuren personifiziert sind. Wir finden in jeder spirituellen Strömung (die meistens in große Religionen eingekleidet sind) die Idee der Dreifaltigkeit als Axiom. Sie wird aber klar als männlich, weiblich und verbindend dargestellt, oft personifiziert – zum Beispiel Isis, Osiris und Horus im alten Ägypten – oder abstrakt – wie Tamas, Rajas und Sattva bei den Hindus.

Die innere Logik in der christlichen Tradition besteht darin, dass der Vater der aktive Erschaffer des Sohnes, der wiederum das »Produkt« des Vaters ist. Der Heilige Geist als der verbindende Pol bleibt in seiner männlichen Qualität eher abstrakt. Zu dieser Personifizierung der Dreifaltigkeit gehört noch das Wissen um die hierarchische Ordnung der Kräfte, die besagt, dass alles männlich ist, was in Bezug zu etwas anderem höhersteht und auf das Niedrigere formend einwirkt. Das ist der Fall in der Beziehung von Gott – in Seiner Dreifaltigkeit – zur Schöpfung in ihren Manifestationen. Ausführlicher behandle ich das Thema in der Schrift »Vaterunser und die Heilige Dreifaltigkeit.«

Ego

Zwischen der göttlichen und der menschlichen Natur im Menschen ist die Spannung unerträglich. Wenn die Spannung gehalten wird, kann sich die Seele in diesem Spannungsfeld entwickeln. Durch Konditionierung lernen wir, einen »Puffer« aufzubauen, der die Spannungen zwischen den beiden Welten abdämpft. Es bildet sich dabei eine Schutzzone, die keine Spannung zulässt, sondern sie abbiegt, die Botschaften verändert, verfälscht oder eigensinnig interpretiert. Es entsteht eine kristallisierte Pseudopersönlichkeit, die ein geschlossenes System bildet und auch die Entwicklung der Seele verhindert: unser Ego.

Engel

Stammt aus dem lateinischen Wort »Angelus«, das sowohl Engel als auch Bote bedeutet. Im Hebräischen ist der gleiche Zusammenhang im Begriff »mal'ach«.

Esoterik

Wir sind gezwungen, für das Innenleben Begriffe zu gebrauchen, die im Zusammenhang mit der Welt der Erscheinungen entstanden sind. Diese Begriffe haben auf verschiedenen Ebenen eine Bedeutung; die jüdische Tradition spricht von vier Ebenen des Verstehens, der Sufismus von sieben. Die Begriffe Exoterik, Mesoterik und Esoterik bezeichnen ursprünglich drei Schichten des Verstehens: das äußere, das mittlere und das innere Verstehen. Heute wird oft in einem Zusammenhang von Esoterik gesprochen, den man im besten Fall als Mesoterik bezeichnen kann.

Existenz
Ich halte mich an die ursprüngliche Bedeutung des Begriffes. Die kürzeste Definition davon habe ich bei Ibn el Arabi gefunden: »Es existiert nur, was auf allen Ebenen der Schöpfung lebendig ist.« Per definitionem trifft das alleine auf Gott zu. Alles andere hat eine seiner Natur entsprechende relative Existenz, das heißt, sie wird sich in der Zeit auflösen. Im Buch wende ich den Begriff für die inkarnierte göttliche Natur im Menschen an.

Fixe Zeichen
Die zwölf Tierkreiszeichen sind auf Grund der Dynamik ihrer Energie in drei Vierergruppen aufgeteilt. Diese Aufteilung wird »Modalität des jeweiligen Zeichens« genannt und ist analog der Heiligen Dreifaltigkeit zu verstehen: aktiv (kardinal), rezeptiv (fix) und verbindend (veränderlich). Jedes der vier Elemente hat einen Vertreter der drei Modalitäten. Sie stehen kreuzweise in Bezug zueinander. Die fixen Zeichen tendieren zur Speicherung der Energie. Dadurch entsteht ein insgesamt größerer innerer Druck, der sich mittels eines Durchbruchs entladen kann.

Laut Ibn el Arabi »liegt das Geheimnis der Verwirklichung in den fixen Zeichen des Tierkreises«. Stier und Löwe sind klar identifizierbar bei den vier Evangelisten; zur Erkennung des Skorpions und Wassermanns braucht es aber etwas mehr Erläuterungen. Skorpion wird als Adler in seiner transformierten Form dargestellt, das einzige Tierkreiszeichen, das eine doppelte Benennung hat. Wassermann wurde bereits in der Antike als Engel dargestellt, zum Beispiel in den Fresken der Villa dei Misterie in Pompeji. Die Evangelisten mit ihren zugehörigen Emblemen werden auch die »vier Säulen« der Kirche genannt. Mehr über das Thema in meinem Buch »Astrologie, die heilige Wissenschaft« (in Vorbereitung).

Gnade
Die göttliche Energie, die Kausalität aufhebt. Sie kann nicht »erarbeitet« werden, geschieht unverhofft, unerwartet – oder eben nicht. Gnade entzieht sich jeder Berechenbarkeit. Es ist das Durchbrechen einer höheren Dimension, immer eine Art Erlösungserfahrung.

Heiliger Geist
Der dritte Aspekt der Einheit, der durch alle Ebenen hindurch in einer verbindenden Funktion als »Ewige Gegenwart« wirkt (vgl. auch »Dreifaltigkeit«).

Ich
Wir nennen uns alle »Ich«. Deshalb wird dieser Begriff als etwas Selbstverständliches behandelt, ohne differenzierter zu betrachten, wovon wir sprechen. Das, was hier kurz definiert ist, kann erst durch einen langen Übungsweg verifiziert

werden. Der Begriff »Ich« wird auf drei Ebenen – richtiger: Dimensionen – gebraucht.
1. Auf der Ebene der Einheit, wo Gott von sich offenbart: »Ich bin der ich bin«. Das ist die einzige mögliche Aussage über die Einheit allen Seins, über Gott als Immanenz und Transzendenz.
2. Durch die Gottesgeburt im Menschen entsteht das Individuum, der unauflösliche Kern des Menschen: Jesus seines Wesens. Im Neuen Testament sagt Jesus von sich – in Vertretung aller Menschen: »Ich und der Vater sind eins« (Johannes 10,30).
3. Das kleine Ich, das sich in jedem Menschen mit zwei bis vier Jahren bildet. Von diesem Ich heißt es, dass es gar nicht existiert, weil seine Existenz auf dem Nein-Sagen, auf dem Gegenpol zum Schöpfer aufgebaut ist. Aus ihm kann sich im Erwachsenenalter Johannes der Täufer, der Zeuge bilden. Dieser wird nicht mehr benötigt – und daher »enthauptet« –wenn der Jesus unseres Wesens aktiv wird.

Märchen
Märchen sind Botschaften aus der anderen Welt. Echte Märchen beinhalten Muster von Lösungen für verschiedene Arten von Lebenswegen. Die Märchenfiguren wie Hexen, Drachen, Riesen usw. sind Personifizierungen von innerseelischen Instanzen, die ihre Rollen im Lebensprozess durchspielen. Kinder haben ihr Lieblingsmärchen, das sie immer wieder hören möchten, da sie sich unbewusst darin erkennen und in ihm Orientierung finden. Märchen entstehen aus dem kollektiven Unbewussten, manchmal auch durch Wissende, die nicht eruiert werden können.

Meditation
Je nach Tradition, wird Meditation mit Begriffen wie Stille, Leere, Panorama-Bewusstsein, Eins-Sein, Im-Hier-und-Jetzt-Sein, Sitzen oder frei von Gedanken zu sein beschrieben. Es ist das Zulassen der vollkommenen Leere des Geistes. Nicht zu verwechseln mit Kontemplation! Meditation bedeutet, sich mit sanfter Aufmerksamkeit, ohne abzuschweifen, auf einen Gedanken einzustellen.

Metanoia
Dieser griechische Begriff bedeutet in der Originalsprache der Bibel »Umkehr«. Luther übersetzte ihn mit dem Ausdruck »tut Buße«, vermutlich weil das Thema in seiner Zeit ein zentraler Begriff des kirchlichen Lebens war. Metanoia ist die Basis für den Weg der »Heimkehr«, für den mystischen Weg.

Mystik
Sinngemäß: sehen mit geschlossenen Augen. Das bedeutet nicht, dass der Mystiker ohne Achtsamkeit mit geschlossenen Augen durch das Leben geht, son-

dern dass er mit einer inneren Sicht das Leben durchschaut. Wir bleiben gerade durch unsere Augen der Oberfläche der Erscheinungen verhaftet. Das hindert uns daran, uns für die dahinter wirkende Wirklichkeit zu öffnen. Es geht in der Mystik nicht um das Verneinen diesseitiger Manifestationen, sondern um die Öffnung für die dahinterliegenden, mit physischen Augen nicht sichtbaren Ebenen. Wahre Mystik hat viel mehr mit Wirklichkeit zu tun, als das allgemein angenommen wird.

Mythologie
Jede Zeit hat ihre eigenen religiösen Ausdrucksformen. Wenn die Zeit einer Religion abgelaufen ist, wird sie zur Mythologie. Die Geschichten, in denen die Erfahrungen innerseelischer Wirklichkeiten Ausdruck gefunden haben, vermitteln dann keine religiösen Inhalte mehr, weil ihre Formen der neuen Zeit nicht mehr entsprechen.

Ostkirche, orthodoxes Christentum
Zwischen dem fünften und fünfzehnten Jahrhundert entwickelte sich eine Spaltung im Christentum. Die Ostkirche hat an der Tradition festgehalten, und die Westkirche veränderte, der Zeit entsprechend, ihre Formen. Beiden Traditionen ist dadurch etwas verlorengegangen. Mit der Veränderung der Formen hat sich die mündliche Weitergabe der spirituellen Tradition in den »Untergrund« der katholischen Kirche zurückgezogen, und bis vor etwa 300 Jahren war dieser ganz verlorengegangen. In der Ostkirche wird in manchen Klöstern immer noch Spiritualität in der mündlichen Tradition gepflegt, aber die Formen und die Formulierungen sind veraltet und erreichen heute nur noch wenige.

Religion
»Religio« bedeutet Rückbindung; Rückbindung an den Ursprung, an die Einheit. Es ist wichtig, Religion und die jeweils dazugehörende Kirche zu unterscheiden. Kirchliche Würdenträger waren selten Mystiker, obwohl sie ihren Weg durch die betreffende Religion gegangen sind. Die Ideen der Religionen werden oft von kirchlichen Institutionen, die in Politik und Wirtschaft verwickelt sind, missbraucht. Den Wert der Aussagen einer Religion kann man kaum durch ihre offiziellen Vertreter bis in die Tiefe ausloten.

Seele
Ein Begriff, der jedermann bekannt ist, unabhängig davon, ob man daran glaubt oder nicht. Was wir mit Seele benennen, ist unsere Selbstwahrnehmung. Mit dem Begriff »Selbstwahrnehmung« können die meisten sicherlich etwas mehr anfangen. Griechisch heißt Seele »Psyche« – heute können wir uns darunter eher etwas vorstellen, obwohl damit auch meistens sehr vage Vorstellungen verknüpft sind.

Die Diskussion darüber, ob wir eine unsterbliche Seele haben oder nicht, basiert wiederum auf einem sehr undifferenzierten Gebrauch des Begriffes. So wie der Mensch durch eine soziale Erziehung aufwächst, ist er ein Teil des sich entwickelnden Universums, ein Produkt der Evolution, in ihrem Dienste und Zwecke stehend. Das bedeutet, dass die Seele, die an den Körper gebunden ist, vergänglich ist. Sie entsteht, entwickelt sich und vergeht mit dem Körper. Dank des göttlichen Erbes im Menschen besteht aber die Möglichkeit, im Prozess des Lebens eine von körperlichen Vorgängen unabhängige Seele – Selbstwahrnehmung! – zu erschaffen, die vom Tod des Körpers unabhängig weiter existiert. Diesen Prozess nennen wir auch Erlösung.

Spirituell
Dieser Begriff wird heute auf unterschiedlichsten Ebenen gebraucht. Wer zum Beispiel mit einer gewissen Sensibilität natürliche Kräfte wahrnimmt, nennt sich schon spirituell. Wahre Spiritualität ist gelebt, indem man die innere Spannweite zwischen Himmel und Erde erweitert. Das kann in einer ganzheitlichen, harmonischen Entwicklung geschehen, in dem allmählichen Auflösen jeglicher trennender Komponenten in der Psyche. Spiritualität meint, jenseits von Bewusstem und Unbewusstem, jenseits von Himmel und Erde, von Gut und Böse, von Endlichkeit und Ewigkeit Existenz zu finden und darin verankert zu sein. Ein spirituelles Leben bedeutet, *in* der Welt und nicht *von* der Welt zu leben und zu wirken.

Sufismus
Allgemein wird Sufismus als der mystische Kern des Islams definiert. Seine Ausdrucksweise finden wir aber sowohl bei den frühchristlichen Wüstenvätern im 3. bis 5. Jahrhundert wie auch bei den mittelalterlichen christlichen Mystikern. Sufismus ist der Strom des Wissens aus dem Mittleren Osten, der sich sowohl nach Osten wie nach Westen in unterschiedliche religiöse Formen gekleidet hat. Seine klaren Manifestationen finden wir unter anderen in der Kathedrale von Chartres, im Isenheimer Altar und bei Leonardo da Vincis »Letztem Abendmahl«. Es gibt heute noch lebendige Sufi-Schulen, die allerdings nicht so leicht zu finden sind.

Tradition
Ein individuelles Leben ist zu kurz, um all die Erkenntnisse von Erfahrungen in die Praxis umzusetzen. Die Weitergabe von Erkenntnissen für die nächste Generation bewirkt, dass auf einem vorbereiteten Boden das Feuer und das Rad nicht immer wieder neu erfunden werden müssen. Jede Generation baut auf die vorherige auf und ist dadurch befähigt, an der Entwicklung weiterzuarbeiten. So werden Kulturen aufgebaut, soziale Strukturen, religiöse Formen entwickelt, so wird Wissen in allen Bereichen ausgeweitet. Ohne Tradition steht der Mensch

in einem luftleeren Raum, allein auf sich gestellt. Mit der Zeit wird jedoch jede Form leer, dann trägt die Form einer Tradition nicht mehr, sondern wird eher hinderlich. Genau das erleben wir in unserer Zeit: Wir stehen am Anfang des Aufbaus einer neuen Tradition, die sich allmählich kristallisieren und zukünftigen Generationen in die Wiege gelegt werden wird. Bis es jedoch soweit ist, sind die einzelnen mit ihren Lebensthemen weitgehend allein gestellt.

Ungarn 1956
Der ungarische Volk erhob sich vehement gegen die sowjetrussische Diktatur. Die Revolution wurde blutig niedergeschlagen, Zehntausende von Flüchtlingen verließen das Land, um im Westen menschenwürdiges Leben zu finden.

Weg
Den Werdegang im spirituellen Prozess nennt man auch »Weg«. Dieser hat bei jedem Menschen andere Voraussetzungen und einen anderen, individuellen Verlauf. In der Grundstruktur geht es immer darum, aus der Vielheit zur Einheit zu finden.

Weltenmonat (Zeitalter)
Das Wissen über größere Zyklen, die der Planet Erde durchläuft, ist überliefert. Ein »großes Weltenjahr« oder ein »platonisches Jahr« bezeichnet die Zeit, in der die Erdachse eine Kreiselbewegung einmal vollendet. Das sind rund 26 000 Jahre. In dieser Zeit verschiebt sich der Frühlingspunkt in Bezug zum Fixsternhimmel um 360 Grad. Ein Zwölftel davon, rund 2100 Jahre, bildet dabei einen Weltenmonat, der, analog zu den Monaten eines Jahres, unter der Energie des Tierkreises steht.

Zeuge
Die Personifizierung der innerseelischen Funktion, die in jeder spirituellen Tradition eine zentrale Rolle spielt. Im Buddhismus wird sie Achtsamkeit genannt. Wachheit, der Beobachter, nicht identifiziert zu sein sind andere Beschreibungen für den gleichen Zustand. Die Rolle des Zeugen ist: das, was auf dem Bildschirm des Bewusstseins erscheint, wahrzunehmen, ohne zu analysieren oder zu kommentieren. Diese Funktion hat ihren Sitz jenseits des Verstandes und der Emotionen oder Empfindungen.

Literatur zur Vertiefung

Angelus Silesius	Cherubinischer Wandersmann, Reclam Verlag 1985
Anonym	Die Wolke des Nichtwissens, Johannes Verlag, Einsiedeln 2007
Benz, Arnold	Die Zukunft des Universums, Patmos Verlag 1997
	Das geschenkte Universum, Patmos Verlag 2009
Bunyan, John	Pilgerreise zur seligen Ewigkeit, Verlag der St. Johannis-Druckerei 1985
Fideler, David	Jesus Christ – Sun of God, Quest Books 1993
Field, Reshad	Die innere Arbeit, Chalice Verlag 2004
Hidveghy, Agnes	Astrologie – die heilige Wissenschaft (diverse Schriften; Buch ist in Vorbereitung)
	Der Isenheimer Altar (diverse Schriften; Buch ist in Vorbereitung)
Hörni-Jung, Helene	Maria. Bild des Weiblichen, Kösel Verlag 1991
Johannes vom Kreuz	Die dunkle Nacht, Johannes Verlag 1978
Larsen, Anker	Stein der Weisen, Anker Verlag 2004
	Die Gemeinde, die in den Himmel wächst, Verlag Grethlein & Co 1928
Mallasz, Gitta	Antwort der Engel, Daimon 1998
Meister Eckhart	Deutsche Predigten und Traktate, Diogenes 1979
	Alles lassen – Eins werden, Kösel 1992

Rumi, Jalaluddin	Daylight, Translated by Camilla and Kabir Helminski, Threshold Books 1990
	The Essential Rumi, Translated by Collman Barks, Castle Book 1997
Thich Nath Hanh	Ich pflanze ein Lächeln, Arkana 2007
Thomas-Akten	Hymnus der Seele – Das Lied von der Perle aus Nag Hammadi, Walter de Gruyter 2007
Tweedie, Irina	Der Weg durchs Feuer, Ansata 1988
Verdier, Fabienne	Zeichen der Stille, Spuren Verlag 2006
Weinreb, Friedrich	Zahl, Zeichen, Wort, Tauros Verlag 1986
	Jüdische Wurzeln des Matthäus Evangeliums, Origo Verlag 1972
	Innenwelt des Wortes im Neuen Testament, Tauros Verlag 1988
	Das Buch Jona, Origo Verlag 1970
Video	Der Tag des Falken, Regie von Richard Donner, 1985, mit Michelle Pfeifer, Rutger Hauer, Matthew Broderick

5 Anhang

Zitierte Personen

Angelus Silesius (1624–1677), deutscher Lyriker und Theologe. 1657 veröffentlichte er seine berühmten Epigramme, die seit der zweiten Ausgabe den Titel »Cherubinischer Wandersmann« tragen.

Benz, Arnold (1945–), Astrophysiker an der ETH Zürich und Schriftsteller. Er ist besonders in der Schweiz durch Fernsehauftritte bekannt geworden.

Gurdjieff, Georges I. (1866–1949), griechisch-armenischer spiritueller Meister, Autor, Tanzlehrer, Komponist und Begründer einer weltweiten Organisation. Sein Hauptwerk »Beelzebubs Erzählungen für seinen Enkel. Eine objektiv unparteiische Kritik des Lebens der Menschen« umfasst Erzählungen an seinen Enkel. Ein spiritueller Lehrer, der mit radikalen Methoden gearbeitet hat und teilweise auch sehr umstritten ist. Viele heute wirksam arbeitende spirituell und therapeutisch ausgerichtete Schulen sowie bekannte, kreativ arbeitende Individuen sind durch seine Impulse initiatisch befruchtet worden.

Ibn el Arabi (1165–1240), arabischer Mystiker und Philosoph aus Spanien. Er wird als der Pol des Wissens in der Sufi-Tradition genannt – neben Jalaluddin Rumi als Pol der Liebe und Jilani als Pol der Macht (zu handeln).

Johannes vom Kreuz (Juan de la Cruz; 1542–1591), spanischer Mystiker und Dichter und ein Meister des spirituellen Lebens. In seinen Werken finden sich eine Vielzahl sufistischer Ideen.

Luther, Martin (1843–1546), deutscher Professor für Theologie und theologischer Urheber der Reformation. Sein Verdienst, die Bibel zu übersetzen und somit für die breite Bevölkerung zugänglich zu machen, ist enorm; aber er war kein Mystiker. Die innerste Bedeutung der Bibel hat er nicht erfasst, und so haben sich in seiner Übersetzung immer wieder Missverständnisse eingeschlichen. Trotzdem bevorzuge ich persönlich seine Übersetzung, da die neuen Überarbeitungen wiederum auf eine andere Art unvollständig sind; sie gehen hauptsächlich auf die psychologische Ebene der Entsprechungen ein.

Meister Eckhart (1260–1328), deutscher Theologe und Philosoph, Mystiker und spiritueller Lehrer. Er verscholl während eines Prozesses der Inquisition, der gegen ihn im Gange war. Als Folge der Verurteilung gelten seine Lehren und

Schriften in der katholischen Kirche bis heute als häretisch. Man warf ihm vor, er habe mehr wissen wollen, als nötig sei; der Teufel habe ihn dazu verführt, das einfache Volk in die Irre zu leiten.

Rumi, Jalaluddin (1207–1273), islamischer Mystiker und einer der bedeutendsten Dichter aller Zeiten. Nach ihm ist der Mevlevi-Orden benannt. Sein bekanntestes Werk – auch ins Deutsche übersetzt – ist das »Mathnavi«.

Weinreb, Friedrich (1910–1988), der größte jüdische Mystiker des 20. Jahrhunderts und Professor für statistische Mathematik an verschiedenen Universitäten. Verinnerlichter Kenner der Bibel in ihren innersten Zusammenhängen. Weinreb hat zahlreiche Publikationen veröffentlicht und lehrte unermüdlich bis zu seinem Tod. Das Schriftenverzeichnis Weinrebs umfasst mehr als 50 Titel. Sein Hauptwerk ist »Der göttliche Bauplan der Welt – Der Sinn der Bibel nach der ältesten jüdischen Überlieferung«.

Der Hymnus von der Seele

Das Lied von der Perle

Und als der Apostel in das Gefängnis fortging, sprach er in Freude und Frohlocken:

»Ich preise dich, Jesus, dass du mich nicht allein des Glaubens an dich würdig gemacht hast, sondern auch dessen, vieles um deinetwillen zu ertragen. Ich danke dir nun, Herr, dass du für mich gesorgt und mir die Geduld gegeben hast. Ich danke dir, Herr, dass ich um deinetwillen ein Zauberer und Magier genannt worden bin. Möge ich also von der Seligpreisung der Geringen und der Ruhe der Müden und von den Seligpreisungen derer empfangen, welche die Menschen hassen und verfolgen und schmähen, indem sie Übles von ihnen reden. Denn siehe, um deinetwillen werde ich gehasst; siehe, um deinetwillen bin ich von der Menge gemieden, und um deinetwillen nennen sie mich einen solchen, der ich nicht bin.«

Alle Gefangenen aber sahen ihn beten und baten ihn, auch für sie zu beten. Als er aber gebetet und sich gesetzt hatte, begann er, solches Lied zu sagen:

> Als ich ein Kind war und in meinem Königreiche
> In meines Vaters Haus wohnte, und mich der Pracht
> Und des Überflusses meiner Ernährer erfreute,
> Da rüsteten meine Eltern mich aus
> Und sandten mich aus dem Osten, meiner Heimat.
> Vom Reichtum ihrer Schatzkammern
> Wählten sie eine reiche Last,
> Die ich allein zu tragen vermochte;
> Gold vom Lande der Elläer,
> Silber aus dem großen Ganzak,
> Calzedonsteine aus Indien
> Und Perlen vom Lande Kushan.
> Und sie gürteten mich mit Diamanten,
> Die Eisen zerschneiden.
>
> Und sie zogen mir aus das Strahlengewand,
> Das sie in ihrer Liebe mir bereitet hatten,
> Und den scharlachfarbenen Mantel,
> Der nach meiner Größe gewebt war.

Und sie schlossen einen Vertrag mit mir
Und schrieben ihn in mein Herz,
Damit ich ihn niemals vergäße:
Wenn du hinabgestiegen nach Ägypten
Und dort die Eine Perle geholt
Inmitten des Meeres,
Das vom schnaubenden Drachen umringt,
Dann sollst du wieder anziehn dein Strahlengewand,
Und den Mantel, der dir zugemessen,
Und sollst des Reiches Erbe sein,
Du und dein Bruder, dem dir Nächsten.

So verließ ich den Osten und stieg hinab,
Von zwei Boten begleitet,
Denn der Weg war gefahrvoll und schwierig
Und ich war noch sehr jung für diese Reise.
So gelangte ich durch das Gebiet von Maishan,
Dem Sammelplatz der Kaufleute des Ostens,
Erreichte das Land Babel
Und trat ein in die Mauern von Sarbug.
Doch als ich hinabstieg nach Ägypten,
verließen mich meine Begleiter.
Ich aber ging geradewegs zum Drachen
Und ließ mich nahe seiner Höhle nieder,
Abwartend, bis er eingeschlafen,
Damit ich die Perle an mich nähme.

Doch da ich einer und einsam war,
War ich ein Fremdling im Lande.
Da sah ich einen meines Stammes aus Osten,
Einen Jüngling, freigeboren, anmutig und schön,
Den Sohn eines Gesalbten,
Und mit ihm schloss ich einen Bund.
Er wurde mein Freund und Gefährte.
Ich warnte ihn vor den Ägyptern,
Vor der Gemeinschaft mit den Unreinen.
Ich aber bekleidete mich
Mit ihrem Gewande,
Damit keiner Verdacht schöpfe,
Dass ich von fernher gekommen, um die Perle zu holen,
Auf dass nicht die Ägypter
Den Drachen gegen mich weckten.

Aber aus irgendeinem Grunde
Entdeckten sie, dass ich ein Fremdling war.
Und mit ihren Listen verlockten sie mich,
Von den Speisen ihres Landes zu kosten.
Da vergaß ich, dass ich ein Königssohn bin,
Und diente ihren Königen.
Ich vergaß die Perle,
Um derentwillen meine Eltern mich ausgesandt.
Und durch die Schwere ihrer Speisen
Versank ich in tiefen Schlaf.
Doch alles, was mir widerfuhr,
Bemerkten meine Eltern und litten um mich.

Und verkündet ward im ganzen Reich die Botschaft,
dass ein jeder zu des Palastes Toren kommen solle:
Könige und Fürsten von Parthien
Und alle Vornehmen des Ostens.
Sie ersannen einen Plan zu meinem Besten,
Damit ich nimmer in Ägypten bliebe.
Ein Brief ward mir geschrieben
Und von alle Vornehmen gezeichnet:

»Von deinem Vater, dem König der Könige,
Und deiner Mutter, der Herrscherin des Ostens,
Und deinem Bruder, dem Zweiten nach dir:
Dir unserem Sohn in Ägypten, Gruß!
Wache auf und erhebe dich aus dem Schlafe,
Höre auf die Worte unseres Briefes.
Bedenke, dass du ein Königssohn bist.
In wessen Sklaverei bist du geraten!
Gedenke der Perle, um deretwillen
Du nach Ägypten gesandt wurdest.
Gedenke deines Strahlengewandes,
Und deines herrlichen Mantels,
Mit dem du wieder geschmückt wirst.
Ja, dein Name ist genannt im Buche des Lebens,
Auf dass du mit deinem Bruder, dem Stellvertreter,
In unserm Königreiche seist.«

Und mein Brief war ein Brief,
Den der König mit seiner Rechten versiegelt
Vor dem Bösen, den Babyloniern

Und den aufrührerischen Dämonen von Sarbug.
Er flog in Gestalt eines Adlers,
Allen Gefieders König.
Er flog und ließ sich neben mir nieder
Und ward ganz Rede.
Bei seiner Stimme aber
Und ihrem rauschenden Ton
Fuhr ich auf vom Schlafe.
Ich küsste den Brief und erbrach seine Siegel
Und las ihn.

Sein Inhalt aber stimmte mit dem überein,
Was in meinem Herzen geschrieben war.
Sogleich erinnerte ich mich,
Dass ich ein Königssohn sei,
Und meine freie Herkunft
Verlangte nach ihrer Art.
Auch der Perle gedachte ich wieder,
Um derentwillen ich nach Ägypten gesandt ward.
Und ich begann, mit Sprüchen zu bannen
Den verschlingenden, schnaubenden Drachen.
Ich wiegte ihn in Schlaf,
Versenkte ihn in Schlummer,
Indem ich den Namen meines Vaters
Über ihn nannte und den Namen unseres Zweiten,
Und meiner Mutter Namen,
Der Königin des Ostens.

So gewann ich die Perle
Und wandte mich heimwärts
Sie meinen Eltern zu bringen.
Das unreine Gewand streifte ich ab
Und ließ es im Ägypterlande zurück.
Sogleich begann ich meinen Weg
Heimwärts zum Lichte des Ostens.
Und den Brief, der mich erweckt,
Fand ich vor mir auf meinem Wege.
Und wie er mich mit seiner Stimme aufgeweckt,
So leitete er mich auch mit seinem Lichte,
Und die herrliche Seide mit ihrem Schein
Leuchtete mir.
Mit seiner Stimme und seiner Führung

Ermutigte er mich zur Eile,
Und seine Liebe führte und zog mich.
So kam ich heil an Sarbug vorüber,
Ließ Babylon zu meiner Linken
Und kam nach dem großen Maishan,
Dem Hafen der Kaufleute.

Siehe, das Strahlengewand, das mich einst schmückte,
Und der Mantel, mit dem ich bekleidet gewesen,
Hatten meine Eltern dorthin gesandt
Durch ihren Schatzmeister,
Dessen Treue sie vertrauten.
Ich aber erinnerte mich nicht seiner Pracht,
Denn als Knabe hatte ich die Gewänder
Im Palast meines Vaters zurückgelassen.
Doch schien mir plötzlich das Gewand,
Als ich es mir gegenüber sah,
Meinem Spiegelbild zu gleichen.
Ich gewahrte es ganz in mir
Und stand ihm doch gegenüber.
Wir waren zwei, voneinander geschieden,
Und doch wieder eins, in einer Gestalt.

Und auch die Schatzmeister, die es mir brachten,
Sah ich ebenso,
Dass sie zwei waren in Einer Gestalt:
Ein Königssiegel trugen beide,
Und in ihren Händen
lag mein Schatz und mein Reichtum.
Sie gaben mir das Strahlengewand zurück.
Geziert war es mit Gold und Beryllen,
Mit Chalzedonen und Opalen
Und verschiedenfarbigen Sardonen.
Auch war es kunstfertig gewebt,
Und auf dem Gürtel waren Diamanten befestigt.

Und das Bild des Königs der Könige,
Erglänzte auf dem ganzen Gewande,
Funkelnd wie Saphirstein.
Auch sah ich überall auf ihm
Regungen der Erkenntnis ausstrahlen,
Und ferner sah ich, dass es zu sprechen begann.

Ich vernahm den Klang seiner Lieder,
Die es bei seinem Herabkommen sprach:
Ich bin das Tätige der Taten,
Wie sie von meinem Vater vollzogen werden.
Und ich nahm an mir selbst wahr,
Dass meine Gestalt entsprechend Seiner Taten wuchs.
Und mit königlichen Bewegungen
Ergoss es sich über mich.
Aus ihrer Hand enteilte es,
Zu dem hinstrebend, der es aufnehmen sollte.
Und ich streckte mich in meiner Liebe ihm entgegen, empfing es
Und schmückte mich mit der Schönheit seiner Farben.
In meinen Mantel von Lichtglanz hüllte ich mich ein.
Und als ich mich so bekleidet hatte,
Ward ich emporgehoben
Zum Tore der Begrüßung und Huldigung.

Ich neigte mein Haupt
Und verehrte den Glanz meines Vaters,
Der das Gewand mir gesandt
Und dessen Befehle ich ausgeführt hatte.
Und so gewährte auch er, was er mir verheißen.
Am Tore seines Palastes
Mischte ich mich unter Seine Großen.
Er aber freute sich über mich
Und ich war mit ihm in seinem Königtume.
Mit der Stimme des Geistes
Priesen ihn all seine Diener.
Er aber verhieß mir,
Dass ich wieder zum Tor des Königs der Könige gehen
Und mit meiner Gabe und der Perle
Mit ihm vor unserem König erscheinen werde.

*(Aus den apokryphen Thomas-Akten
aus Nag Hammadi, Ägypten.)*

Nachwort

> Es gibt so viele Wege,
> wie menschliche Wesen in der Schöpfung.
>
> Es gibt aber nur einen Weg.

Die Bilder heiliger Schriften wie der Bibel und die Bilder objektiver Kunst, wie der Isenheimer Altar eines ist, sind Abbilder der Wirklichkeit. Sie sind wie Landkarten.

Die erfahrene Wirklichkeit wird für jede Tradition neu formuliert. Es ist notwendig, zu lernen, wie man eine Karte lesen und anwenden kann. Erst dann wird sie bei der Orientierung auf dem eigenen, individuellen Erfahrungsweg nützlich sein.

Eine Landkarte ersetzt nicht die Erfahrung der Landschaft, die sie beschreibt. Sie ermöglicht durch die Orientierung das Weiterkommen. Vorausgesetzt, dass jemand die Karte lesen kann.

Wenn wir die Bilder direkt auf uns wirken lassen und unsere Wissenslücken nicht durch Interpretationen ersetzen, entwickelt sich die Fähigkeit des Erkennens in uns.

Dieses unmittelbare Erkennen führt in die Freiheit, wodurch sich unsere kosmische Bestimmung erfüllen kann.

Im Anfang war Stille.
In Stille innen
wurde geboren der Ton.
Der Ton – die Liebe.
Der Ton – der Sohn des Herrn,
des Herrn, der Stille ist.

Gitta Mallasz
(aus »Die Antwort der Engel. Ein Dokument aus Ungarn«)

Weitere Publikationen von Agnes Hidveghy

Über die Webseite www.arssacra.org können weitere Schriften und Publikationen von Agnes Hidveghy bezogen werden. Alle aufgeführten Schriften haben einen Umfang von ca. 25 bis 50 Seiten.

Der kosmische Auftrag, als Mann oder als Frau geboren zu sein.

Die Erlösung der Mutter auf dem spirituellen Weg.
Die Mutterbeziehung und das Weibliche.

Das Vaterunser und die Heilige Dreifaltigkeit:
»… und führe uns nicht in Versuchung«.

Geben.
Gedanken rund um das Geben.

Sein und Werden.
Kurztexte und Gedichte.

Neue Erde.
Der Planet Erde auf der kosmischen Drehbühne.

Das Enneagramm und die Bildung der Seele.

Wurzeln der Astrologie

Wesen und Persönlichkeit aus astrologischer Sicht

In Vorbereitung ist ein Buch über die heilige Wissenschaft der Astrologie, das 2011 erscheinen soll.

In Agnes Hidveghys Betrachtungen nimmt der Isenheimer Altar einen besonderen Platz ein. Folgende Einzelhefte sind erschienen:

Was kann mir das Studium des Isenheimer Altars geben?
Eine Einführung

Die Kreuzigungsszene und Predella

Das Kreuz und der Gekreuzigte

Der heilige Sebastian und der heilige Antonius

Das Wasser des Lebens

Die vier Gefäße

Übungsbuch zum Isenheimer Altar

Astrologische Analyse des Isenheimer Altars

ars sacra verlag
Würzen
8873 Amden
Schweiz
Telefon (+41) 55 6 11 18 13
www.arssacra.org